Die

Förderung der Kunst-Industrie

in England

und

der Stand dieser Frage in Deutschland.

Für

Staat und Industrie, Gemeinden, Schul- und Vereinswesen

von

Dr. jur. **Hermann Schwabe.**

Les détails et les ressorts de la politique tombent dans l'oubli: les instituts, les monuments produits par les sciences et par les arts, subsistent à jamais.

Voltaire.

BERLIN.

Verlag von I. Guttentag.

1866.

Ihrer Königlichen Hoheit

der

Frau Kronprinzessin von Preussen

Princess Royal

von

Grossbritannien und Irland

ehrfurchtsvoll gewidmet

vom

Verfasser.

Durchlauchtigste Kronprinzessin,

Gnädigste Fürstin und Frau!

Der dem Verfasser im vorigen Jahre ertheilte ehrenvolle Auftrag, in einer Denkschrift das Bedürfniss einer Kunst-Industrie-Schule für Berlin zu erörtern, wurde die Veranlassung zu diesem Buche.

Wie dasselbe sonach Ew. Königl. Hoheit seine Entstehung verdankt, so begiebt es sich unter den gnädigen Schutz Ew. Königl. Hoheit, um seine Wanderung anzutreten und seine Aufgabe zu erfüllen.

Berlin, im Mai 1866.

Inhalts-Uebersicht.

Erster Theil.

Das englische System der Beihilfe zur Förderung der Kunstindustrie.

II. Theil.

Das Kensington-Museum als Central-Institut für Wissenschaft und industrielle Kunst.

III. Theil.

Rückschau auf England und Umschau in Deutschland.

Berichtigungen.

Seite 54 Zeile 4 von oben lies des Museums eine, statt des Museum seine.
„ 90 „ 7 „ „ „ von 1851 statt vor 1861.
„ 163 „ 14 von unten lies hat diese statt giebt dieser.

I. Theil.

Das englische System der Beihilfe zur Förderung der Kunstindustrie.

Erster Abschnitt.

Die Errichtung des Departements für Wissenschaft und Kunst.

Als die Engländer bei Gelegenheit der ersten Londoner Industrie-Ausstellung vom Jahre 1851 sowohl aus eigener Vergleichung des Zustandes ihrer Industrie mit dem der hervorragendsten anderer Länder, als aus den Berichten der verschiedenen Staaten die Wahrheit erkannt hatten, dass auf denjenigen Gebieten, die von der Kunst, dem Geschmack und der Phantasie beherrscht werden, ihre eignen Leistungen durch die andrer Nationen ganz bedeutend in den Schatten gestellt worden waren, fingen sie an, alle Mittel in Bewegung zu setzen, durch welche sie sich auf diesen Gebieten emporarbeiten konnten.

Man gestand, dass die Erwägung der wichtigen Frage: auf welche Weise den gewerblichen Classen ein wissenschaftlicher und künstlerischer Unterricht in mehr umfassender und systematischer Weise als bisher zu geben sei, nothwendig ihre Lösung finden müsse. Der Gegenstand nahm von Tag zu Tag an Tragweite zu, und fand in dem *Surplus-Report* der Königl. Commissare für die Ausstellung von 1851 einen neuen und zwingenden Ausdruck.

Der wichtigste und nächste Schritt in dieser Beziehung war, dass man, anknüpfend an eine sehr dürftige Kunstsammlung für die Zwecke der Musterzeichenschulen, aus den Ueberschüssen der Ausstellung ein Kunst-Museum gründete, für das man sofort eine Menge guter Muster und Kunstgegenstände durch Ankauf aus der Industrie-Ausstellung erwarb, und damit den Grund für das spätere Kensington-Museum legte.

Die Thronrede bei Eröffnung des Parlaments für die Sitzung

von 1853 kündigte bereits eine Vorlage an, den künstlerischen und wissenschaftlichen Unterricht der industriellen Classen betreffend.

Bei Organisation derjenigen Behörde, die mit Hilfe der von dem Parlament bewilligten Gelder das Erforderliche ausführen sollte, knüpfte man an das im Jahre 1852 von dem *Board of Trade*, der Centralstelle für Handel und Gewerbe, errichtete *Departement of practical Art* an, welches für Hebung des technischen Unterrichts wirken sollte. Dasselbe wurde nach einem grossen Maassstabe reorganisirt und sollte neben der Hebung und möglichsten Verbreitung eines technisch-künstlerischen, namentlich auch einen technisch-wissenschaftlichen Unterricht in das Gebiet seines Verwaltungskreises ziehen. Beide Zweige des Unterrichts wurden in einer Behörde vereinigt, dem *Departement of Science and Art*, welches in Verbindung mit der Regierung steht, aber seine Mittel vom Parlament besonders bewilligt erhält und dessen Controle unterliegt.

Das *Departement of practical Art* hatte nun innerhalb seines Gebietes bereits mehrfache Anregung gegeben. Eine Anzahl der wichtigsten Städte des Königreichs war schon mit demselben verbunden und der Eifer, der sich durch locale Betheiligung kund gethan, berechtigte vollständig zu dem Glauben, dass man im Lande den Bestrebungen der Regierung für die Verbreitung wissenschaftlicher und künstlerischer Bildung unter den industriellen Classen mit der grössten Bereitwilligkeit entgegenkommen würde.

Demgemäss sollte auch innerhalb der Aufgabe des vereinigten Departements für Wissenschaft und Kunst die treibende Kraft localer, selbstthätiger und freiwilliger Natur — es sollte das System in der Hauptsache sich selbst unterhaltend sein.

Wesen und Geschäftskreis des Departements.

Wie die Intention eines Gesetzes aus den Motiven am Klarsten erkannt wird, so werden sich aus der im März 1853 zwischen den *Lords of the Committee of Privy Council for Trade* und den *Lords Commissioners of Her Majesty's Treasury* geführten Correspondenz über die Errichtung des *Departement of Science and Art* am reinsten das Wesen und die Zielpunkte dieser Behörde erkennen lassen.

Das Department ist keine leitende Behörde mit einem bestimmt abgegrenzten obligatorischen Thätigkeitskreis; seine Thätigkeit ist vielmehr secundärer Natur und sollte hauptsächlich darin bestehen, die Bestrebungen, welche an beliebigen Punkten des Königreichs auf dem Gebiete der Kunst und Wissenschaft hervortreten, zu unterstützen, anzuregen und einem bestimmten Ziele zuzuführen. Es bringt einzelne Theile des Systems seiner Beihilfe nur da in Anwendung, wo das Terrain schon selbstthätig bearbeitet und durch locales Verständniss und energische Thätigkeit der Bewohner entweder die Zielpunkte bereits erkennbar oder die Mittel zur Abhilfe eines drängenden Bedürfnisses auf dem künstlerischen oder wissenschaftlichen Unterrichts-Gebiete schon klar formulirt sind. Dabei werden die anzuwendenden Mittel so gewählt, dass sie die thätige Local-Cooperation bestehen lassen und für weitere Beihilfe ständig und wachsend voraussetzen und bedingen. Vor Allem erkannte man als Nothwendigkeit an, aus dem schon vorliegenden Material ein hauptstädtisches Institut zu gründen, dessen Hauptzweck darin bestehen sollte, Muster, Illustrationen, Modelle und sonstige Erscheinungen auf dem Gebiete der Kunst und der Wissenschaft anzuschaffen, auszustellen und unter den Provinzial-Instituten und Schulen zu vertheilen. Dasselbe sollte dem Publicum im Allgemeinen zugänglich sein, doch sollten in erster Reihe Personen berücksichtigt werden, die irgendwo im Lande ein Glied in der grossen Kette der Erziehung bilden, so Lehrer, Schüler, Seminaristen u. s. w. Eine Schule, zugleich genügend den Ansprüchen auf dem Gebiete der Kunst wie der Wissenschaft, sollte mit diesem hauptstädtischen Institut verbunden werden, und von ihr aus und durch sie das Beste und Neueste der Theorie und Praxis an die Provinzialschulen gelangen. Man war weit entfernt dieses Instistut als einen Versuch von Seiten des Staates zu betrachten, seine eigenen Ansichten über Wissenschaft und Kunst zur Geltung zu bringen; es sollte vielmehr eine gesunde, im ständigen Fortschritt begriffene Darstellung vom Zustande des zunehmenden Wissens sein; nicht ein Institut zum Besten der Bewohner der Hauptstadt, sondern ein Centralpunkt, wo der Wissensdrang aus allen Theilen des Vereinigten Königreichs seine Kenntnisse sammeln und heimtragen könne zu den Stätten, von denen re ausging.

Dies sind, kurz zusammengefasst, die Grundsätze, nach denen das *Departement of Science and Art* ins Leben gerufen wurde. Es erstattete am 1. Januar 1854 seinen ersten Bericht *(First Report of the Departement of Science and Art. Presented to both Houses of Parliament by Command of Her Majesty).* Jedes Jahr erscheint ein solcher Bericht und es liegt augenblicklich der 12. vor.

Mittelst Ordre vom 25. Februar 1856 wurde verfügt, das *Departement of Science and Art* von der Centralstelle für Handel und Gewerbe zu trennen; es sollte nunmehr mit dem Erziehungs-Ausschuss *(Committee of Education)* verbunden werden, welcher bereits 1839 im „Geheimen Rath“ (*Privy Council)* gebildet worden war und ursprünglich seine Aufmerksamkeit lediglich auf das niedere Schulwesen zu richten hatte. Dieser Erziehungsausschuss sollte nunmehr in zwei Abtheilungen zerfallen: die eine, welche die Unterstützungsgelder des Staats zu Gunsten des elementaren Unterrichts verwaltet und die andere, welche diese Beihilfe dem industriellen Unterricht zuwendet. Jede Abtheilung sollte ihr eignes Bureau, Secretariat sowie ihre eigne Einrichtung haben, aber beide sollten unter einem Präsidenten vereinigt werden. Die Abtheilung für Elementar-Unterricht sollte wie bisher in Whitehall operiren, während die Abtheilung für den industriellen Unterricht ihre Bureaus in Kensington haben sollte, wo das Seminar für Kunstlehrer und das Museum mit Gegenständen für Kunst und Wissenschaft ihren Sitz haben und nunmehr unter die unmittelbare Leitung dieses Departements gestellt werden sollten, welches den Titel: „*Science and Art Departement of the Committee of Council on Education*“ führt. Ich habe dafür die deutsche Benennung „Gewerbeschul-Amt“ gewählt, wenngleich auf keine der Schulen, die von diesem Departement ressortiren, der Name Gewerbeschule in der Bedeutung passen würde, die man bei uns damit verbindet.

Die Operationen des Gewerbeschul-Amtes zur Förderung des Unterrichts unter der gewerblichen Bevölkerung schlagen bei der Verwendung der jährlich vom Parlament zu diesem Zwecke bewilligten Gelder zwei verschiedene Richtungen ein, welche auch in den jährlichen Berichten geschieden werden: sie erstrecken sich einerseits auf die wissenschaftlichen Lehrfächer, andrerseits auf die eigentlich künstlerische Ausbildung. Wir wollen hier beide Richtungen und die in jeder derselben angewendeten Mittel und Wege kurz charakterisiren.

A. Wissenschaft.

Der Kreis der Wissenschaften, in denen durch staatliche Beihilfe der Unterricht angeregt und gefördert wird, zerfällt in 8 Gruppen:

I. Gruppe. 1. Practische, ebene und descriptive Geometrie.
2. Mechanisches und Maschinenzeichnen.
3. Baukunde und Schiffs-Architectur.

II. Gruppe. 1. Theoretische Mechanik.
2. Angewandte Mechanik.

III. Gruppe. 1. Schall, Licht und Wärme.
2. Magnetismus und Electricität.

IV. Gruppe. 1. Unorganische Chemie.
2. Organische Chemie.

V. Gruppe. 1. Geologie.
2. Mineralogie.

VI. Gruppe. 1. Physiologie.
2. Zoologie.

VII. Gruppe. 1. Pflanzenphysiologie und ökonomische Botanik.
2. Systematische Botanik.

VIII. Gruppe. 1. Berg- und Hüttenwesen.
2. Metallurgie.

Die staatliche Beihilfe auf diesen Gebieten wird in folgender Form gewährt:

1. in Geldprämien für die Resultate, welche von Lehrern erzielt worden sind, die das Zeugniss der Lehrfähigkeit besitzen.

Jeder solcher Lehrer erhält für jeden Schüler der gewerblichen Classen, der von ihm 40 Stunden in einem der obigen Wissenszweige erhalten hat, und ein Examen darin besteht, 1 £.; 2 £. für jeden Schüler der eine ehrenvolle Erwähnung erlangt hat; 3, 4 oder 5 £. für jeden, der ein Zeugniss 3., 2. oder 1. Classe erhielt.

Betragen diese Prämiirungen nach vorstehendem Maassstabe mehr als 60 £., so treten bestimmte Reductionen ein.

2. In Unterstützungen zum Ankauf von Apparaten, Lehrmitteln etc.
3. In Medaillen, Ehrenzeugnissen und Preisen, welche auf Grund öffentlicher Prüfungen, die das Gewerbeschul-Amt veranstaltet, vertheilt werden; zugleich wird nach diesen Prüfungen die Prämiirung in Geld bestimmt, welche die Lehrer erhalten.
4. In Prüfungen, die das Gewerbeschul-Amt für Lehrer veranstaltet. Auf Grund dieser Prüfungen werden den Lehrern Zeugnisse der Lehrfähigkeit in verschiedenen Graden ertheilt und zugleich die befähigten Lehrer bezeichnet und empfohlen.

Die Resultate, welche in Betreff der wissenschaftlichen Lehrfächer durch die bezeichneten Formen der staatlichen Beihilfe erzielt wurden, sind gering zu nennen im Vergleich zu denen des künstlerischen Unterrichts. Da die detaillirte Darstellung der ersteren Richtung der Intention dieser Schrift fern liegt, so möge das Wenige, hier Mitgetheilte genügen, und wenden wir uns nunmehr zur genauen Betrachtung der staatlichen Beihilfe zu Gunsten der Kunst.

B. Kunst.

Um in der Masse des Volkes den Unterricht auf dem Gebiete der Kunst, insbesondere der industriellen Kunst möglichst zu fördern, gebraucht das Gewerbeschul-Amt folgende Mittel:

1. Die nationale Kunstschule in Südkensington mit Seminar zur Heranbildung von Lehrern.
2. Die Museen und Sammlungen in Kensington.
3. Errichtung von Local-Kunstschulen.
4. Gewährung von Hilfe zu Bauten für Kunstschulen.
5. Gewährung von Geldmitteln an Vereine zum Unterricht in der Kunst.
6. Gewährung von Stipendien an Seminaristen und Schüler.
7. Jährliche Local-Inspectionen und Prüfungen mit Vertheilung von Preisen an Schüler.
8. Nationale Preisbewerbungen.

9. Geschenke von Kunstgegenständen und Büchern an Schulen, für Medaillen, die ihren Schülern zuerkannt sind.
10. Geldprämien an die Kunstlehrer für die von ihnen erzielten Resultate.
11. Circulation von Kunstgegenständen und Büchern des Central-Museums und der Bibliothek in den Provinzen.
12. Geldbewilligungen zum Ankauf von Modellen, Zeichnen-Vorlagen, Abgüssen etc.
13. Internationalen Austausch von Copieen seltener Kunstgegenstände.
14. Veranstaltung von Ausstellungen geliehener Kunstgegenstände für wichtige Zweige der Kunst-Industrie.

Bevor wir diese Mittel im Einzelnen näher betrachten, ist wohl die Frage am Orte: welcher Grundgedanke beherrscht dieses System staatlicher Beihilfe?

Die Beantwortung dieser Frage führt uns mitten hinein in das kräftige englische Nationalleben, zeigt, wie die Engländer einen Weg verliessen, der sich als falsch erwiesen hatte, und wie sie mit Energie und klarem Bewusstsein dem richtig erkannten Ziele auf der breiten Basis einer nationalen, alle Schichten des Volkes erwärmenden Agitation zustrebten.

Thatsächlich war bis zum Anfang der vierziger Jahre in England die Wichtigkeit des öffentlichen Unterrichts im Zeichnen ohne alle Beachtung geblieben. Endlich trat die Regierung der Frage näher, welche bereits die öffentliche Aufmerksamkeit zu erregen anfing und errichtete i. J. 1837 eine Central-Schule für Musterzeichner (*School of Design*). Der ausgesprochene Zweck derselben war, auf dem Gebiete des Bauwesens, der Tischlerei, der Weberei, der Zeugdruckerei, der Irdenwaarenfabrication u. s. w. besser gebildete Fabricanten zu erziehen, sie einzuweihen in die Symmetrie der Form, die Harmonie der Farben und das Wesen der Decoration. Die im *Somerset-House* gegründete Schule sollte als Muster für ähnliche, in den Manufacturdistricten zu errichtende dienen. Die Anstrengungen, solche Schulen ins Leben zu rufen, hatten wenig Erfolg und im Jahre 1851 existirten deren im ganzen Königreich nicht mehr als 20.

In sämmtlichen Schulen hatte sich aber innerhalb der 14 Jahre ihres Bestehens ein und dieselbe Erfahrung herausgestellt: den Schülern fehlten die nothwendigen Elemente für eine künstlerische Ausbildung, die sie zu lernen keine Gelegenheit hatten; wie sollten sie ohne die Elemente des Zeichnens die Principien der industriellen Kunst verstehen und practisch anwenden lernen, wie konnten sie ohne Kunstsinn zu haben, die Resultate desselben ihrer Industrie aufprägen?

Dies ganze Sachverhältniss ist in der That charakteristisch für die Engländer. Man denke sich einen industriellen Musterzeichner, dessen Bildung nach dem heutigen Stand der Dinge derjenigen anderer Künstler vollständig gleichkommen muss; es gibt beinahe keine Wissenschaft, keinen Zweig menschlichen Wissens und Könnens, dem nicht der industrielle Künster Motive entlehnt: der Geschichte, der Poesie, der Mythologie, menschlichen, thierischen und landschaftlichen Charakterbildern der verschiedenen Länder und Zonen u. s. w. Man bedenke, wie der Geschmack und die Phantasie eines solchen Mannes unerschöpflich sein muss gegenüber den Ansprüchen der industriellen Kunst, die, ohne Ideal, nur vom Bedürfniss und der Willkür ihre Vorschriften zu empfangen scheint, und dem hervorbringenden Geschmack zumuthet, den beurtheilenden Geschmack als Gesetzgeber anzuerkennen.

Solch ein Mann sollte, ohne gewöhnliche Vorbildung, bei einem handwerksmässigen Unterricht in einer Musterzeichenschule in einigen Jahren Alles das lernen, was man in so reichem Maasse von ihm fordert — und zwar in einem Lande, wo auf dem Gebiete des gesammten höheren Unterrichts die allgemeine Vorbildung höher geschätzt wird, als bestimmte technische Fachkenntnisse — in einem Lande, wo das düstere Puritanerthum mit seiner engherzigen Sonntagsfeier ohnedies wie ein Alb auf jeder freien Entfaltung der Phantasie lastet. Wie konnte die Kunst sich da heimisch fühlen, wo sie so geringschätzend behandelt wurde?

Dies war der Stand der Dinge in England, als die erste internationale Industrie-Ausstellung i. J. 1851 jene imposante Masse herrlicher Erzeugnisse der menschlichen Arbeit und des menschlichen Geistes aus allen Ländern und Zonen vor dem Auge des staunenden

Beschauers entfaltete. Was war die alte Welt mit ihren sieben Wundern gegenüber den unzähligen Wundern der Industrie, der Wissenschaft und der Kunst in dieser Ausstellung. Sie gab den hervorragendsten Geistern Gelegenheit, die Leistungen der bedeutendsten Künstler und Industriellen der ganzen Welt auf sich wirken zu lassen und sie mit den Erzeugnissen der Heimath zu vergleichen.

Dass diese Vergleichung auf dem Gebiete der Kunst und des Geschmacks so sichtbar zum Nachtheil der Engländer ausfiel, wurde die Veranlassung zu jener Agitation, aus welcher das oben erwähnte System der staatlichen Beihilfe erwuchs. Man verliess den eingeschlagenen Weg, der mit dem Ende angefangen hatte, und kam zu der Ueberzeugung, die einzig wahre Abhilfe der erkannten Uebel liege in folgenden Punkten:

1. in der Errichtung von Elementarzeichenschulen, durch welche die Elemente der Kunst zu einem Bestandtheil der nationalen Erziehung gemacht werden.
2. in der Ausbildung tüchtiger Lehrer für die Kunst-Industrie und in der Errichtung von Kunstschulen, in denen dieselben ihre Verwendung finden können.
3. in der Bildung des Schönheitssinnes im grossen Publicum durch öffentliche Museen für die industrielle Kunst, wo Jeder am Tage und am Abend Gelegenheit hat, sein Auge zu erziehen und seinen Geschmack zu bilden.

Um dies Alles gleichzeitig zu erreichen, stellte man jene reiche Mannigfaltigkeit von Unterrichts- und Anregungsmitteln in das Bereich der Erlangung jedes Einzelnen in der grossen Gesammtheit. Dies sind die Zielpunkte des obigen Systems der staatlichen Beihilfe, dies sind die leitenden Gedanken, welche dasselbe durchwehen, und bereits am 2. Juni 1852 konnte man in der Metropole des Vereinigten Königreichs das in der Mitte des 19. Jahrhunderts jedenfalls sehr eigenthümliche Schauspiel erleben, dass in Gegenwart des Präsidenten vom *Board of Trade* und vieler Grössen aus den höchsten und angesehensten Kreisen der Gesellschaft und des Staats die erste Elementarzeichenschule in Westminster mit grosser Feierlichkeit eröffnet wurde. Man ist vom continentalen Standpunkt aus versucht, an den kreisenden Berg zu denken, der eine Maus gebar.

Freilich für die Engländer stellt sich die Sache anders. Man könnte bei der Wichtigkeit der Feier zwischen den Zeilen lesen, dass sie die Bedeutung dieser ihrer ersten Elementarzeichenschule in ihrer ganzen Tragweite erkannt haben, wenn sie es nicht in den bei dieser Gelegenheit gehaltenen Reden mit grosser Offenheit und Klarheit selbst ausgesprochen hätten. Sie waren sich bewusst, dass es bei der Förderung der Kunst-Industrie auf zweierlei ankomme, auf die Erweckung des Schönheitssinnes und die Geschmacksbildung des grossen Publicums einerseits, und die Heranbildung tüchtiger industrieller Künstler andrerseits. Das eine bedinge das andere und deshalb müsse beides Hand in Hand gehen. Der Beweis des einen Redners*) für die Wahrheit dieser Behauptung reicht in seiner Bedeutung weit über Englands Grenzen hinaus und ist für jede Nation geführt, für welche die Hebung und Förderung der Kunst-Industrie eine offene Frage ist. Der Redner ist *Henry Cole*, damals Oberbeamter im *Departement of practical Art*, jetzt Vorsteher des Gewerbeschul-Amts. Er sagt, unter anderen, den Hauptgedanken nach:

Ist das Publicum unempfänglich für schöne Erzeugnisse der Kunst-Industrie, wozu dann eine Masse industrieller Künstler erziehen, und deren Arbeitskraft in falsche Bahnen leiten.

Könnte man in Bezug auf Förderung der Kunst-Industrie nicht zu gleicher Zeit auf die beiden oben genannten Punkte hinarbeiten, sondern wäre man nothwendig darauf angewiesen, blos einen der beiden Wege einzuschlagen, so würde entschieden die Erweckung des Schönheitssinnes in der grossen Masse des Publicums sicherer zum Ziele führen, als die Heranbildung industrieller Künstler. Denn wäre das Publicum zu der Höhe geleitet, die Schönheit der Form, die Symmetrie der Verhältnisse, die Harmonie der Farben, die Ein-

---

*) *cf.* unter den Publicationen des *Science and Art Dep. of the Committe of Council on Education: Addresses. The advantages of teaching elementary drawing as a branch of National Education. Lond.* 1857.

fachheit der Natur und deshalb auch der wahren Kunst verstehen und schätzen zu lernen, so würde bald das Interesse die Fabricanten von selbst dahin treiben, dem Geschmack des Publicums entsprechend zu produciren.

Ist aber die Entwickelung des Schönheitssinnes in allen Classen der Gesellschaft der wichtigste Factor für die Förderung der Kunst-Industrie, dann ist auch die Eröffnung der ersten Elementar-Zeichenschule als der erste Schritt innerhalb des Beihilfe-Systems der Regierung von grosser Bedeutung, und es ist ein Beweis für die Aufrichtigkeit ihrer Bestrebungen, dass die Gesammtheit der staatlichen Förderungsmittel dahin strebt, allen Classen der grossen Gemeinsamkeit den Segensquell des Unterrichts in den Künsten zu erschliessen. —

Beginnend mit dem eigentlichen Ausgangspunkt der englischen Bestrebungen zur Förderung der Kunst-Industrie, der Errichtung des Departements für Wissenschaft und Kunst (Gewerbeschul-Amt) versuchten wir bisher dessen Organisation und die ihm zu Gebote stehenden Mittel kurz zu charakterisiren. Zur bessern Erkenntniss des Grundgedankens, der dies System staatlicher Beihilfe durchzieht, war ein kurzer Rückblick auf den Weg nöthig, den die Regierung früher eingeschlagen, der sich jedoch als völlig verfehlt herausgestellt hatte.

Wir kommen nunmehr dazu, das oben aufgeführte System im Detail zu betrachten.*)

*) Die einzelnen Mittel haben einen sehr biegsamen Charakter und werden häufig in den einzelnen Jahren in modificirter Weise zur Anwendung gebracht. Die nachstehende Characteristik hat das Wesen der Dinge, nicht ihre etwaigen neuesten Veränderungen im Auge gehabt.

Zweiter Abschnitt.

Die dem Gewerbeschul-Amt zur Förderung der Kunst-Industrie zu Gebote stehenden Mittel.

Capitel I.

Die nationale Kunstschule in Süd-Kensington mit Seminar zur Heranbildung von Lehrern.

a) Seminar und Kunstschule.

Die Unterrichtscurse im Seminar bezwecken die systematische Heranbildung von Lehrern und Lehrerinnen in den practischen Gebieten der Kunst und in der Kenntniss ihrer wissenschaftlichen Principien, und zwar bis zu der Höhe, dass sie fähig sind, Andern eine künstlerische Ausbildung zu gewähren und sie zu lehren, die Kunst in möglichster Ausdehnung sowohl bei den gewöhnlichen Zwecken des Lebens wie gegenüber den Anforderungen der höhern und niedern Industrie zur Anwendung zu bringen. Auch sind specielle Curse eingerichtet, um Lehrern von Elementar- und Mittelschulen diejenigen Elemente der Zeichenkunst zu lehren, die von ihnen gefordert werden.

Der Unterricht umfasst folgende Gegenstände: Freihand-, Architectur- und mechanisches Zeichnen; practische Geometrie und Perspective; Malerei in Oel, Tempera - Manier und Wasserfarben; Modelliren, Stuckatur-Arbeiten und Formen. Die Classen für Zeichnen, Malen und Modelliren umfassen Bau- und Ornament-Zeichnen, Blumen, Objecte für Stillleben etc., Figuren-Zeichnen nach Antiken und nach dem Leben und das Studium der Anatomie, soweit es auf die Kunst Anwendung findet.

Ausserdem bietet jeder Cursus eine Reihe von Vorlesungen über practische Aesthetik, Kunstgeschichte, Anatomie etc. (cf. sub d.) Die Curse, von denen jeder 5 Monate dauert, beginnen am 1. März und 1. October und enden am letzten Februar bezüglich am letzten Juli. In den Monaten August und September, eine Woche zu Weihnachten und eine Woche zu Ostern und Pfingsten sind Ferien.

In Verbindung mit dem Seminar besteht noch eine Kunstschule für Schüler und Schülerinnen und das Publicum im Allgemeinen; die Lehrgegenstände umfassen Zeichnen, Malen und Modelliren, in Anwendung auf Ornamentik. Man kann entweder den ganzen Cursus, oder einzelne Specialfächer besuchen, und zwar findet in Bezug auf die Art, wie das Publicum an den einzelnen Lehrzweigen Theil nehmen will, die grösste Mannigfaltigkeit statt. Es steht Jedem frei seine Studien während eines Cursus von 5 Monaten dort zu treiben: entweder den ganzen Tag, oder des Morgens von 10—12, oder des Nachmittags von 1—3, oder des Abends, oder 3 ganze Tage per Woche. Jeden Abend von 7—9 hat man Gelegenheit nach lebenden Modellen zu zeichnen.

Ebenso kann man blos monateweis Theil nehmen und zwar wiederum entweder den ganzen Tag, des Morgens, des Nachmittags oder des Abends.

Für Frauen findet Montag, Mittwoch und Freitag Abend von 7—9 ein Cursus statt.

Ein specieller Cursus für Handwerker im Elementar-Zeichnen, Geometrie, Perspective, mechanischen und architectonischen Zeichnen findet 3- oder 5stündig per Woche statt.

Auf vielfaches Verlangen ist sogar dafür gesorgt, dass junge Leute aus London, die augenblicklich ausserhalb, während ihrer Weihnachts- oder Sommerferien zu Hause sind, den Cursen im Zeichnen am Kensington-Museum beiwohnen können.

Die Schüler haben überall Zutritt zu den Sammlungen des Museums und der Bibliothek, sowie zu den Vorlesungen.

Ueber den Besuch der Schüler wird ein Register geführt, welches von Eltern und Vormündern eingesehen werden kann.

b) Cursus des Unterrichts.

Der Cursus für den Unterricht in der Kunst mit Beziehung auf die Industrie zerfällt in 23 Abtheilungen*) (stages), und wird in dieser Form zugleich allen Kunstschulen empfohlen, die mit dem Gewerbeschul-Amt in Verbindung stehen.

	Abthlg.
Linear-Geometrie und mechanisches Zeichnen	1a
Architectonische Bauten und Maschinen-Zeichnen nach Vorlegeblättern	1b
Linear-Perspective	1c
Freihand-Conturen von Ornamenten nach Vorlegeblättern	2
Freihand-Conturen von Ornamenten nach Abgüssen	3
Schattirte Ornamente nach flachen Mustern	4
Schattiren nach runden oder körperlichen Formen, Modellen, Gegenständen und Ornamenten; Zeitskizzen**) und Skizzen nach dem Gedächtniss	5
Zeichnung der menschlichen Figur und thierischer Formen nach Vorlegeblättern	6
Zeichnung von Blumen, Blättern und Gegenständen der Natur-Geschichte nach Vorlegeblättern	7
Zeichnung der menschlichen Figur und thierischer Formen nach Modellen oder der Natur incl. Zeitskizzen etc.	8
Anatomische Studien der menschlichen Figur oder thierischer Formen, gezeichnet oder modellirt	9
Zeichnung von Baumschlag, Blumen etc. nach der Natur	10
Gemalte Ornamente nach Vorlegeblättern	11
Gemalte Ornamente nach Abgüssen in Relief	12
Malen†) nach Vorlegeblättern, Blumen, Stillleben und Landschaften mit den Elementar-Principien der Farben	13

*) Die Sectionen a, b c, aus denen die einzelnen Abtheilungen bestehen cf. sub 8. Nationale Preisbewerbung.

**) Zeitskizzen sind solche, die innerhalb einer bestimmten Zeit vollendet werden müssen.

†) Das Malen kann in Wasserfarben, Oel, Tempera-Manier etc. ausgeführt werden.

	Abthlg.
Malen direct nach der Natur	14
Gemalte Zeitskizzen von einzelnen Objecten oder Gruppen, als Farbencompositionen	15
Malen von menschlichen Figuren oder Thieren nach Abgüssen in Monochrom-Manier	16
Malen von menschlichen Figuren oder Thieren in Farben	17
Section a. nach Vorlegeblättern,	
„ b. nach der Natur, nackt oder drappirt,	
„ c. Zeitskizzen und Compositionen.	
Modelliren von Ornamenten nach Abgüssen, Zeichnungen, Zeitskizzen und Skizzen aus dem Gedächtniss	18
Modelliren von menschlichen Figuren oder Thieren nach Abgüssen, Zeichnungen und nach der Natur, nackt oder drappirt	19
Modelliren von Früchten, Blumen, Blättern und Gegenständen der Naturgeschichte nach der Natur	20
Zeitskizzen und Compositionen in Thon, Wachs u. s. w. von menschlichen Figuren und Thieren nach der Natur und dem Gedächtniss	21
Elementare Musterzeichnung, Principien von Form und Farbe	22
Section a. Studien, welche natürliche Gegenstände als Schmuck verwenden;	
„ b u. c. Ornamentale Arrangements um gegebene Räume in Farbe auszufüllen;	
„ d. Studien historischer Style in Bezug auf Ornamentik, gezeichnet, gemalt oder modellirt	
Technische Studien	23
Diese bestehen in architectonischen Musterzeichnungen, ornamentalen Flächen-Musterzeichnungen, ornamentalen Relief-Musterzeichnungen, Stuckatur-Arbeiten, Giessen und getriebenen Arbeiten; Lithographiren; Holz- und Metallschneidereien für ornamentale Zwecke und Porzellan-Malerei.	

Der technische Unterricht in Abtheilung 23 des Cursus war früher von dem allgemeinen, theoretischen Unterricht getrennt; es existirten früher für ersteren specielle Classen, die mit dem letztern nichts zu thun hatten. Diese sog. technischen Classen wurden i. J. 1855 reorganisirt und bilden von da ab einen Theil des allgemeinen Cursus. Die Schüler sowohl wie die Seminaristen werden auf diese Weise in den Stand gesetzt, diejenigen technischen Kenntnisse und Fertigkeiten sich anzueignen, welche ihnen für ihren besondern Beruf wünschenswerth oder nothwendig erscheinen.

Im Allgemeinen lässt sich das Wesen dieses technischen Cursus dahin bezeichnen, dass er mit und neben der speciellen Technik lehrt, wie die Grundsätze der Kunst in den einzelnen practischen Arbeiten der verschiedenen Industriezweige zur Anwendung zu bringen sind. Es wird beispielsweise das Wesen der verschiedenen decorativen Formen im Gebiete der Architectur in ihrer Anwendung auf die Möbelschnitzerei oder Töpferei behandelt; das Wesen der Flächendecoration in ihrer Anwendung auf gewebte Stoffe; der Einfluss des Materials auf die Ornamentik u. s. w.

Bei dem technischen Unterricht in der Porzellan-Malerei bestand beinahe immerwährend die Hälfte der Schülerzahl aus Frauen, die darin Vortreffliches geleistet haben. Gegenüber den Bestrebungen zur Förderung der Erwerbsfähigkeit des weiblichen Geschlechts ist dies Factum von Interesse.

Sämmtliche 23 Abtheilungen bilden den gesammten Unterrichts-Cursus für Musterzeichner, Ornamentisten und solche, die industrielle Künstler werden wollen, doch braucht natürlich der Einzelne nicht in allen Fällen oder nothwendig der numerischen Reihenfolge dieser 23 Abtheilungen nachzugehen.

Nun soll aber, wie wir sehen, der Unterricht in den Kunstschulen allen Classen der Gesellschaft offenstehen. Es werden deshalb für die verschiedenartigsten Ansprüche des Publicums Specialcurse für alle denkbaren Fächer und Zwecke aus den obigen 23 Abtheilungen zusammengesetzt. Beispielsweise umfasst der Elementar-Cursus die Abtheilungen 1a u. c, 2, 3, 4, 5, 6, 7 u. 13. Der Cursus für allgemeine Bildung im Zeichnen die Abtheilungen 2, 3, 4, 5, 1a u. c, 7, 10, 6, 8, 9, 13, 14 u. 17. Der Cursus für Architecten, Maschinisten und Ingenieure die Abtheilungen 2, 3, 4, 5, 1a, b u. c, 11 u. 23.

c) Prüfungen für Lehrer und Lehrerinnen.

Zugleich setzt sich aus den genannten 23 Abtheilungen das System von 6 Gruppen zusammen, welches den Prüfungen der Kunstlehrer und Lehrerinnen zu Grunde liegt. Für jede Gruppe wird, wenn die Prüfung innerhalb derselben bestanden ist, ein Diplom (*certificate*) ausgestellt und die nachstehende Zusammenstellung enthält diejenigen Abtheilungen für jede Gruppe, welche bei der Prüfung verlangt werden.

I. Gruppe. Elementarzeichnen und Coloriren:
Abtheilung 1, 3, 4, 5, 6, 7, 10 und 13.

II. Gruppe. Malen mit Prüfungen über die Stylarten der Kunst und über Elementar-Ornamentik:
Abtheilung 11, 12, 14, 15 und 22a u. c.

III. Gruppe. Zeichnen und Malen von Figuren, mit Prüfungen über die geschichtlichen Stylarten der Ornamentik und Anatomie des menschlichen Körpers:
Abtheilung 8b, c, 9, 16 u. 17a, b, 22d.

IV. Gruppe. Modelliren von Ornamenten mit Prüfungen über Kunst-Styl und Elementar-Ornamentik:
Abtheilung 18a, b, 20 u. 22 u. 22a.

V. Gruppe. Modelliren von Figuren mit Prüfungen über die historischen Stylarten der Ornamentik:
Abtheilung 8, 9, 19, 20, 22d.

VI. Gruppe. Technischer Unterricht. Abtheilung 23.

Ein Zeugniss für Gruppe I kann allein gegeben werden, dagegen das Zeugniss für Gruppe II nur nach dem von No. I, und das für Gruppe III nach dem von I und II, und das über die Gruppe V für Modelliren nach Gruppe IV.

Prüfungen für Kunstlehrer und Lehrerinnen, zur Erlangung von Zeugnissen für eine oder mehre der genannten Prüfungs-Abtheilungen werden jährlich in Kensington von dem Gewerbeschul-Amt im Februar und Juli abgehalten. Sie stehen allen Personen offen, mögen dieselben im Seminar zu Kensington gebildet sein oder nicht, und sind darüber folgende Bestimmungen festgesetzt:

1) Candidaten, welche geprüft zu werden wünschen, senden die erforderlichen Arbeiten mit ihren Namen an das Secretariat des Gewerbeschul-Amts. Sie erhalten darauf Nachricht, ob dieselben für genügend erachtet worden sind oder nicht und werden im ersten Fall zugleich vorgeladen.

2) Die Gruppe oder Gruppen, in denen ein Candidat geprüft zu sein wünscht, sind genau zu bezeichnen.

3) Die eingesandten Arbeiten müssen in jeder Beziehung selbständige Arbeiten der Candidaten sein und zwar ist aus jeder der oben genannten Abtheilungen derjenigen Gruppe oder Gruppen, für welche die Prüfung nachgesucht wird, eine Arbeit einzuschicken.

4) Jeder Candidat hat in Gegenwart der Examinatoren eine Classe zu unterrichten.

5) Ausser den eingesendeten Arbeiten sub 3 bestehen die Prüfungen in mündlicher und schriftlicher Fragebeantwortung, sowie in Studien und Zeichnungen, die innerhalb einer gewissen Zeit gefertigt werden müssen.

Auf Grund gut bestandener Prüfungen werden Lehrer und Lehrerinnen von dem Gewerbeschul-Amt sowohl für Provinzial-Kunstschulen, Privat- und andere Schulen, wie namentlich auch für den Privat-Unterricht empfohlen. Durch die Empfehlungen in letzterer Beziehung erreicht man einerseits eine grössere Verbreitung des Kunst-Unterrichts in den höhern Kreisen der Gesellschaft, andrerseits verschafft man tüchtigen Lehrern und Lehrerinnen Subsistenzmittel. Gegenüber der jetzt so lebhaft betriebenen Agitation für die erweiterte Beschäftigung des weiblichen Geschlechts, bietet dieser Punkt eine nicht zu unterschätzende und sehr geeignete Ergänzung derjenigen Berufsgebiete, für welche die Frauen mit Erfolg Verwendung finden können.

d) Vorlesungen über practische Aesthetik, Kunst und Kunstgeschichte.

In jedem Semester finden Vorlesungen statt und zwar regelmässige und gelegentliche; die ersteren werden im Prospect bekannt gemacht, die letzteren besonders angezeigt. Zur Charakteristik des Gebietes, auf welches sich diese Vorlesungen ertrecken, mögen die wichtigsten, welche bisher gehalten worden sind, hier kurz angeführt werden:

1. Ein Cursus von 12 Vorlesungen über Anatomie in ihrer Anwendung auf die Künste von John Marshall; derselbe findet in jedem Semester statt. Eintrittsgeld für den ganzen Cursus 6 sh., für die einzelne Vorlesung 1 *sh*.
2. Ein Cursus von Vorlesungen über Botanik, mit besonderer Rücksicht auf die Künste von Dr. Dresser.
3. Ein Cursus von Vorlesungen über antike Kunst von Wornum. (Die decorative Kunst der alten Egypter, die griechische Kunst, die Entwickelung der griechischen Kunst bei den Römern.)
4. Vorlesungen über Thierformen von Prof. Forbes.
5. Ueber die Beziehungen der verschiedenen Zweige der industriellen Kunst zu einander und zu der Architectur, von Prof. Semper.*)
6. Ueber die Decoration gewebter Stoffe, von Hudson.
7. Ueber Architectur, practische Constructionslehre und plastische Kunst im Allgemeinen (5 Vorlesungen), von Prof. Semper.
8. Ueber Flächen-Decoration, von Hudson. (2 Vorlesungen.)
9. Ueber Spitzen, die mit der Hand gearbeitet werden.
10. Drei Vorlesungen über Holzschneidekunst, von Thomson.
11. 6 Vorlesungen von verschiedenen Autoren, über die Fabrication der Irdenwaaren.
12. Ueber die Bücher und sonstigen Bildungsmittel des Museums, von Wornum.
13. Ueber die menschliche Form, von Marshall.
14. Ueber die verschiedenen Gattungen von Spitzen, von Hudson.
15. Ueber Formen und Farben des Pflanzenreichs von Dr. Linsey. (5 Vorlesungen.)

*) Jetzt in Zürich.

16. Ueber die Ornamentik der Renaissance-Periode, von Wornum. (4 Vorlesungen.)
17. Ueber den Beruf des Departements für Kunst und Wissenschaft, von H. Cole.
18. Ueber die Sheepshank'sche Schenkung als Anfang einer National-Gallerie, von Redgrave.
19. Ueber die Central-Schule für Kunst und Wissenschaft, von Rich. Burchett.
20. Ueber das Museum für ornamentale Kunst, von Robinson.
21. Ueber das Thierreich und seine wirthschaftlichen Verwendungen, von Rich. Owen, Vorsteher der Abtheilung für Naturgeschichte im brit. Museum.
22. Ueber den Gebrauch thierischer Abfälle, von Dr. Lyon Playfair.
23. Ueber Muscheln und ihre Anwendung, von Simmonds.
24. Ueber Horn, Haar und Borsten, von F. Buckland, Chirurg bei der Garde.
25. Ueber Fische und ihre Verwendung auf dem Gebiete der Industrie, von Th. Huxley, Professor der Naturgeschichte am Museum für practische Geologie.
26. Ueber den Gebrauch der Kunstbibliothek von Beith.
27. Ueber Kupfer- und Stahlstecherei, von G. Doo.
28. Ueber britische Sculptur, von J. Bell, Bildhauer.
29. Ueber die Kunst der Hindus, von Dr. G. Kinkel.
30. Ueber die Kunst der Mohamedaner, von Dr. G. Kinkel.
31. Ueber Relief-Sculptur, ihren Charakter und ihre Anwendung auf Architectur-Decoration, von R. Westmacott.
32. Ueber die gemalten Töpferwaaren der alten Griechen, von Robinson.
33. Ueber die italienischen Majolica-Waaren, von Robinson.
34. Ueber Porzellan-Waaren im Allgemeinen, von Robinson.
35. 6 Vorlesungen über Nahrungsmittel, von Dr. Lankester.
36. Wie und über was sollten Handwerker unterrichtet werden, von I. S. Russel.

37. 20 Vorlesungen über Geschichte der mittelalterlichen und modernen Kunst, von G. Kinkel.
38. Ueber *Terracotta-* und *Luca della Robbia*-Gegenstände, von Dr. Rock.
39. Ueber die Gegenstände der antiken, mittelalterlichen und modernen decorativen Sculptur im Kensington-Museum, von Westmacott.
40. Ueber Gegenstände der orientalischen Decoration und ihre Verwendung für moderne Zwecke, von Wild.
41. Ueber alte und neuere Muster der Buchbinderei, von J. Beck.
42. Ueber Architectur-Gegenstände von farbiger und sonstiger äusserer Decoration, von Burges.
43. Ueber moderne Glasmalerei, von Gambier Parry.
44. Ueber die Decoration von Raphaels Logen im Vatican, von Pollen.

Ueberblickt man die Gegenstände der Vorlesungen, so erkennt man sofort, dass dieselben im Wesentlichen eine zweifache Tendenz haben: eines Theils betreffen sie Gegenstände der Kunst und Kunstgeschichte mit besonderer Rücksicht auf die Industrie, anderen Theils knüpfen sie an einzelne Zweige der Museen an, suchen auf die Bedeutung derselben noch besonders hinzuweisen und so die Anschauung derselben verständlicher und anregender zu machen.

Die verschiedensten Lehrkräfte wirken bei den Vorlesungen mit; dieselben werden Morgens und Abends gehalten, zusammen etwa 80—100 im Jahre, und sind Theils frei, Theils werden sie bezahlt. Auf Verlangen können bestimmte Vorlesungen wiederholt werden.

e) Zulassung zu der Kunstschule und dem Seminar in Kensington.

α) Allgemeine Bestimmungen.

1) Schüler im Allgemeinen sind zugelassen so lange Raum da ist, gegen Zahlung von 4 £. Schulgeld bei einem Cursus von 5 Monaten, für einen Tag und Abend; von 2 £. für ½ Tag; oder von 2 £. für einen Abend. Die Curse beginnen den 1. März und 1. October und enden den 31. Juli und letzten Februar.

2) Schüler im Allgemeinen die ihr Schulgeld für zwei Curse bezahlt haben, sind, wenn sie die gesammten Prüfungen 2. Grades bestehen, berechtigt, in ihrer Classe für ein Jahr zugelassen zu werden gegen die Hälfte des sonst üblichen Schulgeldes. Sie sind berechtigt, dieses Vorrecht für ein zweites Jahr zu beanspruchen, wenn sie eine Medaille erlangt oder während des ersten Jahres irgend zwei von denjenigen Leistungen im Zeichnen und Malen prästirt haben, die zur Erlangung eines Zeugnisses 1. Grades für Lehrer gefordert werden. Liefern sie im 2. Jahr auch die übrigen Werke (für Zeichnen und Malen), so bekommen sie ein Anrecht auf diejenigen Vorrechte, welche sub 3 erwähnt sind.

3) Andere allgemeine Schüler, die ihr Schulgeld bezahlt haben, können verlangen, dann frei zugelassen zu werden, wenn sie in genügender Weise die Prüfungen in 3 beliebigen Objecten bestehen, die zum ersten Zeugniss gehören; für Schülerinnen genügen 2 Objecte. Dies Vorrecht dauert ein Jahr und kann erneuert werden, wenn innerhalb dieser Zeit sämmtliche Objecte des ersten Zeugnisses prästirt werden.

β) mit Bezug auf Seminaristen.

4) Schüler, die den Antrag stellen, sich als Lehrer für Kunstschulen auszubilden, persönlich geeignet sind, und genügend bewiesen haben, dass sie im Besitz der erforderlichen allgemeinen Bildung sind, werden frei zugelassen, wenn im Seminar Stellen frei werden, vorausgesetzt, dass sie Leistungen einschicken in Geometrie, Perspective, Freihandzeichnen, Zeichnungen nach der Natur von Pflanzen und Blättern und Zeichnungen nach Modellen, die von dem Director für gut befunden worden sind; statt dieser Gegenstände sind auch mehr vorgerückte Studien nach Antiken oder in der Malerei zulässig. Wenn solche Schüler das erste Zeugniss erhalten haben, sind sie wählbar zur Concurrenz für wöchentliche Stipendien, welche je nach den Fortschritten und den erlangten Zeugnissen 5 *sh.*, 10 *sh.*, 15 *sh.*, 20 *sh.* oder 25 *sh.* per Woche betragen. Als Gegenleistung haben sie bestimmte Pflichten als Lehrer zu übernehmen und sind verbunden, in die Stellungen einzutreten, für welche sie von dem Gewerbeschul-Amt empfohlen werden.

Um Schülerinnen in der Erlangung der nöthigen Eigenschaften von Lehrerinnen auf dem Gebiete der Kunst zu unterstützen, unterliegt auch die Zulassung von Frauen zum Seminar den obigen Bestimmungen; sie können nach der Zulassung eine Geldbewilligung (Stipendium) erhalten in Höhe von 5—15 *sh.* wöchentlich (je nach dem Freiwerden von Stellen) auf die Dauer von höchstens 2 Jahren, um sie in den Stand zu setzen das Zeugniss 2. Grades zu erlangen. Berechtigen ihre Fortschritte zu Erwartungen, so können sie (nach Erlangung des Zeugnisses 2. Grades innerhalb der 2 Jahre) auf ein weiteres Jahr ein Stipendium erhalten, um auf das Zeugniss des 3. Grades hinzuarbeiten.

Alle persönlichen Gesuche um Zulassung (auf Grund von Zahlung oder anderweit) werden bei dem Director eingereicht.

Um einerseits talentvolle Schüler von Provinzial-Kunstschulen anzuregen, indem man ihnen Gelegenheit bietet, ihre Studien unter den günstigsten Verhältnissen zu beenden, und um andrerseits sich ein möglichst grosses Gebiet der Auswahl zu sichern, dem man die bestqualificirten Schüler zur Heranbildung zu künftigen Lehrern entnehmen kann, wird eine Concurrenz für freie Zulassung zu dem Seminar für alle Schüler von Provinzial- und andern Kunstschulen vor dem Anfang der Curse und auf Grund bestimmter Bedingungen eröffnet.

Man erkennt sofort aus diesen Bestimmungen die Tendenz einerseits Schüler überhaupt heranzuziehen, andrerseits sie anzuspornen, ihre Studien soweit als möglich fortzusetzen.

γ) mit Bezug auf Lehrer von Provinzial-Kunstschulen.

Es kam und kommt factisch vielfach vor, dass Lehrer in den Provinzial-Kunstschulen angestellt sind, die blos ein Lehrdiplom 1. oder 2. Classe erlangt haben. Es erschien wünschenswerth, solchen Lehrern Gelegenheit zu geben, auch die Lehrdiplome höherer Classen zu erlangen und sie so in den Stand zu setzen, auch auf den höhern Gebieten der Kunst an den Provinzialschulen Unterricht ertheilen zu können. Man gestattet deshalb einer bestimmten Anzahl solcher Lehrer jedes Jahr 4 Wochen lang ihre Studien in Kensington zu genanntem Zwecke zu machen. Das Gewerbeschul-Amt sorgt während dieser Zeit für Vertretung des Lehrers durch einen tüchtigen Seminaristen, den das Local-Comité zu honoriren hat, zahlt dem Lehrer die Kosten der Reise nach London und wenn er sehr fleissig gewesen ist, auch die der Rückreise. Wo es geeignet erscheint, kann der Lehrer auch von seinem Hilfslehrer während seiner Abwesenheit vertreten werden.

Gedenkt ein Lehrer der oben bezeichneten Art von diesem Recht Gebrauch zu machen, so macht er eine Eingabe an das Secretariat in Kensington und fügt eine schriftliche Erklärung seines Local-Comités bei, dass diesem Vorhaben Seitens der Kunstschule nichts entgegensteht.

Capitel 2.

Die Museen und Sammlungen in Kensington.

Eine der ersten Eigenthümlichkeiten Englands, die dem Reisenden vom Continent aufzufallen pflegen, ist der Reichthum an Museen und Sammlungen d. h. allgemein ausgedrückt der Zug der Engländer, alle wichtigen Kreise des menschlichen Wissens und Könnens in leicht übersehbarer Weise gleichsam realistisch zur Anschauung zu bringen. Dieser Zug hat seinen tieferen Grund im englischen Wesen und Geiste und zeigt sich namentlich in den wenigen Philosophen. Zuerst in Baco, dem ersten Philosophen, der die Scholastik aus der Philosophie verdrängte und auf Grund erfahrungsmässiger Naturforschung und der Anwendung empirischer Induction sein System der Realphilosophie aufbaute, in dem sich gewissermassen die Quintessenz des englischen Geistes erkennen lässt. Sodann in Locke. Er wies in seinem Essay über das menschliche Erkenntnissvermögen nach, dass die Begriffe stufenweise in den Verstand kommen und keine anderen sich finden, als diejenigen, die ihm durch Wahrnehmung der in seinen Gesichtskreis fallenden Dinge verschafft werden. Die Materialien unseres Denkens und Erkennens stammen aus der Erfahrung, aus der Wahrnehmung, und geben Grundlage und Stoff zu der unendlichen mannigfaltigen Bildung neuer Vorstellungen. Die erste Art der Erkenntniss ist ihm die anschauliche, die zweite erst die durch den Schluss vermittelte, die demonstrative. Man erkennt hierin deutlich das Bestreben, an die Stelle gemachter und transcendenter Categorien die reale Darstellung zu setzen, ein Bestreben, das durch Hume endlich zu einem strengen Empirismus ausgebildet wurde.

Charakteristisch ferner für diese englische Auffassungs- und Darstellungsweise, die, aller Speculation fern, sich an das Gegebene hält, ist der Umstand, dass wiederum bei den Engländern jene eigenthümliche Kunstform des „Essay" sich ausgebildet hat, der namentlich unter Macaulay's formgewandter Hand zu einem vollendeten Kunstwerk geworden ist. Im Essay handelt es sich um kein Princip, er kennt keinen speculativen oder philosophischen Ausgangspunkt, sondern geht realistisch lediglich von dem in der Wirklichkeit Gegebenen aus und baut aus ihm jene malerische, plastische, durchsichtige Darstellung von Objecten und Personen auf, in ihren Zusammenhängen mit dem Organismus und der Zeit, denen sie entwuchsen.

In der That, jedes der englischen Museen ist für sein Gebiet eine Art Essay; es kommt in der Darstellung eines bestimmten Zweiges der Kunst und Wissenschaft nicht nur sein eigenes Wesen zur Erscheinung, sondern es spiegelt sich darin die ganze Zeit ab, in der er blühte. Die einzelnen Gegenstände beseelen sich unter dem mächtigen Eindruck der Gesammtheit zu lebendigen Formen, zu sprechenden Zeichen ihrer Zeit, und der Blick, mit dem wir in einer kurzen Spanne Zeit die Arbeit von Jahrhunderten zu überschauen vermögen, macht uns wie ein Essay von Macaulay das Lernen zum Genuss, wenn er uns auch nicht die Mühe des Lernens zu ersparen vermag. —

Man kann nicht umhin, bei der Besprechung der Sammlungen des Kensington-Museums einen Blick auf den Crystall-Palast in Sydenham zu werfen, der recht eigentlich als ein Vorläufer des ersteren aufzufassen ist und als charakteristisches Beispiel, ja als Extrem für die Art und Weise der Engländer gelten kann, durch Anschauung zu lehren und zu lernen. Ich erwähne diesen „*Palace of Art and Education*" blos insoweit er die Kunstgeschichte zur Darstellung zu bringen sucht. Er ist in dieser Richtung von hohem

Interesse, weil er zuerst den Versuch gemacht hat, aus den verschiedenen Kunst-Epochen nicht Kunstgegenstände zu sammeln, sondern die wichtigsten und charakteristischen Denkmäler der verschiedenen Zeiten zu reconstruiren und dem Auge vorzuführen. Man kann hier, wie nirgends anders, schrittweise die Entwickelung der menschlichen Ideen in der Kunst, wie sie in den verschiedenen Stylarten zur Erscheinung kommen, an sich vorübergehen lassen.

Man kann in der egyptischen Abtheilung gleichsam das gigantische, colossale Wesen der egyptischen Kunst, entstanden unter dem Druck einer streng hierarchischen Religion erkennen. An die Stelle jener überwältigenden Grösse, jener strengen Förmlichkeit der Egypter tritt in der griechischen Abtheilung jene wahre Einfachheit, Schönheit und Idealität. Die älteste egyptische Säule, wie man sie im Grabmal des Beni Hassan sieht, ist roh, der Natur abgerungen; der Stoff hat noch sein felsenartiges, hartes, eckiges Wesen. In der griechischen Säule ist der rohe Stoff von der Schönheit der Form beherrscht; sie steigt graciös und elegant zum Licht empor, im vollen Bewusstsein der Bürde, die sie zu tragen hat. Und welcher Unterschied ist zwischen den steifen, passiven, vierschrötigen egyptischen Königsgestalten und ihren Frauen und Töchtern; den assyrischen geflügelten Stieren, denen man aus ästhetischer Rücksicht in schrecklicher Verirrung 5 Beine gegeben hat – und zwischen der vergöttlichten Menschlichkeit eines Apollo von Belvedere und der weiblichen Schönheit einer Venus von Milo.

Im *Alhambra Court* kann man die überreichen Arabesken und farbigen Stuckatur-Arbeiten und Mosaikfussböden der maurischen Architectur überschauen und so weiter bis zum byzantinischen Styl vordringen, dem Beginn der christlichen Architectur und seinen Modificationen in der mittelalterlichen Baukunst Deutschlands, Englands, Frankreichs und Italiens, bis zur Renaissance-Periode.

Alle andern Darstellungen des Crystall-Palastes, auf den die Engländer so stolz sind, übergehe ich. Es ist an sich ganz schön zu sehen, wie dort Typen der verschiedenen Menschenracen zur Anschauung gebracht werden, auf einem charakteristischen Stück ihres Landes und umgeben von den Thieren und Pflanzen, die letzteres erzeugt; es ist dankenswerth alle berühmten Statuen der antiken und modernen Welt in Abgüssen hier zusammen überschauen zu können; Copien von jenen indischen Fresken zu finden, welche Scenen aus dem Leben Buddha's und Buddhistischer Heiligen darstellen u. s. w. Aber der ganze Crystall-Palast krankt an einem grossen Fehler: er gibt zu viel. *Non multum sed multa* ist sein Wahlspruch. Dazu kommt, dass die Engländer in der Systematisirung, weil sie eine Art Abstraction ist, nie viel geleistet haben, und dass deshalb das Viele sehr schlecht geordnet ist. So sieht man denn z. B. zur Linken eine Gruppe Lappländer auf einer Schneefläche, im Hintergrund künstliche Eisberge mit Bären; vor sich eine Zusammenstellung von Sonneberger Spielsachen; zur Rechten die Statue Friedrich II. von Rauch u. s. w. — kurz ein Zusammenwürfeln aller möglichen Dinge, wie es nur in England vorkommen kann. Und wenn die Engländer auf ein derartiges Institut stolz sind, weil es viel kostet, und von riesiger Ausdehnung ist, und Alles enthält was seit Erschaffung der Welt von Wichtigkeit war, von den plumpen Sauriern der Juraformation bis zu den Dampfpflügen neuster Construction — so lasse man ihnen dies unschuldige Vergnügen. —

Ungleich mehr wird Jeder durch die Sammlungen im Kensington-Museum angezogen werden, welche nach der zweifachen Aufgabe des Gewerbeschul-Amtes in zwei Abtheilungen zerfallen: in die für die wissenschaftliche, und die für die eigentlich künstlerische Ausbildung.

Die Abtheilung für Wissenschaft umfasst:

1. Die Sammlung von Schul- und Unterrichts-Gegenständen.

Dieselbe soll alle neuen Erscheinungen des In- und Auslandes auf dem Gebiete des gesammten Schul- und Unterrichtswesens, namentlich Unterrichtsmittel, Apparate, Werke und bewährte Methoden eines anschaulichen Unterrichts, auf einem Punkte vereinigt, zur Anschauung bringen.

2. Das Museum der Constructions- und Baumaterialien.

Dasselbe enthält zuerst die wichtigsten Materialien, als Steine,

Cemente, Eisen, Glas, Holz etc., welche beim Bau und zwar sowohl beim Rohbau, wie bei der Decoration zur Verwendung kommen, sodann eine Sammlung von Modellen, Stichen und Photographien der berühmtesten architectonischen Denkmäler alter und neuer Zeit, und eine Darstellung aller neuen wichtigen Erfindungen und Verbesserungen auf dem Gebiete des Bauwesens.

3. Die Sammlung thierischer Rohstoffe und Producte.

Dieselbe bringt in sehr übersichtlicher Weise die wirthschaftlichen Verwendungen sämmtlicher Substanzen aus dem grossen Gebiete des Thierreichs zur Anschauung und lässt auf einen Blick die unzähligen Fäden erkennen, mit denen die menschliche Existenz auf dem Gebiete der Industrie, der Kunst, des Handels u. s. w. mit dem Thierreich verknüpft ist.

4. Das Museum der Nahrungsmittel.

Dieses lehrt die Natur, Zusammensetzung und Quellen der Nahrungsmittel kennen, welche die Menschen zum Lebens-Unterhalt nöthig haben, und stellt zugleich sämmtliche Stoffe zusammen, welche zur Fälschung der Nahrungsmittel verwendet werden.

5. Die Sammlung von Modellen und Darstellungen patentirter Erfindungen enthält eine Reihe sorgfältig gearbeiteter, vorzugsweise das Maschinenwesen betreffender Modelle, zur Veranschaulichung der wichtigsten Erfindungen, welche auf diesem Gebiete in England patentirt worden sind.

6. Die Sammlung von Schiffsmodellen.

Dieselbe veranschaulicht durch Modelle ganzer Schiffe und einzelner Schiffstheile die geschichtliche Entwickelung der Schiffsbaukunst von den Zeiten Heinrich VII. (1512) bis auf die Gegenwart.

Die Abtheilung für Kunst umfasst:

1. Das Museum für ornamentale Kunst.

Dasselbe sucht die Geschichte, Theorie und practische Anwendung der decorativen Künste auf dem Gebiete der Nützlichkeit und des practischen Lebens durch reiche Sammlungen von Kunstgegenständen aus den genannten Gebieten zur Anschauung zu bringen.

2. Die Sculpturen britischer Künstler.

Diese Abtheilung ist gegenwärtig blos eine Ausstellung von Werken lebender Künstler, und soll mit der Zeit dahin erweitert werden, dass sie die Geschichte der britischen Bildhauerkunst illustrirt.

3. Das Architectur-Museum.

Dieses soll durch Modelle und Photographien von mustergiltigen Baudenkmälern und Architectur-Details die Möglichkeit gewähren, die Baustyle der verschiedenen Zeiten und Länder studiren zu können.

4. Die Bildergallerien britischer Künstler.

Diese bestehen gegenwärtig aus 483 Oelbildern und 500 Aquarellen, sollen die britische Malerei möglichst vollständig repräsentiren und so den industriellen Künstlern Gelegenheit geben, sich an grossen nationalen Kunstschöpfungen zu begeistern.

5. Die Bibliothek der Kunst-Abtheilung.

Diese umfasst gegenwärtig etwa 15,000 Bände und eine reiche Sammlung von Stichen, Zeichnungen und Photographien aus dem Gebiete der Architectur, der Ornamentik etc. Sie hat den Zweck, in jeder Richtung den Geschmack in seiner Anwendung auf die industrielle Kunst zu entwickeln und zu bilden und sucht deshalb alle Werke des In- und Auslandes anzuschaffen, welche die Entwickelung der nützlichen Künste und Gewerbe in ihren Beziehungen zu den häuslichen und persönlichen Verfeinerungen fördern. —

Es mögen diese wenigen Notizen zur vorläufigen Orientirung über die Bestandtheile des Kensington-Museums hier genügen. Im zweiten Theil dieses Werkchens findet man jede einzelne Sammlung im Detail beschrieben.

Capitel 3.

Errichtung von Local-Kunstschulen.

a) Bestimmungen für die Errichtung.

Kunstschulen können überall eingerichtet werden, wo sich geeignete

Räumlichkeiten finden; existiren solche noch nicht, so finden die Bestimmungen in Cap. 4 Anwendung.

Sobald an einem Orte das Bedürfniss entsteht, eine Kunstschule zu errichten, oder mehre Orte zu diesem Zwecke sich vereinigt haben,*) bildet man ein Comité. Dies macht nach einem vorgeschriebenen Formular eine Eingabe an das Secretariat in Kensington, bezeichnet einen Lehrer, bittet um Ablassung von Abgüssen, Vorlegeblättern etc. zu den üblichen ermässigten Preisen (cf. sub 12.), erklärt sich bereit, für reinliche, warme und helle Räumlichkeiten auf seine Kosten zu sorgen, die Schulgelder einzutreiben, dem Lehrer das entsprechende Honorar zu zahlen, die Schule zu überwachen, den Antheil der Kosten einer jährlichen Inspection und Prüfung von Seiten des Gewerbeschul-Amts zu tragen etc. und fügt die Zahl der Schulen und Schüler an, die mit der zu errichtenden Kunstschule behufs Unterricht im Elementarzeichnen in Beziehung gesetzt werden sollen.

Das Comité kann entweder für die genannten Zwecke neu gebildet werden oder man wählt dazu eine bereits bestehende Corporation z. B. eine Schul-Deputation. Ersteres hat sein Augenmerk besonders auf zwei Dinge zu richten:

1. Auf Gründung einer Kunstschule für Industrielle mit Unterricht in den Abendstunden für Handwerker und solche, welche die Absicht haben, ihre Kenntnisse auf dem Gebiete der Kunst möglichst zu erweitern.

2. Muss es dahin streben, die Elemente der Kunst in allen existirenden Unterrichts-Anstalten der Umgebung, seien sie privater oder öffentlicher Natur, als Unterrichtsgegenstand einzuführen. In dieser Beziehung bildet die Kunstschule den Mittelpunkt und das Organ für das Gewerbeschul-Amt und heisst deshalb oft Districts- oder Centralschule; gegenüber der Centralschule in Kensington heisst sie Local-Kunstschule.

---

*) Dies findet nur statt, wenn in einer einzelnen Stadt genügende Beschäftigung für einen Kunstlehrer nicht existirt; dann kann derselbe Lehrer von mehreren Orten benutzt werden.

Das Gewerbeschul-Amt prüft die Verhältnisse, und wendet aus dem Bereich der ihm zur Disposition stehenden Mittel diejenigen dem Comité zu, welche es in diesem Falle für geeignet hält.

Obgleich die vom Parlament bewilligten und von dem Gewerbeschul-Amt verwalteten Gelder zur Beförderung der Kunst-Industrie die ausdrückliche Bestimmung haben, zur Heranbildung industrieller Künstler und zur Einführung des Zeichnens in die Schulen für die arbeitenden Classen verwendet zu werden, so hat man doch auch den mittleren und höheren gesellschaftlichen Ständen gegen Zahlung höhern Schulgeldes gestattet, den Unterricht in den Kunstschulen zu benutzen und Preise und Medaillen zu erwerben. Es wird unten sub c speciell nachgewiesen werden, wie sehr diese Massregel dazu diente, die Einnahmen aus den Schulgeldern zu steigern und so die Kunstschulen immer mehr dem Ziele zu nähern, unabhängig zu werden.

b) Bestimmungen über die Lehrart, das Schulgeld etc. in den Kunstschulen.

Der Unterricht in den Kunstschulen findet so viel als möglich in Classen statt. Die Lehrer erhalten im Kensington-Seminar speciellen Unterricht in der Lehrart mittelst Tafel und mündlichen Vortrag, als die geeignetste für geometrisches, perspectivisches und Freihandzeichnen.

In jeder Schule sollen mindestens 3 Classen existiren, eine für elementaren Unterricht, eine für höhern Unterricht und eine für technische Studien.

Der Unterricht ist vom Lehrer in Cursen zu ertheilen, von denen jeder mindestens 3, am besten 5 Monate umfassen muss.

Den Lehrern ist besonders empfohlen auf die Industrie der Umgebung beim Unterricht specielle und eingehende Rücksicht zu nehmen und Gegenstände in den allgemeinen Cursus mit aufzunehmen, welche dazu angethan sind, nach der Richtung dieser Industrie hin nützlich zu wirken.

Zur Information des Publicums und der Schüler ist es für sehr wünschenswerth erachtet und dringend empfohlen worden, dass immerwährend eine Anzahl von Zeichnungen etc. öffentlich in den Kunstschulen aushängen, welche vollständig die 23 verschiedenen Abtheilungen des gesammten Unterrichts und seiner speciellen Curse illustriren, auch die Arbeiten speciell erkennen lassen, für welche National- und andere Medaillen und Preise ertheilt werden. Bei neu eingerichteten Schulen werden zum Ankauf der erforderlichen Zeichnungen vom Gewerbeschul-Amt entweder bestimmte Unterstützungen gewährt, oder vollständige Illustrationen des gesammten Cursus so lange geliehen, bis sie durch die Zeichnungen der Schüler hergestellt werden können.

c) Statistik der Kunstschulen.

Die Resultate über die mit staatlicher Beihilfe errichteten Kunstschulen ersieht man aus der nachstehenden Tabelle. Die in Col. 2 bis zum Jahre 1851 in den einzelnen Städten begründeten Schulen waren Musterzeichenschulen nach dem alten System (cf. S. 7), die jedoch später nach den neuen Principien des Gewerbeschul-Amts umgemodelt wurden. Vom Jahre 1852 ab ersieht man sofort die intensive Zunahme von Kunstschulen. London ist in den betreffenden Jahren so viel Mal als Stadt mit der auf jede Schule fallenden Einwohnerzahl aufgeführt worden, als in einzelnen Stadttheilen Kunstschulen errichtet worden sind.

Nimmt man die städtische Bevölkerung des Vereinigten Königreichs auf 14,500,000 Menschen an, so sind nach Col. 3 der Tabelle 7,747,000, also über die Hälfte der gesammten städtischen Bevölkerung mit Kunstschulen versorgt.

Einen interessanten Einblick in die Vortheile des neuen, auf Selbstthätigkeit der Bevölkerung beruhenden Systems der staatlichen Beihilfe gegenüber dem alten System der Musterzeichenschulen, die beinahe ausschliesslich vom Staate unterhalten wurden, gewähren folgende statistische Daten:

	In den Musterzeichenschulen.	In den Kunstschulen.	
	1851.	1859.	1863.
Zahl der Schüler	3,296	67,282	87,389
Ein Schüler kostete dem Staat im Durchschnitt . . .	20 Rt. 20 Sgr.	3 Rt. 10 Sgr.	2 Rt. 20 Sgr.

Es vermehrten sich also die Schüler um das 29fache, während die Kosten pro Schüler um das 10fache abnahmen.

Jahr der Errichtung der Kunstschulen.	Zahl der Städte, in denen solche erricht. wurden.	Bevölkerung der Städte nach der Zählung von 1861.	Zahl der in öffntl. und and. Schulen Unterr. (1862.)	Zahl der in Centralschl. Unterrichtetn. (1862.)	Gesammtzahl der Unterrichteten. (1862.)	Es wurden zuerkannt Local-Medaillen 1861/62.	National-Medaillen 1862	Bemerkungen.
1.	2.	3.	4.	5.	6.	7.	8.	
1842	4	908264	4601	1587	6188	101	12	Die Angaben für die Jahre 1863 u. 64 in den Col. 4, 5 u. 6 sind aus den Report pro 1864.
1843	2	259688	2465	584	3049	47	3	
1844	2	150938	1274	516	1790	44	7	
1845	1	395503	2071	994	3065	23	2	
1846	3	281567	3461	401	3862	47	2	
1847	2	114302	997	230	1227	41	25	
1848	1	47419	840	157	997	50	7	
1849	1	249733	640	330	970	17	2	
1850	1	101434	276	259	535	20	1	
1851	2	67218	1496	427	1923	30	5	
1852	3	92498	1148	345	1493	30	2	
1853	25	2547363	19328	3053	22381	251	29	
1854	12	745352	7373	1508	8881	138	5	
1855	5	506991	3827	1113	4940	36	2	
1856	6	135225	4673	930	5603	57	3	
1857	5	187251	3073	555	3628	59	2	
1858	6	284964	4666	1017	5683	60	12	
1859	5	181532	2932	640	3572	50	—	
1860	6	162029	2939	819	3758	57	1	
1861	4	210103	2343	482	2825	18	—	
1862	2	15398	410	110	520	—	—	
1863	3	68408	2074	381	2455	35	2	
1864	3	22552	301	129	430	7	—	
	101	7746737	73208	16567	89775	1179	92	

Capitel 4.

Gewährung von Hilfe zu Bauten für Kunstschulen.

Existiren an einem Orte keine geeigneten Gebäude zu einer Kunstschule, so ist das Gewerbeschul-Amt autorisirt, zur Herstellung derselben Bewilligungen zu machen, die jedoch 2 *sh.* 6 *d.* per □ Fuss Fläche oder ein Maximum von 500 £. in keinem Falle überschreiten dürfen. Die Höhe der Zuschüsse richtet sich nach dem Werth und der Nützlichkeit des einzelnen Falles. Man fordert in solchen Fällen Pläne nach einem vorgeschriebenen Massstabe, mit speciellen Daten und Kosten-Anschlägen ein, die wenn sie geprüft und für gut befunden worden sind, untersiegelt und zum Gebrauch zurückgeschickt werden.

Die Bedingungen, unter welchen Bewilligungen zu Schulbauten gemacht werden, sind genau vorgeschrieben. Die Schulen müssen auf mindestens 50 Schüler berechnet sein, und für diese Grösse ist die Anzahl der Zimmer, deren Art, die Beleuchtung und die Einrichtung speciell angegeben. Auch finden sich genaue Beschreibungen und Abbildungen über Neigung und Höhe der Zeichenpulte, der Ständer und sonstiger Schulmaterialien.

Ausser den von dem Gewerbeschul-Amt gewährten Vortheilen geniessen die Bauten zu Kunstschulen noch die Vortheile, welche durch die „*Public Libraries Act* v. 30. *July* 1855“ und die „*Literary and Scientific Institutions Act v.* 11. *Aug.* 1854 gewährt werden. Die erstere hat den Zweck, die Errichtung von freien, öffentlichen Bibliotheken und Museen möglichst zu befördern, die zweite gewährt für Errichtung von Instituten zur Förderung der Literatur, der Wissenschaften und schönen Künste grosse Vortheile und freien Spielraum und sorgt für eine bessere Handhabung derselben zu Gunsten des Publicums.

Capitel 5.
Gewährung von Geldmitteln an Vereine zum Unterricht in der Kunst.

An Orten, wo die Errichtung von Kunstschulen den Verhältnissen nach nicht möglich ist, musste das Gewerbeschul-Amt darauf bedacht sein, anderweite Organe zu schaffen, durch welche es auf die Geschmacksbildung der gewerblichen Classen und des Publicums im Allgemeinen hinwirken konnte. Es erklärte sich daher bereit Hilfe und Unterstützung zu gewähren:

a) An Vereine, welche sich um die industrielle Kunst und die Geschmacksbildung verdient machen.

Geben solche Vereine einen Centralpunkt an, wo mindestens 5 Armenschulen der Umgegend vereinigt worden sind, die zusammen wenigstens 150 Schüler zur Prüfung stellen, so findet sich das Gewerbeschul-Amt bereit, jährlich eine Prüfung abhalten zu lassen, Preise zu vertheilen und Zahlungen an den Verein und die von ihm engagirten Lehrer zu leisten. Doch wird vorausgesetzt, dass die Lehrer ein Lehrdiplom 1. oder 2. Classe erworben und mindestens 10% der Geprüften die Census „bestanden" bekommen haben.

b) An Local-Comités, welche in geeigneten Räumlichkeiten Classen eingerichtet haben, zur Ertheilung von Unterricht in den Künsten.

Man hat hierbei namentlich die Einrichtung von Abendcursen für Handwerker im Auge. Treten die Lehrer solcher Curse mit den Armenschulen der Stadt oder des Districts in Beziehung, um daselbst Unterricht zu ertheilen oder denselben zu überwachen, so werden vom Gewerbeschul-Amt dieselben Unterstützungen gewährt, wie oben bei den Vereinen. Auch können für solche Curse Bücher, Vorlegeblätter etc. von der Centralbibliothek leihweise gefordert werden.

Capitel 6.

Gewährung von Stipendien an Seminaristen und Schüler.

Man unterscheidet zweierlei Arten von Stipendien: Local-Schul-Stipendien (*Local-Scholarships*) und National-Stipendien (*National-Scholarships*).

a. Die Local-Schul-Stipendien.

Bei dem Bestreben der Engländer, das Zeichnen zu einem Bestandtheil der nationalen Erziehung zu machen, knüpften sie an alle existirenden Unterrichts-Anstalten privater und staatlicher Natur, namentlich auch an die öffentlichen Armenschulen an, und suchten in denselben das Zeichnen als Unterrichts-Gegenstand durch die dem Gewerbeschul-Amt zur Disposition stehenden Mittel einzuführen. Die Beziehungen des Letztern zu den verschiedenen Unterrichts-Anstalten wurden theils durch Local-Kunstschulen, theils durch Zeichen-Vereine vermittelt.

Natürlich musste bei dieser ungemein gesteigerten Nachfrage nach Zeichen-Unterricht der Fall eintreten, dass es an Lehrkräften mangelte. Man nahm deshalb seine Zuflucht zu Lehr-Schülern.*)

*) Lehr-Schüler *(pupil-teachers)* heissen diejenigen talentvollen Schüler höherer Classen, welche zum Ertheilen von Unterricht in den niedern Classen verwendet werden.

Um solche zum Lehren herangezogene Schüler zu veranlassen, sich ein positives Mass von Lehrfähigkeit anzueignen, stellte man ihnen bei den Local-Kunstschulen Stipendien in Aussicht. Man erhöhte also damit das Mass des Unterrichts bei den verschiedenen Schulen und gewährte dem Kunstlehrer bei der Leitung und Ertheilung desselben Beihilfe.

Das Gewerbeschul-Amt unterstützt die Bildung solcher Schulstipendien, indem es zu den Schulfonds jeder Kunstschule 6 *d.* pro Jahr für jedes Kind einer Armenschule zahlt, dem Zeichen-Unterricht ertheilt worden ist. Nach einigen Jahren werden die Local-Comités angehalten, bestimmte Theile der Ausgaben für Schulstipendien aus den Schulgeldern der Kunstschulen zu decken.

Local-Schulstipendien werden für ein Jahr ertheilt und können unter bestimmten Bedingungen erneuert werden. Der Bewerber muss bestimmten Anforderungen in Bezug auf seine Leistungen genügen, namentlich die 4 Blätter Zeichnungen, welche für das Lehrdiplom 2. Grades vorgeschrieben sind, fertigen, und hat, wenn er das Stipendium erhält, den Lehrer beim Zeichen-Unterricht in den Armenschulen und in der Central-Kunstschule des Districts zu unterstützen.

Die Zahl solcher Local-Stipendien richtet sich nach der Zahl der Kinder, denen in den Armenschulen, in Verbindung mit der Local-Kunstschule Zeichen-Unterricht ertheilt wird, und zwar wird für jede Anzahl von Kindern unter 1000, denen nach dem Zeugniss des Inspectors des Gewerbeschul-Amts Zeichen-Unterricht ertheilt worden ist, ein Stipendium gewährt; für 1000—2000 Kinder 2, und so für jedes zukommende 1000 weiter 1 Stipendium.

b. National-Stipendien.

Dieselben haben den Zweck, Schülern von Kunstschulen, welche bereits etwas vorgeschritten sind, specielle Befähigung beweisen und Kunst-Industrielle entweder sind oder werden wollen, die Möglichkeit zu geben, ihre Studien im Kensington-Seminar zu vollenden. Es werden zu diesem Zweck eine Anzahl solcher Stipendien, nicht mehr als 15 jährlich, ausgesetzt, um welche sich geeignete Schüler aus sämmtlichen Local-Kunstschulen bewerben können.

Diese Stipendien werden blos auf ein Jahr ertheilt und können nicht erneuert werden. Die Bewerber müssen bestimmten Anforderungen entsprechen, auch ein Muster einreichen, welches von ihnen für irgend einen Industriezweig entworfen worden ist. Jeder Schüler, der ein Stipendium erhalten hat, steht unter dem Director des Seminars, und hat täglich von 10—4 in der Abtheilung für ornamentale Kunst seine Studien zu machen. Die Frequenzlisten und Studien jedes Stipendiaten werden in der Mitte und am Ende jedes Semesters dem General-Inspector vorgelegt, und wenn dieselben nicht günstig sind, wird das Stipendium nicht weiter gewährt.

Das Gewerbeschul-Amt gewährt jedem solchen Schüler zum Lebens-Unterhalt während der 10 Arbeitsmonate des Jahres 1 £. per Woche, vorausgesetzt, dass sein Besuch ein regelmässiger ist und seine Studien einen befriedigenden Verlauf nehmen.

Uebrigens hat das Gewerbeschul-Amt die Hoffnung ausgesprochen, dass der Werth dieser Stipendien für die verschiedenen Orte mit der Zeit so in die Augen springen werde, dass die Local-Comité's sich bereit finden werden, die Kosten derselben entweder theilweis oder ganz zu übernehmen.

Capitel 7.

Jährliche Local-Inspectionen und Prüfungen mit Vertheilung von Preisen an Schüler.

In jeder Kunstschule oder Kunstclasse für den Unterricht im Zeichnen werden durch das Gewerbeschul-Amt jährliche Inspectionen und Prüfungen abgehalten. Bei Gelegenheit derselben werden Medaillen und Preise an die Schüler vertheilt und Geschenke von Mustern, Büchern etc. an die Kunstschule gemacht (cf. Cap. 9). In den öffentlichen Schulen für die Armen werden ebenfalls Prüfungen veranstaltet, entweder in Verbindung mit der Kunstschule oder einem andern Mittelpunct, wo eine genügende Anzahl von Kindern behufs der Prüfung zusammengebracht werden kann.

Diese Prüfungen sowohl, als andere, welche von dem Gewerbeschul-Amt abgehalten werden, stehen allen Personen offen, mögen dieselben ihre Bildung durch Kunstlehrer oder auf sonst einem Wege erlangt haben.

a. Prüfungen in den Elementen der Zeichenkunst.

Jede Schule, welche die Absicht hat, ihre Kinder prüfen zu lassen, giebt dem Secretariat des Gewerbeschul-Amts Nachricht; ebenso jeder andere Schüler, der sich dei dieser Gelegenheit einer Prüfung mit unterwerfen will, seine Bildung aber anderswo als in der Schule erlangt hat. Die Prüfungen finden für 2 Stufen der Ausbildung im Elementar-Zeichnen statt. Die erste fordert eine leichte Bleistiftzeichnung nach einem Vorlegeblatt, blos in Conturen, eine Conturzeichnung nach einem Körper, z. B. einem Würfel, und einige leichte Aufgaben der practischen Geometrie. Die Preise für diese Stufe bestehen in Büchern, Zirkeln und Zeichen-Materialien, und haben den Zweck das Interesse für die Zeichenkunst in den Armenschulen anzuregen; deshalb werden sie an Schüler von Privatschulen nicht vertheilt, die übrigens ein Zeugniss über ihre Fähigkeit durch das Local-Comité ausgestellt erhalten können.

Die zweite Stufe fordert eine Freihandzeichnung nach einem Vorlegeblatt und nach körperlichen Gegenständen; ein Exercitium in der practischen Geometrie, der Perspective oder in dem mechanischen Zeichnen.

Jeder, der in zufriedenstellender Weise allen Anforderungen der zweiten Stufe genügt hat, erhält ein Zeugniss ausgestellt.

Die Preise für die zweite Stufe bestehen in Werken über Geometrie und Perspective, in Zeichen-Materialien und Geräthschaften, Reisszeugen, Farbenkästen u. s. w. und kommen an Schüler aus allen Schichten der Gesellschaft zur Vertheilung.

b. Prüfungen in den Kunstschulen.

Ebenso finden in sämmtlichen Kunstschulen jedes Jahr Prüfungen für zwei Stufen der Ausbildung mit Preisvertheilungen statt. Die zuerkannten Preise bestehen theils in Zeichen-Materialien, Reisszeugen etc., theils in Medaillen. Die mit einer Schul-Medaille *(Local*

Medal) gekrönten Arbeiten aus sämmtlichen inspicirten Schulen des Landes gehen nach London, bleiben dort im Kensington-Museum einige Zeit ausgestellt und concurriren um National-Medaillen *(National Medaillons).*

Im Betreff der Vertheilung von Schul-Medaillen existiren folgende Bestimmungen:

1) Da es Sitte ist, die Arbeiten, welche um Schul-Medaillen concurriren, in Rahmen auszustellen, so sind für die Zeichnungen und Gemälde bestimmte Grössenverhältnisse vorgeschrieben.

2) Jede Arbeit hat eine gedruckte Etikette (die Formulare werden von dem Gewerbeschul-Amt geliefert), ausgefüllt und unterzeichnet von dem Lehrer, zur Garantie, dass dieselbe von demjenigen Schüler selbstständig gemacht worden ist, dessen Namen sie trägt.

3) Die Gesammtzahl der Local-Medaillen, die in einer Schule zuerkannt werden kann, darf die Zahl 30 und in einer bestimmten Abtheilung die Zahl 3 nicht überschreiten.

4) Die beste Arbeit in irgend einer Abtheilung oder Section, welche eine Local-Medaille erhält, wird betrachtet, als hätte sie eine erste Medaille erhalten und nur diese Arbeit kann zur nationalen Preisbewerbung eingeschickt werden. Ausnahmsweise und bei besonderer Auszeichnung können zwei Arbeiten zur Bewerbung zugelassen werden.

5) Wer im Genuss eines localen Stipendiums ist, kann um Local-Medaillen nicht mit concurriren. Doch können die Werke von Stipendiaten zur National-Bewerbung bestimmt werden, wenn sie dessen würdig sind.

Capitel 8.

Nationale Preisbewerbungen.

Die Zeichnungen und sonstigen Arbeiten, welche in Localschulen gefertigt und mit Medaillen gekrönt worden sind, werden einmal im Jahre zu einer Prüfung und Vergleichung unter einander zusammengebracht, die in Kensington stattfindet. An diejenigen Schüler, die das Beste geliefert, werden dabei National-Medaillen und Königspreise vertheilt, und diejenigen Kunstschulen, wo sie unterrichtet worden sind, erhalten Kunstwerke und Bücher im Werth von 10—30 £. zum Geschenk.

Die Bedingungen für diese Preisbewerbung sind folgende:

1) Die Arbeiten, welche für die nationale Preisbewerbung ausgewählt worden sind, werden von dem Ober-Inspector in Gemeinschaft mit den anderen Examinatoren geprüft und den Ausgezeichnetsten in dieser zweiten Concurrenz werden National-Medaillen zuerkannt.

2) Diese Medaillen können in keinem Fall die Zahl 100 überschreiten für alle Kunstschulen des Vereinigten Königreichs. Die Höhe der Zahl bis zu diesem Maximum richtet sich nach der Vortrefflichkeit der zusammengebrachten Werke.

3) Eine Medaille kann nicht zweimal an dieselbe Person in derselben Abtheilung oder Section zuerkannt werden, ausgenommen in Abtheilung 23.

4) Geldpreise können auf Empfehlung der Examinatoren für verdienstliche Werke in der Classe der angewandten Musterzeichnung zuerkannt werden.

5) Werke, denen National-Medaillen zuerkannt worden sind, werden für einige Zeit von dem Gewerbeschul-Amt zurückbehalten, damit sie in Provinzial-Kunstschulen ausgestellt werden können. Sie werden denjenigen Kunstschulen zugeschickt, die darauf antragen und zugleich dafür sorgen, dass sie auch dem Publicum zugänglich gemacht werden. —

Um diejenigen Arbeiten und Leistungen, welche bei Bewerbung um Preise und Medaillen zulässig sind, sowie die Modelle und Studienblätter, welche dabei benutzt werden dürfen, genau erkennen zu lassen, sind die 23 Abtheilungen des Unterrichtscursus speciell analysirt worden. Die tabellarische Uebersicht der Themata einerseits und der Hilfsmittel andrerseits gewährt einen sehr klaren Einblick in das Wesen und Getriebe des Unterrichts. Wir fügen dieselbe nachstehend mit folgenden Bemerkungen bei:

1) In den Abtheilungen und Sectionen, die so † bezeichnet sind, finden Prüfungen um Preise statt, doch können diese Werke nicht um Medaillen concurriren.

2) Arbeiten in den Abtheilungen oder Sectionen, die so * be-

zeichnet sind, können um Schul-Medaillen concurriren, aber nur die mit (*N*) bezeichneten sind für National-Medaillen zulässig.

3) In denjenigen Abtheilungen, die mit (*N*2) bezeichnet sind, können Schüler, die in einem frühern Jahre eine Schul-Medaille erhalten haben, ihre Werke zur National-Preisbewerbung einsenden.

4) In denjenigen Sectionen der Abtheilung 23, die mit (*N*3) bezeichnet sind, können Schüler Schul-Medaillen erhalten und die Werke zur National-Bewerbung in drei verschiedenen Jahren einsenden.

Abtheilungen.	Muster, Studienblätter, Modelle etc., welche von den Schülern benutzt werden können, wenn sie Werke für Preisbewerbung bearbeiten.
1. Linearzeichnen mit Hilfe von Instrumenten: a. Linear-Geometrie †. b. Mechanisches und Maschinenzeichnen und Details der Architectur nach Vorlegeblättern †. c. Linear-Perspective †.	
2. Freihand-Conturzeichnen nach geradlinigen Formen, nach Modellen und Vorlegeblättern: a. Gegenstände. b. Ornamente *.	Abtheilung 2. b. Trajan-Fries von Albertolli, vergrössert. Tarsia, vergrössert.
3. Freihand-Conturzeichnen nach runden Objecten: a. Modelle u. Gegenstände †. b. Ornamente * (*N*).	Abtheilung 3. b. Untere Partie des Pilaster der Madeleine-Thür, oder Theile des Pfeilers von dem Grabe Ludwig XII.
4. Schattiren von Flächen: a. Modelle und Objecte. b. Ornamente * (*N*).	Abtheilung 4. b. Antiker Triumpfwagen vom Vatican (Gruner S. 14) oder antike Säule vom Vatican.

Abtheilungen.	Muster, Studienblätter, Modelle etc., welche von den Schülern benutzt werden können, wenn sie Werke für Preisbewerbung bearbeiten.
5. Schattiren von runden Objecten oder körperlichen Gegenständen: a. Modelle und Objecte. b. Ornamente *(*N*). c. Zeit- und Gedächtnissskizzen.	Abtheilung 5. b. Ornament vom Querbalken der Ghiberti-Thüren; oder Motive nach einem Abguss der Distelpflanze.
6. Zeichnung der menschlichen Figur und thierischer Formen nach Vorlegeblättern: a. in Conturen *. b. schattirt *(*N*).	Abtheilung 6. a. Contur des Laokoon oder des farnesischen Hercules, Front-Ansicht, um 1 Zoll vergrössert.
7. Zeichnung von Blumen, Blättern und Gegenständen der Naturgeschichte nach flachen Mustern oder Vorlegeblättern: a. in Conturen. b. schattirt.	
8. Zeichnung von menschlichen Figuren oder Thierformen nach Modellen oder nach der Natur: a. Contur n. Abgüssen *(*N*). b 1. leicht schattirt. * b 2. schattirt *(*N* 2). c. Studien der menschlichen Figur nach nackten Modellen *(*N* 2). d. Studien der menschlichen Figur drapirt *(*N*).	Abtheilung 8. a. Contur eines Theiles eines Frieses vom Parthenon. b 1. Hände, Füsse, Abgüsse von Masken etc. b 2. Der Discuswerfer, oder Germanicus, oder Diana, jagend. c. Vor einem Inspector zu fertigen.

Abtheilungen.	Muster, Studienblätter, Modelle etc., welche von den Schülern benutzt werden können, wenn sie Werke für Preisbewerbung bearbeiten.
e. Zeitskizzen und Skizzen nach dem Gedächtniss. *	
9. Anatomische Studien: a. der menschl. Figur * (*N* 2). b. thierischer Formen * (*N*). c. von beiden, modellirt * (*N*).	Abtheilung 9. a. Die Knochen und Muskeln eingezeichnet in die Conturen des Discuswerfers oder in die des Germanicus.
10. Zeichnung von Blumen, Blättern, Landschafts-Details und Gegenständen der Naturgeschichte: a. in Conturen * (*N*). b. schattirt * (*N*).	b. Einen von obigen modellirt in Halbrelief.
11. Malerei von Ornamenten nach Flächen oder Vorlegeblättern: a. monochrome } entweder in Oel, Tempera oder Wasserfarben. * b. in Farben }	Abtheilung 11. Schulen können sich mit hübschen Vorlegeblättern und Mustern für diese Abth. und Abth. 13 durch das Departement versorgen mit Hilfe der Schenkungen in Folge von National-Medaillen.
12. Gemalte Ornamente nach Stichen etc.: a. in Monochrom, Wasserfarben oder Oel * (*N*).	Abtheilung 12. a. Granatäpfel von dem Ghiberti-Thor, oder Distelblätter nach Stichen.
13. Malen nach Vorlegeblättern, Blumen, Stillleben etc.: a. Blumen oder Naturgegenstände in Wasserfarben, Oel oder Tempera. * b. Landschaften.	S. Abtheilung 11.

Abtheilungen.	Muster, Studienblätter, Modelle etc., welche von den Schülern benutzt werden können, wenn sie Werke für Preisbewerbung bearbeiten.
14. Malerei direct nach der Natur: a. Blumen, Stillleben in Wasserfarben, Oel od. Tempera ohne Hintergrund * (№ 2). b. Landschaften. *	
15. Malen von Gruppen als Farben-Compositionen: a. in Wasserfarben, Oel oder Tempera * (№ 2).	
16. Malen der menschlichen Figur oder von Thieren in Monochrome nach Stichen: a. in Oel, Wasserfarben oder Tempera * (№).	Abtheilung 16. a. Tanzendes Mädchen mit dem Kranz; Hochrelief für Panele, oder Germanicus oder Ajax ohne Helm.
17. Malen von menschl. Figuren oder Thieren in Farben: a. nach Vorlegeblättern. * b. nach der Natur, nackt oder drapirt * (№ 2). c. Zeitskizzen und Compositionen.	
18. Modelliren von Ornamenten: a. einfache nach Abgüssen. * b. schwerere nach Abgüssen * (№). c. nach Zeichnungen. * d. Zeitskizzen nach Vorlegeblättern und aus dem Gedächtniss.	Abtheilung 18. b. Theile des Halbrelief-Panels vom Grabmal Ludwig XII. u. s. w.

Abtheilungen.	Muster, Studienblätter, Modelle etc., welche von den Schülern benutzt werden können, wenn sie Werke für Preisbewerbung bearbeiten.
19. Modelliren von menschlichen Figuren oder Thieren: a. Elementar, nach Abgüssen von Händen, Füssen, Masken etc. * b. schwerere Sachen, nach Abgüssen od. körperlichen Gegenständen * (*N*). c. nach Zeichnungen. * d. nach der Natur, nackt oder drapirt * (*N*2).	Abtheilung 19. b. Bronce-Hercules; Discuswerfer etc.
20. Modelliren von Früchten, Blumen, Blattwerk und Gegenständen der Naturgeschichte nach der Natur * (*N*).	
21. Zeitskizzen in Thon von menschlichen Figuren oder Thieren nach der Natur.	
22. Elementares Musterzeichnen: a. Studien in der Behandlung natürlicher Gegenstände zu ornamentalen Zwecken * (*N*). b. Ornamentale Entwürfe zum Ausfüllen gegebener Flächen in Monochrome * (*N*). c. Dasselbe in Farben * (*N*). d. Studien geschichtlicher Style in Bezug auf Orna-	Abtheilung 22. a. Ornamentale Analysis der Natur nach 2 Richtungen: natürliche Grösse resp. Wachsthum und ornamentale Details, z. B. Wiesenklee (*Lathyrus pratensis*) arrangirt, um ein regelmässiges Sechseck auszufüllen; oder die Stachelbeerpflanze zum Ausfüllen eines Kreis-Ausschnitts; oder die Wald-Anemone (*Nemorosa*) etc.

Abtheilungen.	Muster, Studienblätter, Modelle etc., welche von den Schülern benutzt werden können, wenn sie Werke für Preisbewerbung bearbeiten.
mentik, gezeichnet oder modellirt *(*N*).	d. Ein Bogen mit Studien der egyptischen, griechischen und römischen Ornamentik; oder Studien der gothischen Ornamentik in ihrem verschiedenen, reinen oder gemischten Auftreten.
23. Angewandte Musterzeichnung, technische u. sonstige Studien: a. Maschinen-, Plan-, Kartenzeichnen nach wirklicher Vermessung * (*N*). b. Architecturzeichnen*(*N*3). c. Flächen-Musterzeichnung *(*N*3). d. Plastische Musterzeichnung *(*N*3). e. Modelliren, Stuckatur-Arbeiten und Giessen. f. Lithographie. * g. Holzschneidekunst. * h. Porzellan-Malerei * (*N*3).	

Capitel 9.

Geschenke von Kunstgegenständen und Büchern an Schulen, für Medaillen die ihren Schülern zuerkannt worden sind.

Bei der anerkannt grossen Bedeutung, welche Museen und Bibliotheken für Kunstschulen haben, suchte das Gewerbeschul-Amt darauf hinzuwirken, durch Geschenke von Kunstgegenständen und

Werken mit Kupfern etc. den Grund zu Local-Museen und Bibliotheken zu legen. Um auch in diesem Falle die Zuwendung nach dem Verdienste der einzelnen Schulen zu bemessen, wählte man als Motiv für dieselben die den Schüler jeder Schule zuerkannten Medaillen. In der That steht hierbei der Vortheil, welcher jeder Schule zufliesst, genau im Verhältniss zu der Stufe der Ausbildung ihrer Schüler.

Für jede National-Medaille, doch nur für ein Maximum von 3 Medaillen, werden Kunstgegenstände bis zum Werth von 10 £., für jede Schul-Medaille werden Muster und Bücher im Werth von 10 *sh.* an diejenige Schule geschenkt, wo der prämiirte Schüler unterrichtet worden ist.

Die Publicationen, welche die Medaillen begleiten, und die Reihenfolge, in der sie den Kunstschulen zugetheilt werden, sind: *Owen Jones' Grammar of Ornament: Warnings Examples of Italian art; Gruner's specimens of ornamental art*, endlich Photographien und Electrotypen, wie sie durch das Kensington-Museum über die bedeutendsten Kunstwerke käuflich zu beziehen sind. Ueber sämmtliche Reproductionen und Copien von Kunstwerken durch Electrotypie, in Elfenbein-Masse und Gyps, durch Photographie u. s. w. existiren gedruckte Verzeichnisse mit Angaben der Preise, die sich verschieden stellen, je nachdem die Copien vergoldet, plattirt, versilbert oder auf electrischem Wege in Kupfer, oder in Bronce hergestellt sind.

Die Liste von Elkington*) enthält etwa 50 der schönsten Gegenstände z. B. den Schild von Cellini, Original im Windsor-Schloss, viele Gegenstände aus dem Louvre etc.; die Liste von Franchi*) enthält etwa 90 Gegenstände, die auf dem Wege der Electrotypie reproducirt sind.

Photographien, schwarz und colorirt, existiren über die Krystall- und Emaille-Sachen im Louvre, über geschnitzte Möbel, über die Rafael-Cartons und Zeichnungen von Rafael, über italienische Sculp-

*) Fabricanten, die mit der Anfertigung von Copien betraut sind.

turen, über 50 Zeichnungen von Holbein, die sich im Windsor-Schloss befinden u. s. w.

Die Sammlung aller bis jetzt vorhandenen derartigen Copien von Kunstwerken ist übrigens stets im Kensington-Museum ausgestellt und befindet sich an jedem Gegenstand eine Etikette mit der Preis-Angabe. Die bisher durch das Gewerbeschul-Amt veranlasste Herstellung solcher Copien ist nur als der erste Anfang auf diesem Gebiete zu betrachten. Wir werden später (Cap. 13.) sehen, wie man bestrebt ist, wegen des grossen Nutzens derartiger Copien für den Unterricht und die Geschmacksbildung dieselben im ausgedehntesten Umfang für das Kensington-Museum zu gewinnen.

Capitel 10.

Geldprämien an die Kunstlehrer und Schulvorsteher für die in den Schulen erzielten Resultate.

Als man i. J. 1852 die Musterzeichenschulen reorganisirte und ein Departement für practische Kunst ins Leben rief, ging man gleich Anfangs von dem Grundsatz aus, dass die von dieser Behörde gegründeten Institute so weit als thunlich sich selbst unterhalten sollten. Man verliess daher das System, nach welchem die Lehrer mit festem Gehalt angestellt wurden. Die Zahlungen an dieselben sollten sich im Betreff ihrer Höhe nach den Resultaten richten, die sie erreicht. Obgleich die von dem Parlament bewilligten Gelder die ausdrückliche Bestimmung hatten, zur Ausbildung der arbeitenden Classen verwendet zu werden, liess man doch auch Kinder der mittleren und höheren Classen in den damit gegründeten Schulen gegen Zahlung höheren Schulgeldes, in einzelnen Fällen bis zu 8 £. jährlich, zu. Auf diese Weise wuchsen die Schulgeldbeiträge von 3447 £. in 1852 auf 18,083 £. in 1862.

Die Schulen geriethen dadurch in die Lage sich zum grossen Theil selbst zu unterhalten.

In Uebereinstimmnng mit diesen Thatsachen wurden die Bewilligungen an die Kunstschulen immer mehr nach den Resultaten bemessen, welche dieselben erzielt hatten, und namentlich auch die Zahlungen an die Lehrer nach diesem Princip regulirt. Je nach den verschiedenen Schulen, an denen die Lehrer gewirkt, wurden über die an dieselben zu leistenden Zahlungen folgende Bestimmungen getroffen:

A. Für Unterricht in den Armenschulen nach den Verordnungen vom 24. Oct. 1862.

I. Für jedes Kind, dem in solch einer Schule Zeichnen gelehrt worden ist, und das in einem oder mehreren Exercitien des 1. Grades „besteht," welche in Gegenwart eines Inspectors des Gewerbeschul-Amts gemacht worden sind, wird eine Zahlung von 3 *sh.* geleistet.

a. Wenn der Lehrer einer Armenschule, in der solch ein Kind Zeichnen gelernt hat, ein Lehr-Zeugniss besitzt, und allen Kindern Zeichnen lehrt, erhalten die Vorsteher der Schule *(managers)* 2 *sh.* für solch ein Kind und der Lehrer der Kunstschule, in der das Kind geprüft wurde, 1 *sh.*, vorausgegesetzt dass er den Unterricht überwacht hat.

b. Wenn der Lehrer einer Armenschule kein Lehr-Zeugniss besitzt, aber beim Unterricht im Zeichnen Hilfe leistet, so erhalten die Vorsteher der Schule 1 *sh.* für solch ein Kind, und ein Lehrer der Kunstschule, der Unterricht ertheilt oder denselben überwacht hat, 2 *sh.*

c. Jedes Kind, das geprüft ist und die Censur „ausgezeichnet" erhält, bekommt einen Preis oder eine Prämie bestehend in Zeichen-Materialien.

d. In jedem Jahre werden eine Anzahl von Bronce-Medaillen unter die Lehrer der Armenschulen vertheilt, deren Schüler in den jährlichen Prüfungen am Besten bestanden haben.

II. Für jeden Lehrschüler, der in irgend einer der Aufgaben des 2. Grades besteht, wird eine Zahlung von 20 *sh.* geleistet.

a. Diese Zahlung wird an die Vorsteher der Schule, in welcher der Lehrschüler engagirt ist, geleistet, vorausgesetzt dass der Lehrer derselben ein Lehr-Zeugniss besitzt, und dass der Lehrschüler während des vorausgegangenen Jahres von ihm unterrichtet worden ist,

b. oder die Zahlung wird an den Lehrer der Kunstschule geleistet, vorausgesetzt dass der Lehrschüler während 4 Monaten des vorausgegangenen Jahres in einer Kunstschule oder anderswo zu ermässigtem Preise in seinem Unterricht gestanden hat.

III. Die oben erwähnten Zahlungen werden blos mit Bezug auf Kinder von Armenschulen durch die Kunstschule geleistet, mit der solche Schulen örtlich in Verbindung stehen.

Für die Anträge auf Zahlungen für den Unterricht sub A ist nachstehendes Formular üblich:

Anspruch auf Zahlung auf Grund der Prüfung von Kindern und Lehrern in Armenschulen.

Prüfung zu . . . . Datum . . . .

Name der Armenschule.	Name der Lehrer der Armenschulen.	Anzahl der Lehrer mit Zeugnissen der Lehrfähigkeit.	Zahl der Examinirten.	Zahl der Lehrschüler, welche bestanden haben.	Zahl der Kinder, die bestanden haben.	Betrag der Forderung des Kunst-Lehrers. £.	Betrag der Forderung der Vorsteher der Schule. £.
	Summa						

Wir bescheinigen hiermit, dass obige Forderung in Uebereinstimmung mit den Vorstehern der betreffenden Armenschule gemacht worden ist und dass die Bedingungen der Verordnung von 24. Oct. 1862 strict erfüllt worden sind.

. . . . Lehrer . . . . Local-Secretär

der Kunstschule zu . . . .

Hierunter steht dann ein Prüfungs-Attest des Gewerbeschul-Amts, auf Grund dessen die Zahlungs-Anweisung ausgestellt wird.

B. Für den Unterricht in den Kunstschulen im Zeichnen, Malen, Modelliren etc. nach der Verordnung vom 17. März 1863 (No. 430).

1. In jeder Kunstschule wird ein Fonds für Lehrer gebildet, an welchen alle Zahlungen einmal im Jahre durch das Gewerbeschul-Amt geleistet werden. Dieselben werden vertheilt unter die mit Fähigkeitszeugnissen versehenen Lehrer und Lehrerinnen in dem Verhältniss, wie das Local-Comité beschliesst.
2. Zahlungen werden geleistet lediglich für Schüler, welche Handwerker sind, oder irgend einem Zweige der Industrie angehören, oder Lehrer resp. Lehrerinnen sind oder werden wollen.
3. Schüler, auf deren Leistungen der Lehrer Zahlungen beansprucht, müssen in den Schullisten eingetragen sein und mindestens 5 Monate innerhalb des der Prüfung vorausgehenden Jahres Schulgeld bezahlt haben.
4. Das Comité der Verwaltung und der Schulvorsteher müssen bescheinigen, dass die Bedingungen, unter denen der Zuschuss bewilligt wird, genau erfüllt worden sind.
5. Nachstehende Zahlungen können gefordert werden:
   a. eine Summe von 10 *sh.* für jedes Exercitium 2. Grades in Freihandzeichnen, Modellzeichnen, Geometrie und Perspective, welches in befriedigender Weise bei den jährlichen Prüfungen ausgeführt worden ist;
   b. eine Summe von 10 *sh.* für jede Leistung, die mit einer Local-Schul-Medaille gekrönt worden ist. Eine weitere Summe von 20 *sh.* für jede Arbeit in Abtheilung 8, section b2 u. c; 9, sec. a, b, c; 14a; 15; 17b; 19b, d, oder in irgend einer der Sectionen der Abtheilung 22 u. 23, für die eine Schul-Medaille zuerkannt worden ist. Weiter eine Summe von 10 *sh.* für jede Arbeit, wofür eine Medaille zuerkannt worden ist in den Abtheilungen der Gruppen 2, 3, 4, 5 oder 6, vorausgesetzt ein Lehrer hat in diesen Gruppen Lehrfähigkeit erlangt;
   c. eine Summe von 50 *sh.* für jede Arbeit, der eine National-Medaille zuerkannt worden ist. Eine weitere Summe von 30 *sh.* für jede Arbeit in den Abtheilungen 8, sec. b2 u. c; 9, sec. a, b u. c; 14a; 15; 17b; 19b u. d; oder in irgend einer Section der Abtheilungen 22 u. 23, für die eine Na-

tional-Medaille zuerkannt worden ist. Eine weitere Summe von 20 *sh.* für jede Arbeit, der eine National-Medaille zuerkannt ist in den Abtheilungen der Gruppen 2, 3, 4, 5 oder 6, vorausgesetzt ein Lehrer hat für diese Gruppen die Lehrfähigkeit;

d. eine weitere Zahlung von 10 £. wird geleistet, wenn der Vorsteher einer Kunstschule zur rechten Zeit den jährlichen Bericht vollständig einschickt, vorausgesetzt dass der Inspector bezeugt, dass die Register und statistischen Listen gehörig geführt und dass die Schul-Utensilien und Vorlegeblätter etc. in guter Ordnung sind. Der Schulvorsteher ist dafür verantwortlich, dass die Muster etc., die von Bewilligungen des Gewerbeschul-Amts angeschafft worden sind, sorgfältig behandelt werden;

e. eine Summe von 15 £. für jeden Schüler, der in den vorgeschriebenen Leistungen und Prüfungen für ein Lehrer-Zeugniss 3. Grades besteht.

Schüler werden zu keiner Prüfung für Erlangung der Lehrfähigkeit zugelassen, wenn sie nicht die beglaubigten Arbeiten aller Abtheilungen für den betreffenden Grad, den sie zu erlangen wünschen, eingeschickt haben.

6. Eine Summe von 5 £. wird jährlich an jede Schule gezahlt für die besten Entwürfe von Objecten der Manufactur-Industrie; davon kommen $^2/_3$ an den Lehrer, $^1/_3$ an den Schüler, der den Sieg davon getragen hat.
7. Die Zahlungen werden sobald als möglich nach der jährlichen Inspection geleistet.
8. Sämmtliche hier erwähnte Zahlungen zu Gunsten von Kunstschulen, werden nothwendiger Weise von Zeit zu Zeit modificirt durch den Betrag, welchen das Parlament für diese Zwecke zu bewilligen beliebt.

Für die Anträge auf Zahlungen der vorgenannten Art ist nachstehendes Formular üblich:

Antrag des . . . . Lehrer der Kunstschule zu . . . . . auf Zahlung für Handwerker etc. nach der Verordnung v. 17. März 1863.

Name des Schü-lers.	Beruf dessel-ben ev. des Vaters.	10 sh. für jedes Exer-citium des 2. Grades.	20 sh. für jede zuer-kannte Schul-Medaille	20 sh. für jede Schul-Medaille in den Abthlgn 8 b 2, 8 c, 9a, 9 b, c, 14 a, 15, 17 etc., wie oben	10 sh. f. Lehr-fähig-keits-Atteste in den Gruppen 2, 3, 4, 5 u. 6.	15 £. für Werke des Zeugnis-ses 3. Grades.	5 £. für die besten Muster-Ent-würfe, wovon ⅓ dem Schüler.	10 £. für den jähr-lichen Bericht.	Ge-sammt-summe.

Folgen die nothwendigen Bescheinigungen des Local-Comité's etc.

Capitel 10.

Circulation von Kunstgegenständen und Büchern des Central-Museums und der Bibliothek in den Provinzen.

a. Entstehung und Einrichtung des Wander-Museums.

Jede locale Kunstschule ist berechtigt, Gegenstände der Kunst von dem Museum, und werthvolle Vorlegeblätter, Bücher etc. von der Bibliothek zu Süd-Kensington zu leihen; beide genannten Institute sind, so weit als thunlich, Leih-Institute für das ganze Königreich.

Von diesem Gesichtspunkt gleich Anfangs ausgehend, kam man bereits i. J. 1854, namentlich in Folge der Ausdehnung, die das Museum nach allen Richtungen gewonnen hatte, auf den Gedanken, eine Auswahl von Kunstgegenständen des letzteren unter den Kunstschulen circuliren zu lassen. Man meinte, es würde der Unterricht dadurch wesentlich gefördert, die Bildung von Local-Museen angeregt, der Geschmack des Publicums sehr gebildet werden, und machte deshalb die gewonnenen Schätze beweglich; man gab Millionen in der Provinz Gelegenheit, practische Studien auf dem Gebiete der industriellen Künste zu machen, die bisher blos ein Privilegium derer gewesen war, welche in der Hauptstadt wohnen. Man traf aus jeder Abtheilung des Museum seine Auswahl von Gegenständen, als: Glas, Spitzen, Metall-Arbeiten, Elfenbeinschnitzereien, Porzellangefässe, Webereien u. s. w., und sandte sie in einem gewissen Turnus nach denjenigen Localschulen, die darum baten und versprachen, den ihnen gestellten Bedingungen nachzukommen. So wurde denn nach und nach ein Wander-Museum *(travelling Museum)* organisirt, welches grossentheils aus Doubletten besteht und dem die Königin in huldreicher Weise werthvolle Gegenstände beigegeben hat.

Es ergab sich aus den betreffenden Berichten i. J. 1860, dass das Wander-Museum nach 26 Orten des Vereinigten Königreichs geschickt worden war, dass 306,987 Personen (meist Schüler von Kunstschulen) dasselbe besucht hatten und dass aus den Eintrittsgeldern, welche die Local-Behörden erhoben hatten, 6011 £. 7 *sh.* 10 *d.* gelöst worden waren. Obgleich die allerzerbrechlichsten Gegenstände, z. B. Porzellan und Glas wenigstens 360 Meilen per Bahn etc. verschickt und 56mal ein- und ausgepackt worden waren, war doch kein Gegenstand zerbrochen oder beschädigt worden.

Man zog daraus den Schluss, dass der Nutzen des nationalen Eigenthums an Kunstwerken jedem Theile des Königreichs zufliessen könne, und da die National-Kunstsammlungen des Gewerbeschul-Amts durch die Liberalität des Parlaments sehr vergrössert worden waren, so beschloss man am 29. März 1860, das System des Wander-Museums zu revidiren, möglichst auszudehnen und soweit als möglich seine Kosten selbst aufbringen zu lassen. Für die Zukunft wurde durch die Sheepshank'sche Schenkung die Möglichkeit geboten auch Bilder und Stiche den circulirenden Objecten beizufügen, die man überhaupt wesentlich vermehrte und erweiterte. Ausser dem organisirten Wander-Museum, von dessen Inhalt eine detailirte Beschreibung folgt, können folgende specielle Gruppen von Gegenständen verschickt werden:

1. Stiche von Bildern der englischen Schule.
2. Holzschnitte, alte und moderne.

3. Zeichnungen und Stiche für Wand-Decorationen.
4. Illustrationen zur Geschichte der Glasmalerei.
5. Gewebte Stoffe aus dem Mittelalter, dem Orient etc.
6. Antike und moderne Gefässe,
7. Aeltere und neuere Glaswaaren.
8. Arbeiten in Metall.
9. Möbel und Holzschnitzereien, illustrirt durch beigefügte Photographien und Zeichnungen.
10. Skizzen und Zeichnungen in Wasserfarben.
11. Oelgemälde älterer Meister.
12. Oelgemälde neuerer Meister.
13. Stiche und Radirungen aus alter und neuster Zeit.
14. Moderne Gegenstände der Kunst-Industrie, namentlich auch vom Continent, — Broncen, Gefässe, Arbeiten in edeln Metallen etc.
15. Eine Auswahl dor Publicationen der *Arundel-Society*.
16. Photographien des Britischen Museums.
17. Photographien der Cartons von Rafael.
18. Photographien von Zeichnungen alter Meister.
19. Photographien von Gegenständen der decorativen Kunst, hauptsächlich von ausländischen Museen und Privatsammlungen (verschiedene Serien).
20. Photographien von Gemälden, Wand-Decorationen etc. und Zeichnungen derselben.
21. Photographien und Zeichnungen von Gegenständen der Architectur.

Die Bedingungen, unter denen das Wander-Museum bei den einzelnen Kunstschulen circuliren kann, sind folgende:

1. Von dem Comité der Local-Schule müssen entsprechende Einrichtungen getroffen werden, die von dem Gewerbeschul-Amt vorher gebilligt werden müssen, behufs der gehörigen Ausstellung der Sammlung während einer bestimmten Zeit, für die Schüler und das Publicum, sowohl am Tage, wie Abends.
2. Das Comité muss versuchen zur Ergänzung der Ausstellung

entsprechende Gegenstände aus Sammlungen von Privaten aus der Umgegend geliehen zu erhalten.

3. Schüler und Handwerker, welche Mitglieder der Kunstschule sind, haben freien Zutritt; alle übrigen Personen zahlen ein mässiges Eintrittsgeld, welches am Tage höher sein soll, als Abends. Um Handwerkern, die nicht zur Kunstschule gehören, und Andern, die während des Tages beschäftigt sind, die Möglichkeit zu geben, die durch die Sammlung gebotenen Vortheile zu geniessen, darf das Eintrittsgeld an zwei Abenden der Woche nicht mehr als 1 Penny pro Person betragen.

4. Von den Einnahmen der Ausstellung werden folgende Verläge des Gewerbeschul-Amts bestritten:
   a. Alle Ausgaben für den Transport der Ausstellungsgegenstände von dem letzten Ort der Ausstellung.
   b. 1 £. täglich für jeden Ausstellungstag an den Beamten, der im Local die Aufsicht führt.
   c. Von dem Ueberschuss kommen 10 % Tantième an den Beamten, der die Aufsicht führt.
   d. Bevor die definitiven Entscheidungen getroffen werden, das Wander-Museum einer Kunstschule zugehen zu lassen, bereist der Aufsichtsbeamte den Ort und berathet mit dem Comité über die Localitäten, die Aussichten, geeignete Kunstgegenstände von Privaten geliehen zu erhalten, und steht überhaupt dem Comité mit seinen Erfahrungen bei, um soweit als möglich ein erfolgreiches Resultat herbeizuführen.
   e. Der Rest der Einnahmen steht zur Disposition des Local-Comité's.

5. Die oben sub 1—21 genannten speciellen Gruppen von Kunstgegenständen werden, unter denselben eben auseinandergesetzten Bedingungen, nur dann vom Museum in Circulation gesetzt, wenn es in bestimmten Fällen geboten erscheint, und von bestimmten Districten, denen solche Special-Studien von Nutzen sind, verlangt wird.

6. Ausnahmsweise Anträge auf Ausstellung von Orten, wo keine Kunstschule existirt, können blos bis zu einer bestimmten

Grenze Berücksichtigung finden und werden je nach dem Nutzen, der dadurch gestiftet wird, erledigt.

Die allgemeine Einrichtung und Aufstellung des Wander-Museums betreffend, so vertheilt sich dieselbe in folgender Weise:

1. Zehn Glaskästen, welche die grössere Anzahl der Gegenstände enthalten, sind so construirt, dass sie zusammenpassen und 2 Regale bilden, welche darauf berechnet sind, das Centrum des Zimmers einzunehmen. Diese Kästen stehen auf Unterlagen, die aus viereckigen Kästen gebildet werden, in welche solche Theile der Sammlung gepackt werden können, die nicht unmittelbar in Gebrauch sind. Jedes dieser Regale ist 12 Fuss lang, 6 Fuss breit und 7 Fuss hoch.

2. Ein drittes Regal dient dazu, den localen Beiträgen von Privaten etc. die nöthige Sicherheit zu gewähren. Es ist genau so construirt, wie die obigen, jedoch 12 Fuss 6 Zoll lang, 6 Fuss tief und 7 Fuss 6 Zoll hoch.

3. Hierzu kommen noch Glasrahmen, welche Muster von gewebten Stoffen, Spitzen, Photographien, Zeichnungen etc. enthalten. Diese werden an 12 Ständern von beweglichem Gestellwerk aus Holz aufgehängt, die mit der Sammlung verschickt werden; diese Gestelle können in wenigen Minuten aufgestellt und wieder auseinander genommen werden. Jeder Ständer bietet 9′ mal 7′ Fläche, und der gesammte Raum, der von den Glasrahmen etc. eingenommen wird, beträgt gegen 1200 □Fuss.

4. Die einzelnen Gegenstände in den Glaskästen sind in den meisten Fällen sicher befestigt, mit Draht etc., so dass sie beim Transport weder zerbrechen noch sich verschieben können; andere sehr werthvolle oder zerbrechliche Gegenstände werden in Kästen gepackt, die so eingerichtet sind, dass sie für jeden Gegenstand ein separates Fach haben; diese Kästen bilden dann die Unterlagen, auf denen die Glaskästen ausgestellt werden.

5. Jeder Gegenstand enthält ausser der Catalogsnummer eine Etikette mit den nöthigsten denselben betreffenden Notizen.

6. Zwei Eisenbahnwagen, speciell für diese Zwecke gebaut, enthalten die ganze Sammlung und Zubehör.

7. Ein Beamter des Departements begleitet das Wander-Museum

und hat während der ganzen Ausstellungszeit an jedem Orte die Aufsicht.

Da die Circulation von Gegenständen des Museums sich sehr practisch und nützlich erwiesen hatte, so dehnte man dieselbe auch auf die Central-Bibliothek aus. Die Gesichtspunkte dabei sind: Bücher, die leicht zu beschaffen sind und wenig kosten (weniger als 1 £.), sind von der Circulation ausgeschlossen; die Rückgabe muss innerhalb einer bestimmten Zeit (4 Wochen) erfolgen. Die Local-Comité's tragen die Transportkosten für die Sendung, das Gewerbeschul-Amt die für die Rücksendung.

b. Der Inhalt des Wander-Museums.

Wenn man den Inhalt industrieller und sonstiger Kunst-Museen und Sammlungen überschaut, so drängt sich die Frage auf, wie sind dieselben für die arbeitenden Classen und das grosse Publicum möglichst fruchtbringend zu machen. Die Antwort auf diese Frage, wenn man von der Ausstellungszeit absieht, ist: einzig und allein durch einen practischen Katalog. Da die Schwierigkeit einen solchen Catalog zu schreiben ebenso gross ist, als seine Bedeutung, so wollen wir hier die Eigenschaften kurz anführen, die er in sich vereinigen muss:

1. Er hat die Gegenstände nicht blos anzuführen, sondern kurz zu beschreiben.

2. Er muss auf die wichtigsten und schönsten Stücke der Sammlung besonders aufmerksam machen, deren hervorstechende Eigenschaften in Bezug auf Form, Ornamentik, Farbenharmonie u. s. w. hervorheben und deren Werth resp. Preis angeben.

3. Er muss für jeden wichtigen Zweig der industriellen Kunst eine kurze populäre Geschichte geben, und zwar nicht abgesondert für sich, sondern in der Art, dass jede wichtigere Classe des Catalogs mit der Geschichte derselben beginnt, und die Gegenstände dieser Classe möglichst da in die Geschichtserzählung eingefügt werden, wo sie hingehören. Geschichte und Beschreibung müssen durch den Druck in sofort erkennbarer Art geschieden werden.

Auf diese Weise steht gleichsam jeder Gegenstand auf seinem

geschichtlichen Hintergrund, er wird zur lebendigen Illustration der Geschichte und dient dazu, für diese das Interesse zu erregen, wie andrerseits die Geschichte dazu dient, den Gegenstand seiner ganzen Bedeutung nach zu verstehen und zu würdigen.

4. Bei der Geschichte der einzelnen Kunstzweige sind kurze biographische Notizen über diejenigen Persönlichkeiten beizufügen, deren Fabricate wirklich epochemachend gewesen sind, so Vittore Pisanello für Portrait-Medaillons, Palissy, die Gebrüder Elers aus Nürnberg und Wedgwood für Irdenwaaren, Böttcher für Porzellan, Giorgio für Majolica u. s. w. Bei einzelnen solchen Persönlichkeiten ist darauf hinzuweisen, wie immer und überall ernstes Streben zum Ziel geführt und sich belohnt hat, um die beschauende Jugend zur Nacheiferung anzuspornen.

5. Da wo verschiedene Länder und Völker durch geeignete Repräsentanten ihrer Arbeiten aus derselben Zeit-Epoche vertreten sind, ist auf die Unterschiede der Fabricate in der Auffassung, der Form, der Decoration u. s. w. kurz hinzuweisen.

6. Der Preis des Cataloges muss so billig sein, dass dessen Anschaffung denjenigen Classen der Gesellschaft, auf die er berechnet ist, keine Schwierigkeiten macht. —

Prüft man den Catalog über das Wander-Museum von J. C. Robinson mit Bezug auf die obigen Anforderungen, so erweist sich derselbe in jeder Beziehung als ausgezeichnet. Wir haben unter Benutzung des in demselben mitgetheilten kunstgeschichtlichen Materials und mit Beifügung der nöthig scheinenden Ergänzungen in der nachstehenden Beschreibung des Wander-Museums den Versuch gemacht, den oben aufgestellten Punkten, insoweit es die engen Grenzen dieses Buches gestatteten, gerecht zu werden. Man wird daraus am besten ersehen, wie die obigen Gesichtspunkte in der, wenn auch nur sehr kurzen und mangelhaften Ausführung, sich gestalten und wie wenig zugleich die bisherigen Cataloge über Museen und Kunstschätze diesen Anforderungen entsprechen.

Metall - Arbeiten.

Gefässe und Fragmente antiker Vasen.

Man findet hier Henkel, Griffe und andere Fragmente von antiken Vasen etc. in Bronce, broncene Gefässe zum Wasser-Ausgiessen griechischen und römischen Ursprungs etc.

Das Alter dieser Gegenstände lässt sich nicht genau bestimmen, wahrscheinlich stammen sie aus der Zeit von 300 bis 400 vor Chr. Geb. Vasen und Gefässe dieser Art in Bronce, zuweilen vollständig, meist in Fragmenten, finden sich in Gräbern, namentlich in Central-Italien, dem alten Etrurien, in Neapel und Sicilien; sie zeigen eine ungemein grosse Verschiedenheit der Zeichnung und eine wunderbare Schönheit der Form.

Utensilien und Schmuckgegenstände in Bronce aus der Renaissance-Periode.

Kleine Büsten, kupferne Eckbeschläge von Choralbüchern, aus dem 15. Jahrhundert. Fuss einer Lampe; venetianisch, aus dem Ende des 16. Jahrhunderts. Die Ciselir-Arbeit ist höchst geistvoll, die Formen sehr frisch und ansprechend.

Florentinische Bronce-Statuetten. Desgl. Gefässe.

Beim Wieder-Aufwachen der Künste waren Copien antiker Sculpturen sehr gesucht, namentlich in kleiner Form und in Bronce. Die bedeutendsten Bildhauer producirten antike Sachen und ihre eigenen Werke, und namentlich wurde Florenz der Hauptsitz der Fertigung dieser feinen Kunstsachen in Bronce. Es erhielt seinen Ruf in dieser Beziehung bis zum Anfang dieses Jahrhunderts aufrecht.

Gegenstände getriebener Arbeit in Zinn und Compositionsmasse.

Tafelbretter, Teller und Trinkgefässe mit Deckeln in getriebener Arbeit, in der Manier von François Briot, einem französischen Künstler des 16. Jahrhunderts, der in dieser Art von Arbeiten sehr berühmt ist.

Utensilien und Schmuckgegenstände in Eisen und Stahl:

Geldkasetten in feiner Eisen-Arbeit, mit reichem gothischen Zierrath, aus dem 15. Jahrhundert; Helme; Dosen; Nussknacker in ciselirter Eisen-Arbeit, italienisch, etwa aus dem Jahr 1620, wahrscheinlich aus Mailand oder Brescia. Die Arbeit ist in der Art der feinen Beschläge von Feuerwaffen, in der im 16. und 17. Jahrhundert diese Städte berühmt waren.

Schlüssel, Schlösser, Thürangeln und Beschläge, Messer, Gabeln, Scheeren etc. aus dem 14.—16. Jahrhundert, deutschen, französischen und italienischen Ursprungs.

Damascirte und sog. Niello-Arbeiten.

Das Einlegen des einen Metalles in ein anderes und das Ueberziehen der Oberfläche eines Metalles mit der dünnen Schicht eines andern Metalles wurde schon von den Alten angewendet, wie viele Gegenstände erkennen lassen. Im Mittelalter haben die Araber von Syrien und Egypten diese Kunst mit grossem Erfolg ausgebildet. Von diesen scheinen sie die italienischen Künstler des 15. Jahrhunderts adoptirt zu haben. Die Anwendung derselben zur Verzierung von Waffen, Rüstungen und anderen Utensilien wurde sehr beliebt.

Die Niello-Arbeiten bestehen in Eingrabung von Linien und Schraffirungen auf Silber, die dann mit einer Composition von Silber, Kupfer, Blei und Schwefel, welche eine intensiv schwarze Farbe hat, ausgefüllt werden.

In diesen Arbeiten ausgeführt finden sich verschiedene Gegenstände, namentlich Schilde, Vasen, Becher etc.

Feine Waffen und Jagd-Utensilien.

Gezogene Pistolen, mit feiner ausgelegter Arbeit, aus Brescia oder Mailand; 17. Jahrhundert.

Ein Jagdmesser, modern französischer Arbeit aus Paris, Dolche und Schwerter mit Gold-Emaille, Flintenschlösser in kunstvoller Arbeit aus dem 17. Jahrhundert.

Uhren, Juwelen und Gegenstände in edeln Metallen.

Eine Sammlung antiker (römischer) Schmuckgegenstände, Ohrgehänge, Broschen, Nadeln etc. Die Brosche mit einem Kreuz geschmückt gehört wahrscheinlich der ältesten christlichen Zeit an.

Eine alte irische Schnalle aus dem 12. Jahrhundert von wunderbar künstlicher und feiner Ausführung.

Eine Brosche in Gold-Emaille, im Style Ludwig XIII. Arm- und Halsbänder in moderner Hindu-Arbeit u. s. w.

Münzen und Medaillen.

Abgesehen von der Numismatik haben Münzen und Medaillen einen besonderen Nutzen für Studirende, vom Gesichtspunkt der geschichtlichen Entwickelung der Kunst, die vielleicht durch nichts anderes in so ausgedehnter Weise illustrirt wird.

Unter der Sammlung befinden sich Münzen aus griechischen Städten, von griechischen Königen, von römischen Familien und Consuln, aus der römischen Kaiserzeit, alte britische, parthische u. a. Münzen, moderne etc. Dieselbe zeigt manche interessante Züge der Kunstgeschichte. Man erkennt auf den griechischen Münzen die grosse Mannigfaltigkeit der Zeichnung und die ideale ernste Richtung der Kunst; auf den römischen die characteristischen Eigenthümlichkeiten der römischen Kunst im Allgemeinen, sowie ihren Verfall in der Kaiserzeit; auf den mittelalterlichen Münzen vermisst man jede Spur schöner und origineller Motive; auch fehlt die scharfe schöne Prägung.

Portrait-Medaillons.

Es gibt wenig Werke mittelalterlicher Kunst, die werthvoller wären als die italienischen Portrait-Medaillons des 15. und 16. Jahrhunderts; zum grössten Theil stammen sie von höchst talentvollen Künstlern — Malern, Bildhauern und Goldschmieden. Im Mittelalter verstand man die Kunst des Prägens nicht so vollkommen, als im Alterthum und beschränkte sie blos auf kleine Münzen. Zur Herstellung von grossen Medaillen wandte man einen andern Process an, der jedoch erforderte, dass die erlangten Bronce-Abdrücke retouchirt und von den Künstlern selbst oft sorgfältig nachgebessert werden mussten.

Der Zeitpunkt dieser Kunst, die namentlich in den nördlichen Städten Italiens sehr entwickelt wurde, fiel in die Jahre 1440 bis zum Ende des Jahrhunderts. Unter den Künstlern, die sich diesem Zweige widmeten, nimmt Vittore Pisanello, ein berühmter Maler in Verona, die erste Stelle ein. Nach ihm verdienen Sperandio von Mantua, Pomedello von Verona und Giovanni Boldu von Venedig genannt zu werden. Originale dieser kostbaren Medaillons sind jetzt sehr selten, doch existiren viele Nachahmungen und Abgüsse.

Die Sammlung enthält einige sehr schöne Exemplare in Original und in Electrotypen, die den Originalen sehr nahe kommen, namentlich eines Schildes, dessen Original sich in Windsor befindet und von Benvenuto Cellini herrühren soll; sodann viele Copien der berühmten Augsburger Gold-Arbeiten und Elfenbein-Schnitzereien aus dem Mittelalter.

Irdenwaaren.

Unter allen Kunstzweigen besitzen wir für die Geschichte der Irdenwaaren das vollständigste Quellenmaterial, das von der Gegenwart bis in die Gräber des grausten Alterthums reicht, denn das Material ist unvergänglich und die Fabrication ist überall und zu allen Zeiten betrieben worden.

In der Sammlung finden sich zunächst einige Gegenstände aus der alten egyptischen Töpferei, aus einer Zeit stammend, die wahrscheinlich mehrere Jahrhunderte über die christliche Aera hinausliegt.

Sodann antike griechische gemalte Irdenwaaren, namentlich Amphoren, Vasen, Wassergefässe etc.

Im alten Griechenland und unter den Etruskern scheint vom 7. bis herab zum 2. Jahrhundert vor Christus die bekannte schwarz und roth bemalte Waare ausschliesslich in Gebrauch gewesen zu sein. Unzählige Proben finden sich jetzt noch in alten Grabmälern von Süd- und Mittel-Italien und Griechenland. Vollkommene Schönheit der Form und der Malerei sowie der Ornamente kennzeichnet diese berühmten Töpferwerke. Man findet in den Formen eine ungeheure Mannigfaltigkeit und jedes Stück ist schön, sei sein Gebrauch noch so gewöhnlich, seine Fabrication noch so billig und rasch.

Antike römische Irdenwaaren, namentlich Urnen, Trinkgefässe, Teller und ähnliche Gegenstände des Hausraths (Samische Waare).

Die römische Töpferei steht der griechischen weit nach; es fehlt ihr die Schönheit und Reichhaltigkeit der Form. Die von den alten Schriftstellern sogenannte Samische Waare war die werthvollste des römischen Töpferguts; dies geht daraus hervor, dass die Römer sich nur mit ihr die Mühe genommen haben, zerbrochene Stücke mit Bleidraht wieder zusammenzufügen. Ob sie von der Insel Samos eingeführt wurde, oder eine Nachahnung des ächten samischen Geschirrs war, lässt sich nicht ermitteln.

Italienische glasirte Irdenwaaren, Majolica.

Die Kunst des farbigen Glasirens war schon den alten Egyptern bekannt, doch war sie mit der Völkerwanderung verschwunden. Bei den Mauren tauchte sie zuerst wieder auf, die sehr schöne glasirte Ziegeln zum innern Schmuck ihrer Paläste fertigten. Als die Pisaner i. J. 1115 den Mauren die Insel Majorca abnahmen, lernten sie die Bereitung der Ziegeln kennen und machten Geschirre in dieser Art, die man Majolica, verderbt aus Majorca, oder auch Rafael - Waare nannte, weil Rafael für die Herzogin von Urbino ein solches Servis gezeichnet hatte. Die Majolica-Töpferei erreichte ihre Blüthe in der Mitte des 16. Jahrhunderts.

Von Majolica-Geschirr finden sich im Museum 20 Proben, Teller, Vasen, Geschirre etc., ausserdem eine Sammlung von 33 gemalten Backsteinen, die als Fussboden dienten, aus dem *Palazzo Petrucci* in Siena, aus dem Jahre 1513.

Unter den sonstigen Irden- und Steinwaaren des Museums sind vor Allem einige Arbeiten von Bernard Palissy aus den Jahren 1570 bis 80 zu nennen.

Palissy war Glasmaler, und hatte sich jahrelang mit der Auffindung einer Glasur beschäftigt, wie sie in Italien längst bekannt war. Schon war er durch seine nutzlosen Bemühungen in die grösste Armuth gerathen, da erreichte er endlich seinen Zweck und brachte eine wunderschöne, glänzende Emaille zu Stande, die seinen Geschirren ein sofort erkennbares Gepräge gibt.

Einige der besten Arbeiten der Gebrüder Elers aus Nürnberg.

Diese kamen 1690 nach *Staffordshire* und etablirten bei *Stoke-upon-Trent* eine Töpferei. Auf Grund ihrer Erfolge wurden sie bald durch ihre englischen Concurrenten jeder Art von Verfolgung ausgesetzt und durch Einschüchterung ihrer Arbeiter und andere Intriguen endlich aus Staffordshire vertrieben, jedoch nicht eher, als bis man ihnen die bessere Behandlung des Materials sowie den künstlerischen Styl ihrer Formen abgesehen hatte, welche die *Staffordshirepotters* bis zu der Epoche, die mit *Wedgwood* beginnt, in Anwendung brachten.

Endlich sind noch hervorzuheben: einige Stücke aus Delft, in Holland, ein Ort, der durch das 17. und die erste Hälfte des 18. Jahrhunderts der Hauptsitz der Irdenwaaren-Manufactur war und seine Producte nach allen Ländern Europa's versandte; sodann einige rothe Steinwaaren von Böttcher, der 1709 das Porzellan den Chinesen nacherfand.

Wedgwood-Arbeiten.

Josiah Wedgwood (geb. 1730, gest. 1795) erfand eine eigenthümliche, steingutartige Masse, die er zuerst zu Messergriffen verwandte und endlich mit Hilfe des grossen Malers Flaxmann, zu wunderbar schönen Kunstwerken, namentlich zu Vasen, Kameen, Medaillons in Blau und Weiss zu verarbeiten lernte. Seine feineren Arbeiten sind jetzt sehr werthvoll und werden mit gleich hohen Preisen bezahlt wie das Porzellan von *Sèvres* oder *Chelsea*; es finden sich 14 Stück im Museum.

Porzellan.

Chinesisches und Japanesisches.

Es ist schwierig zu entscheiden, welchem dieser beiden Länder bestimmte Exemplare angehören. Das japanesische Porzellan ist in der Form einfacher und eleganter, der Geschmack in der Zeichnung ist reiner, die Decoration ist weniger phantastisch als beim chinesischen Porzellan, und besteht in einfacher Darstellung von Blumen und Blättern. Die Farben sind voll und reich. Beim chinesischen Porzellan ist die Decoration mehr grotesk und fantastisch, die Farben sind wo sie auftreten brillanter, obgleich die stumpfen Farben vorherrschen; das Weiss des Porzellans kommt mehr zur Geltung. Gegenüber dem europäischen Porzellan ist das orientalische von grösserer Einfachheit und Dauer, doch herrschen groteske oder fantastische Formen vor, die meist kein anderes Verdienst haben, als dass sie eine seltsame Originalität an sich tragen.

Es finden sich im Museum 5 japanesische und 8 chinesische Stücke.

Deutsches Porzellan.

In Folge der Erfindung des Porzellans durch Böttcher i. J. 1709, der auf der Albrechtsburg unter August II., Kurfürst von Sachsen, arbeitete, wurde die königl. Porzellan-Manufactur zu Meissen bei Dresden gegründet, die jetzt noch existirt; sie ist die älteste Europas. Ihre Marke sind gewöhnlich 2 gekreuzte Schwerter in Blau. Unter der Direction von Marcolini wurde noch ein Stern hinzugefügt.

Das Meissner Porzellan heisst im Auslande, namentlich in England immer *Dresdener Porzellan* und es finden sich in der Sammlung 8 Stücke unter diesem Namen. Da sich jedoch trotz aller Vorsichtsmassregeln der sächsischen Regierung das Verfahren im Laufe des 18. Jahrhunderts nach Berlin, München und Wien verbreitete, so findet sich auch aus den Jahren 1758 bis 1790 in der Sammlung Porzellan aus Wien, Berlin und anderen deutschen Städten.

Altes Sèvres-Porzellan.

Das alte Porzellan von *Sèvres* wird ungemein geschätzt, ist sehr gesucht und wird mit Preisen bezahlt, die in der That extravagant scheinen. Die meisten Stücke, die sich in der Sammlung finden, 9 von 16, sind von der Königin geliehen und standen früher im Buckingham-Palast. Die schönsten Stücke sind 2 Vasen, mit blauem Grund, reicher Vergoldung und Schäferscenen als Gemälden, von denen jede auf 7000 Thlr. geschätzt wird.

Altes Porzellan von Sèvres ist meist mit einem Namenszug versehen, aus 2 verschlungenen L. bestehend; dabei befinden sich 1 oder 2 Buchstaben des Alphabets, aus denen sich das Jahr bestimmen lässt, in dem das betreffende Stück fabricirt wurde. Der Buchstabe A bedeutet das Jahr 1753, B 1754 etc.; als das Alphabet mit dem Jahre 1777 erschöpft war, fing man mit 2 Buchstaben an und diese Art wurde bis zum Jahr 1793 fortgesetzt, so dass also QQ die letzte vorkommende Bezeichnung ist.

Englisches Porzellan.

Das erste englische Porzellan wurde im Dorfe Chelsea, jetzt Vorstadt von London, gefertigt; Georg II. hatte Arbeiter, Modelle und Material aus Sachsen beschafft, und Chelsea ist so factisch der Ausgangspunkt der englischen Porzellan-Industrie geworden. Das alte Chelsea-Porzellan ist äusserst selten und steht im Preise dem alten Porzellan von Sèvres gleich.

Im Museum befinden sich 5 Stücke Chelsea-Porzellan; eine alte Vase etwa aus dem Jahre 1760 zeigt die ersten Schritte der Uebertragung von Druck auf Porzellan.

Unter dem neuern englischen Porzellan zeichnen sich namentlich die Stücke von Minton und Copeland in Staffordshire aus.

Glaswaaren.

Die Alten waren in der Glas-Manufactur sehr weit vorgeschritten. Obgleich man in Bezug auf das Material grosse Fortschritte gemacht und jetzt Glas von einem Glanz und einer Schönheit erzeugt, die früher nie erreicht worden sind, so behaupten doch in Bezug auf die Reichhaltigkeit der Methoden, in der Manipulation und der Geschicklichkeit der Verarbeitung die alten griechischen und römischen Künstler noch immer die erste Stufe. Die gebräuchlichen Prozesse und die Verschiedenartigkeit der Producte des alten venetianischen Glases scheinen beinahe alle den Alten bekannt gewesen zu sein, von denen, durch die Byzantinischen Griechen, die Venetianer ihre Kunst wahrscheinlich geerbt haben.

Im Mittelalter und herab bis zu dem 17. und sogar 18. Jahrhundert war Venedig der grosse Stapelplatz für Glas-Manufactur; die Werkstätten von Murano versorgten ganz Europa. Venetianisches Glas ist meist sehr dünn, da es beinahe durchweg geblasen wurde. Sowohl in der Form wie in der Anwendung der Farben zeigt es eine beinahe endlose Verschiedenheit.

In Deutschland war im 16. und 17. Jahrhundert eine Emaille-Malerei auf Glaswaaren sehr gebräuchlich. Auch das Schneiden, Schleifen und Graviren wurde in Deutschland im 71. Jahrhundert sehr ausgebildet. Dies hing mit der Verbesserung des Materials zusammen, welches nach und nach der Durchsichtigkeit des Krystalles immer näher kam und natürlich in Flächen mit scharfen Kanten am Meisten effectvoll zur Geltung kam. Gefässe von Rubin-Glas wurden zweifellos schon von den Venetianern gefertigt; sie wurden gewöhnlich geblasen und waren durch die Zartheit des Materials leichter und klarer in Farbe als das mehr bekannte und reichlicher vorhandene alte Rubin-Glas Deutschlands, das meist geschliffen, polirt und von beträchtlicher Stärke ist.

Die Sammlung von Glaswaaren illustrirt alle wichtigen Momente in der Geschichte der Glas-Fabrication. Sie enthält 60 Fragmente alten römischen Glases von Ausgrabungen in Rom und Umgebung; altes griechisches, theilweis bemaltes Glas; 16 verschiedene

Objecte venetianischen Glases aus den Zeiten von 1500 bis Anfang des 18. Jahrhunderts, namentlich Vasen, Gläser etc. Deutsches Glas, namentlich ein altes cylindrisches deutsches Trinkglas mit Emaille-Verzierungen, böhmisches Glas, chinesisches Glas etc.

Emaille-Arbeiten.

Das Verfahren der Emaillirung auf Metalle war zwar den Alten bekannt, scheint jedoch im Alterthum eine hohe Stufe der Entwickelung nicht erreicht zu haben. Dagegen gehörte die Emaillirung im Mittelalter zu den populärsten und allgemein angewandten decorativen Künsten und erreichte namentlich in Frankreich ihre höchste Vollendung, besonders war Limoges, im Departement der obern Vienne, der Hauptort der Fabrication, der für ganz Europa arbeitete. In der neuern Zeit kömmt diese Kunst verhältnissmässig wenig zur Anwendung.

Die Sammlung enthält etwa 20 Emaille-Gegenstände, als Platten, Teller, Gefässe, Dosen mit emaillirter Miniatur-Malerei, Vasen u. s. w. Davon sind 11 Objecte Limoges-Fabricate, 4 chinesische Emaille auf Kupfer, die übrigen moderne Hindu-Emaille, Dresdner u. s. w.

Schnitzerei in Elfenbein, Holz etc.

Hier finden sich aus den Zeiten von 1320 ab aus verschiedenen Ländern, als: Frankreich, Deutschland, Italien, China, Indien, Russland etc. verschiedene feine Schnitzereien, als Schmuckkästchen, Geldkassetten, Becher, Dosen, Bilderrahmen, Leuchter, Panele etc.

Mosaik- und eingelegte Arbeiten.

Beide bestehen darin, durch Verbindung und Nebeneinanderlegung von harten Körpern mit glatter Oberfläche und verschiedener Farbe ein Muster oder ein Gemälde zu erzeugen. Die Mosaik-Arbeit thut dies vorherrschend mit natürlichen oder künstlichen Steinen und Glaspasten und construirt mit ihnen eine zum Schmuck dienende Oberfläche; die eingelegte

Arbeit benutzt vorherrschend Holz, aus dem sie bestimmte Flächen ausschneidet und mit andern Stoffen oder Farben desselben Materials auslegt. Beide Arten von Arbeit kommen nun in den verschiedensten Modificationen vor. Bei den Römern und Griechen war Mosaikarbeit sehr Mode, namentlich für den Fussboden; er bestand aus kleinen Quadraten farbiger Kalksteine und Marmor-Arten, die in einen harten Cement gelegt wurden; man erzeugte damit alle Arten von Mustern und Bildern, als Landschaften, Thiere etc. Die italienische Mosaik der spätern Zeit bestand vorherrschend aus Composition von Glaspasten.

Unter den verschiedenen Arten von eingelegter Arbeit ist hauptsächlich zu nennen: Boule, d. h. eine nach dem Erfinder benannte Art der Auslegung aus Schildkrötenschale und Messing, die unter Ludwig XIV. aufkam; sodann Piqué - Arbeit, die in kleinerem Massstabe und mit feineren Stoffen, namentlich Gold und Silber etc. arbeitet.

Unter den Arbeiten, die in dieser Richtung die Sammlung enthält, befindet sich ein Fragment alten römischen Mosaikfussbodens; Dosen, Kästchen japanesischer, indischer, italienischer, deutscher und französischer Arbeit u. s. w.

Leder- und feine Buchbinder-Arbeiten

namentlich aus dem 14. und 16. Jahrhundert, sowie einige neuere Arbeiten, die auf den internationalen Ausstellungen gekauft worden sind.

Japanesische und andere Lack-Arbeiten.

Die orientalischen Länder, welche an harzreichen Bäumen Ueberfluss haben, zeichneten sich von jeher in allen Arten feiner Lackmalerei aus; namentlich hat Japan darin eine sehr hohe Stufe der Ausbildung erreicht. Die anerkannte Vortrefflichkeit der japanesischen Lacke und Firnisse beruht auf der Güte der Harze, die man dazu verwendet und aus einem Baume (*Rhus vernix*) gewinnt. Wird die Rinde dieses Baumes angestochen, so läuft aus derselben ein helles, an der Luft dunkler und consistent werdendes Harz heraus, aus dem der Lack gemacht wird. Derselbe wird selbst durch die heisseste Flüssigkeit nicht angegriffen.

Die Sammlung enthält einige Lack-Arbeiten aus Indien, China und Japan.

Ebenso enthält sie aus diesen Ländern einige jener feinen Arbeiten aus dem Gebiete der

Korbflechterei,

die zwar wahrscheinlich zu den ältesten Künsten gehört, die von den Menschen geübt worden sind, jedoch wegen des grossen Reichthums der tropischen Vegetation an geeignetem Material als Kunst-Industrie meistens auf einige orientalische Länder beschränkt geblieben ist.

Gewebe.

Die drei internationalen Ausstellungen haben zur Genüge bewiesen, dass verschiedene orientalische Völker, namentlich die Indier, Perser und Türken, den Schönheitssinn durch ihre gewebten Stoffe in hohem Grade mehr befriedigen als die europäischen Fabricanten. Ihre Ueberlegenheit zeigte sich nach jeder Richtung hin: in dem Glanz und der Harmonie der Farben und dem allgemeinen künstlerischen Eindruck, wie in der höhern Schönheit und Genialität der Formen und Muster.

Die im Wander-Museum unter diesen Titel befindlichen Gegenstände werden den sorgfältigsten Studien reichen Lohn gewähren: in ihnen offenbart sich die Existenz unveränderlicher Gesetze der Kunst, welche die orientalischen Fabricanten intuitiv oder mit Verständniss beherrscht haben.

Die geringe Anzahl alter europäischer Stoffe, die hiermit ausgelegt sind, verdienen gegenüber den orientalischen kaum eine eingehende Betrachtung.

Die Muster bestehen meist aus schweren Seiden- und Atlasstoffen mit Gold- und Silberstickerei aus Indien und der Türkei, schweren Schärpen, ausgewählten Mustern von Cashmir-Shawls, 21 Mustern feiner Seidenspitzen mit Gold- und Silberfäden durchzogen, feiner

Leinenweberei u. s. w. Einzelne derselben sind wahre Muster für schöne Farbenzusammenstellung; die einzelnen reichen und contrastirenden Farben sind so gegen einander abgestimmt, dass durch keine einzelne Farbe die schöne Harmonie gestört wird.

Spitzen.

Die Unterscheidungen der einzelnen Spitzenarten sind so fein, dass selbst sachverständige Damen in ihrem Urtheil öfters schwanken. Die Jury auf der letzten Londoner Ausstellung hatte folgende Classen aufgestellt.

1. Spitzen ganz mit der Hand gearbeitet; a) *Valenciennes*, Mecheln, Honiton, Buckingham; b) Spitzen mit der krummen Nadel gearbeitet *(guipure)*; c) Seidenspitzen, die Blonden heissen, wenn sie weiss, und Chantilly etc., wenn sie schwarz sind.

2. Spitzen, zu denen der Grund mit der Maschine gemacht, die Verzierung mit der Hand gearbeitet und aufgelegt wird; Brüssel, Honiton etc.

3. Spitzengrund mit der Maschine gemacht, eben, als Bobbin-nets, Tüll, Blonden, Cambray, Alençon etc.

4. Spitzen, deren Grund mit der Maschine gemacht ist, dagegen die Verzierungen entweder ganz mit der Maschine oder theilweis mit der Maschine und theilweis mit der Hand.

5. Spitzen, ganz mit der Maschine gearbeitet, Besätze, Schleier, Schärpen, Gardinen etc.

Die Sammlung enthält von allen Arten reiche und schöne Repräsentanten; alte Spitzen von Alençon, deren Verfertigung in Frankreich unter Ludwig XIV. durch Colbert etwa 1660 eingeführt und sehr unterstützt wurde, alte Brüsseler Spitzen, alte spanische und venetianische Spitzen, sowie moderne irische u. s. w.

Abgüsse von Elfenbeinschnitzerei.

Seit den ältesten Zeiten war Elfenbein ein beliebtes Material für Sculptur-Arbeiten, und es ergibt sich ein sehr vollständiger und zusammenhängender Ueberblick der Kunstgeschichte aus den verschiedenen Denkwürdigkeiten und Gegenständen, die in diesem Material erhalten sind. Die alten Egypter, die Assyrer, die Griechen schätzten das Elfenbein auf dem Gebiete der Plastik sehr hoch. Die Alten sollen verstanden haben, das Elfenbein weich zu machen und zu walzen. In der Römerzeit war es ganz allgemein in Gebrauch; es existiren aus der classischen Zeit noch viele Fragmente von Schmuckkästchen, Statuetten, Griffen von Waffen und namentlich Platten, die so verbunden waren, dass man sie wie ein Buch zusammenklappen und aufschlagen konnte. Ursprünglich waren sie Schreibtafeln und deshalb auf der innern Fläche mit Wachs überzogen; sie wurden auch als Briefe versandt, indem man einen Faden darumschlug und diesen ansiegelte. Später benutzte man diese Tafeln zu einem Zweck, der mit der Kunst in sehr enger Beziehung steht. In der Kaiserzeit sandten Consuln und andere Beamte bei ihrem Dienstantritt solche Tafeln an die öffentlichen Corporationen oder an ihre Freunde; sie waren meist fein gearbeitet, enthielten das Portrait des Consuls in seiner Amtstracht und viele allegorische Darstellungen, Inscriptionen etc. Nach Einführung des Christenthums wurden solche Tafeln vielfach an Kirchen geschenkt und von diesen verschenkt. Die griechischen Künstler der byzantinischen Periode machten einen noch ausgedehntern Gebrauch von dem Elfenbein. Vom 9. Jahrhundert ab verwandte man es zu kirchlichen Utensilien, zu Buchdeckeln, zu Hirtenstäben, zu Reliquienkästchen etc.

Auch in Frankreich und Deutschland war das Elfenbein vielfach in Gebrauch; namentlich existiren aus dem Mittelalter unzählige Gegenstände kirchlichen und weltlichen Characters, so Statuetten von Heiligen, Deckplatten von Taschenspiegeln, meist mit Motiven aus Romanzen und Rittergedichten (namentlich aus der ersten Hälfte des 14. Jahrhunderts), Dolchscheiden, Spiegelrahmen etc.

Auch die orientalischen Völker sind berühmt in der Elfenbein-Schneidekunst, namentlich haben es bekanntlich die

Chinesen zu einer oft unbegreiflichen technischen Fertigkeit gebracht.

Die Abgüsse der Elfenbein-Schnitzereien sind in Gypsmasse mit Stearin präparirt, und zeigen römische und andere Elfenbeinplatten mit Bildern u. s. w. aus dem 2., 3., 4., 8., 9. und 10., 11 und 14. Jahrhundert, 7 Deckelplatten zu Taschenspiegeln u. s. w.

Zur Ergänzung des hier nur kurz characterisirten Inhalts des Wander-Museums finden sich in demselben noch über 300 eingerahmte Gegenstände, z. B. Original-Zeichnungen, Stiche und Photographien von verschiedenen Kunstwerken, namentlich eine Reihe alter Bilder auf Pergament, Zeichnungen von Fresco-Gemälden und ornamentalen Wandverzierungen, Glasmalereien, Webestoffen u. s. w., alte Holzschnitte, Photographien der Rafael-Cartons und verschiedener Kunstwerke aus dem Louvre und andern Kunst-Museen, sowie aus Privatsammlungen, endlich Photographien der wichtigsten Werke dekorativer Kunst aus allen hier beschriebenen Abschnitten, die sich in öffentlichen und privaten Sammlungen des Vereinigten Königreichs befinden.

An jedem Glasrahmen befindet sich eine Etikette mit der nöthigen Beschreibung und Erklärung. Diese ganze Sammlung von Bildern nimmt etwa 1200 □Fuss Wandfläche ein.

c. Statistik der Resultate des Wander-Museums.

In der nachstehenden Tabelle sind die Resultate des Wander-Museums von seiner Einrichtung im Februar 1855 bis zum Juni des Jahres 1864 zusammengestellt. Aus diesen Resultaten heben wir folgende hervor:

1. Nach den Bestimmungen über die Circulation des Wandermuseums bei den einzelnen Schulen (cf. S. 56) haben die Studirenden und Schüler der Kunstschulen freien Zutritt; alle anderen Besucher bezahlen Eintritt. Die letzteren geben sonach ein deutliches Bild von der Betheiligung des Publicums, welche innerhalb der sämmt-

lichen Besucher eine sehr starke ist. 30 % der Besucher waren Schüler, 70 % Publicum.

2. In Bezug auf den Tag- und Abendbesuch ergibt sich, dass 358,082 Personen am Tage und 306,724 am Abend das Museum besuchten. Allerdings wird ein grosser Theil der Besucher dadurch zum Abendbesuch bestimmt, dass an 2 Abenden der Woche besonders billige Eintrittsgelder gezahlt werden. Bedenkt man aber, dass der Besuch am Tage im Wesentlichen doch soviel Vortheile bietet, dass, wer irgend kann, den Tag vorziehen wird, so erhält damit der Tagesbesuch ein Gegengewicht, welches die theilweise Billigkeit des Abendbesuchs gewiss paralysirt. Unter dieser Voraussetzung beweisen diese Zahlen sehr schlagend, dass die segensreiche Wirkung derartiger Museen erst dann recht eigentlich beginnt, wenn sie des Abends zugänglich sind.

Rechnet man, dass im Jahresdurchschnitt das Museum am Tage 6 Stunden, des Abends 3 Stunden geöffnet gewesen ist, so kommen auf die 1435 Ausstellungstage der Col. 2: 8610 Tagesstunden und 4305 Abendstunden. Bringt man diese Zahlen mit der obigen Zahl der Tages- und Abendbesucher in Relation, so kommen auf eine Tagesstunde 41 Besucher, auf eine Abendstunde 71 Besucher.

3. Col. 8 enthält die Zahl der verkauften Cataloge: 35,000 in 10 Jahren. Um den bedeutungsvollen Inhalt dieser Zahl ganz würdigen zu können, muss man den vortrefflichen Catalog über das Wander-Museum von Robinson kennen, dessen Verdienste wir oben sub a besprochen.

Die Resultate des Wander-Museums

von seiner Einrichtung im Februar 1855 bis zum Juni des Jahres 1864.

Städte. (2) bedeutet den 2. Besuch.	Zahl der Tage, an denen die Ausstellung geöffnet war.	Besucher am Tage gegen Zahlung.	Besucher am Tage gegen Karten.	Besucher Abends gegen Zahlung.	Besucher Abends gegen Karten.	Summa.	Zahl der verkauften Cataloge.	Zahl der copirten Gegenstände.	Zahl der Billets auf die Dauer der Ausstellung	Einnahmen. £.	Einnahmen. sh.	Einnahmen. d.
1.	2.	3.	4.	5.	6.	7.	8.	9.	10.	11.		
Birmingham . .	39	2247	1075	8072	1317	12711	1369	323	—	26	6	11
Nottingham . .	37	852	398	3622	700	5572	209	88	5	21	10	10
Macclesfield . .	45	1710	1883	8065	1283	12941	618	131	178	108	12	8
Norwich	41	657	564	1163	273	2657	221	157	25	20	15	5
Leeds	40	1075	550	19195	688	21508	277	—	16	119	12	9
Sheffield	42	692	349	2989	905	4935	374	147	6	52	2	3
York	41	1376	636	1736	346	4094	674	—	23	58	7	1
Newcastle o. T.	24	331	302	958	350	1941	101	2	4	18	1	2
Carnarvon, N.W.	22	169	441	392	308	1310	43	2	—	6	7	7
Hanley (Potter.)	42	2161	703	16632	1076	20572	467	66	192	208	16	5
Stourbridge. . .	32	182	13	350	122	667	58	8	2	8	15	5
Worcester . . .	29	658	971	590	650	2869	138	215	31	21	13	10
Liverpool	36	4742	8180	3060	983	16965	801	16	720	169	2	5
Glasgow	55	2034	411	2566	819	5830	216	173	14	60	2	10
Paisley	31	404	101	1945	890	3340	23	9	28	14	3	4
Dundee	21	1015	428	3755	1145	6343	103	20	128	66	6	8

Aberdeen	22	3333	2202	6909	3847	15451	182	—	115	67	1	0
Belfast	28	654	542	1486	640	3322	147	11	83	36	2	10
Dublin	65	10140	27310	15420	2452	55322	3404	603	1789	1095	4	2
Limerick	38	2654	3766	3503	604	10527	1047	64	357	171	—	9
Clonmel	46	1762	3963	4794	3479	13898	586	12	559	178	18	3
Waterford	39	1518	4900	7181	2086	15685	654	90	666	188	10	11
Devonport	30	2950	2812	1177	2226	9165	866	—	430	176	18	7
Exeter	34	5162	2627	3510	1186	12485	1525	12	233	300	7	1
Barnstapel	5	27399	5000	—	—	32399	1524	—	—	2437	17	6
Taunton	23	11202	382	2100	684	14368	219	—	1521	308	9	2
Dorchester	5	22658	14500	—	—	37158	1700	—	—	2069	7	0
Dudley	31	645	197	4315	194	5351	602	—	13	104	4	7
Hartshill (Stoke)	29	325	402	1272	752	2751	136	12	39	28	7	11
Bridgenorth	14	1448	1389	3160	881	6878	876	—	204	139	10	9
Salford	94			nicht	offen.	71050	360	34	frei.	—	—	—
Newark	21	1021	911	3598	1056	6586	188	23	258	135	3	0
Banbury	18	1209	3549	2521	4861	12140	918	36	969	137	13	9
Dublin (2)	90	45226	21352	32162	20418	19158	8519	62	1769	5897	5	10
Liverpool (2)	24	1992	1269	7658	1428	12347	3053	11	35	142	15	9
Edinburg	51	10568	4622	11058	2053	28301	4542	72	901	985	1	9
Hull	42	5517	2783	20498	2177	30975	4520	60	716	389	9	4
Leeds (2)	39	8029	1290	27497	3187	40003	684	—	71	540	17	11
Darlington	26	1073	1118	5366	1223	8780	933	—	407	96	11	7
Manchester	39	3901	3500	—	—	7401	190	—	—	39	14	3
Exeter (2)	5	34953	5047	—	—	40000	1516	—	—	2317	1	6
Summa:	1435	225644	132488	239435	67289	735856	35519	2442	12537	19074	13	9

Capitel. 12

Geldbewilligungen zum Ankauf von Modellen, Zeichen-Vorlagen, Abgüssen etc.

Kunstschulen, öffentliche Schulen für Arme, Gewerbe-Institute *(Mechanics' Institutions)* und sonstige Anstalten für Handwerker können von dem Gewerbeschul-Amt Geldbewilligungen erhalten zur Anschaffung von Modellen, Mustern, Abgüssen und andern Apparaten für den Unterricht.

Aus dem Bestreben, das Zeichnen zu einem Bestandtheil der nationalen Erziehung zu machen, erwuchs natürlich die Aufgabe, für Vertheilung von Modellen und Vorlegeblättern zu sorgen. Da jedoch die Gewährung solcher an alle Bewerber ohne Unterschied nothwendig zu Missbrauch führen würde, so musste man gewisse Garantien fordern, dass von den Modellen der bestmögliche Gebrauch gemacht werde.

Das Princip, auf dem die gesammten Massregeln des Gewerbeschul-Amts in den verschiedenen Zweigen beruhen, ist, theilweise Hilfe zu gewähren; die Bestrebungen des Publicums, eine künstlerische Ausbildung möglichst zu fördern, sollen angefeuert, nicht überflüssig gemacht werden. Dieselben Grundsätze glaubte man auch bei der Vertheilung von Modellen zur Anwendung bringen zu müssen, und beschloss daher, die Schulen beim Ankauf von Vorlegeblättern, Modellen und Copien zum Zeichen-Unterricht dadurch zu unterstützen, dass man ihnen dieselben zu ermässigten Preisen lieferte.

Beim Secretariat des Kensington-Museums ist daher eine Liste von Vorlegeblättern, Modellen, Abgüssen etc. zu haben, deren Gegenstände vom Gewerbeschul-Amt für empfehlenswerth gehalten werden. Die Vortheile des billigen Einkaufs sind zunächst blos auf öffentliche Schulen berechnet, doch erhalten auch Privatschulen gewisse Vergünstigungen, wenn sie von dem Departement dessen würdig erachtet werden.

Keiner Schule können die Vortheile des billigen Ankaufs von Modellen und Apparaten zugebilligt werden, die nicht den Nachweis liefert, dass locale Beiträge bis zu einem erheblichen Betrage zu diesem Zwecke bereits gesammelt sind und ein wirklich nothwendiges Bedürfniss vorliegt.

Die einzelnen Gegenstände, welche die Liste enthält, sind zwar einer Prüfung des Departements unterworfen worden, doch befinden sich Gegenstände darunter, die lediglich empfohlen worden sind, weil augenblicklich bessere auf dem Markte nicht zu haben waren. Es muss deshalb immer noch von der betr. Schule die Auswahl der Gegenstände in sachverständiger Weise bewirkt werden.

Die Liste selbst enthält zunächst die oben entwickelten Gesichtspunkte und Bedingungen, unter denen die Vortheile des billigen Ankaufs gewährt werden. Dann die dabei erforderlichen Formulare, nämlich:

1. Ein Formular für die Eingabe mit Namen der Schule oder des Instituts, für welche die Modelle verwendet werden sollen, Angabe der Anzahl von Schülern und Schülerinnen, mit Unterscheidung, ob und wie viel sie Schulgeld zahlen, oder Freischüler sind; Angabe der Adresse und Beförderungsart, und namentliche Aufführung der Gegenstände oder Markiren derselben in einer beigefügten Liste.

2. Ein Formular, welches das Gewerbeschul-Amt an den betr. Agenten schickt, nachdem es die Eingabe in der erforderlichen Weise geprüft hat. Es enthält eine Anweisung, der betr. Schule die betr. Gegenstände und Betrag von ... £. zu schicken, von welcher Summe das Gewerbeschul-Amt .... £., die betr. Schule .... £., nebst den Kosten der Verpackung übernehmen werde.

3. Die Formulare für Bescheinigung der Absendung, des Empfangs u. s. w.

Diesen Formularen folgt nun die namentliche Anführung der Abgüsse etc. für Ornamentik und von Figuren, Stichen etc., und zwar gesondert für Districts-Elementar-Schulen und für Central-Kunstschulen. Die Gegenstände selbst sind unter sich wieder geordnet nach den Schulen und Stylarten, z. B. Antiken, griechischen und römischen Ursprungs; Renaissance-Periode; gothischer, byzantinischer Styl etc.

Den für die einzelnen Arten von Schulen besonders empfohlenen

Gegenständen folgen noch Nachträge mit Modellen, die für den Unterricht von Wichtigkeit sind, Thierstücke, Fruchtstücke, Abgüsse von anatomisch präparirten Gliedern, Abgüsse von Armen, Händen, Beinen, Rücken etc.

Capitel 13.

Internationaler Austausch von Copien seltener Kunst-Gegenstände.

Durch Vermittelung des verewigten Prinz-Gemahls hatte das Kensington-Museum Copien einer grossen Anzahl von seltenen Kunstgegenständen erhalten, die sich im Besitz Ihrer Majestät der Königin befinden. Ebenso war dem Departement für Kunst und Wissenschaft vom Kaiser der Franzosen während der Ausstellung von 1855 die Erlaubniss gegeben worden, Photographien und Electrotypen verschiedener Kunstgegenstände dem Louvre und dem *Musée d'Artillerie* zu Paris zu entnehmen. Auch Corporationen und Privatbesitzer werthvoller Kunstgegenstände, die für den öffentlichen Unterricht von Bedeutung sind, hatten gestattet, Photographien derselben anfertigen zu lassen, namentlich die Universität von Oxford, welche bekanntlich viele Originalzeichnungen von Michel Angelo und Rafael besitzt.

Der unverkennbare Nutzen, den derartige Copien für den Kunstunterricht und die Geschmacksbildung haben, erzeugte den Wunsch, möglichst viele derselben zu besitzen, und bei der grossen Vervollkommnung der Mittel, durch die man neuerdings Kunstwerke zu reproduciren vermag, lag es nahe, diesen Wunsch zu realisiren. Henry Cole, erster Secretair und Vorstand des Gewerbeschul-Amts, arbeitete demgemäss ein Memorandum aus, in dem die Art und Weise angegeben wurde, wie zwischen dem Kensington-Museum einerseits und den Museen der wichtigsten Hauptstädte — Paris, Berlin, Dresden, München, Turin, Rom u. s. w. andrerseits ein Austausch von Copien werthvoller und seltener Kunstgegenstände zu ermöglichen sei. Er markirte zunächst in dem Katalog der Kunstgegenstände des Kensington-Museums diejenigen, welche durch Schönheit oder Seltenheit besonders ausgezeichnet sind und bemerkte dabei die Art, in welcher Copien davon zu machen seien. Er schlug vor, ein Exemplar des so vorbereiteten Catalogs durch die Gesandtschaften an die Verwaltungen der Museen in den verschiedenen Hauptstädten gelangen zu lassen und diese andrerseits zu veranlassen, Cataloge ihrer Museen, mit ähnlichen Bemerkungen versehen, an das Kensington-Museum abzugeben. Zugleich wurde für die Gesandten in den betr. Hauptstädten eine Instruction entworfen und an das Secretariat des Ministeriums für auswärtige Angelegenheiten geschickt, mit dem Gesuch, die Gesandten anzuweisen, auf Grund derselben Cataloge von allen grossen Gallerien, Kunst-Museen und Sammlungen für ornamentale Kunst in den Hauptstädten des continentalen Europa's zu sammeln und dem Gewerbeschul-Amt einzuschicken. Die wesentlichsten Punkte dieser Jnstruction sind:

I. Die Aufmerksamkeit ist nicht etwa auf naturwissenschaftliche Sammlungen oder Gegenstände grossen Alters nnd anerkannter Seltenheit, die in das Gebiet der Curiositäten gehören, zu richten, sondern ausschliesslich auf Kunstwerke aus dem Gebiete der schönen Künste und der Kunst-Industrie, die sich in folgende Classen einreihen lassen;

1. Sculptur-Arbeiten.
2. Medaillen und Gemmen.
3. Mosaik-Arbeiten.
4. Gemälde.
5. Japanesische und andere Lack-Arbeiten.
6. Glas-Malerei.
7. Emaille-Arbeiten.
8. Töpferwaaren.
9. Glas-Fabrication.
10. Metall-Arbeiten.
11. Uhren.
12. Juwelen und Schmuck-Gegenstände in edeln Metallen.
13. Waffen, Rüstungen und Jagd-Geräthschaften.
14. Möbel und Hausrath etc.
15. Leder-Arbeiten.
16. Korb-Flechterei.

17. Gewebte Stoffe.

18. Buchbinderei und Buchverzierungen im Allgemeinen.

II. Kunst-Gallerien und Museen aller Art finden in ganz Europa eine rasche Entwickelung, und man wendet den Gegenständen, welche sie enthalten, eine steigende Aufmerksamkeit zu. Sie sind nicht etwa auf die Hauptstädte beschränkt und empfehlen sich der Aufmerksamkeit in folgender Ausdehnung:

A. Privat-Sammlungen der regierenden Familien in den Palästen, die zeitweilig dem Publicum geöffnet sind.

B. Staats- und öffentliche Sammlungen.

C. Sammlungen kirchlicher Behörden in den Cathedralen, Kirchen, Klöstern etc.

D. Sammlungen der Städte, Gilden, Municipalitäten.

E. Bekannte Sammlungen von Privaten.

III. Wenn sich geeignete Gegenstände in bestimmten Sammlungen finden, ohne dass von denselben Cataloge existiren, so sind auf Kosten des Gewerbeschul-Amts geschriebene Verzeichnisse der ausgesuchtesten Gegenstände fertigen zu lassen.

Von den meisten Städten sind Cataloge ihrer Kunstwerke eingegangen und es werden die weitern Vorarbeiten über den zu bewirkenden Austausch veranlasst.

Capitel 14.

Veranstaltung von Ausstellungen geliehener Kunstgegenstände für wichtige Zweige der Kunst-Industrie.

Gleich in den ersten Jahren der Errichtung ihrer Kunstschule im Marlborough-House und in Kensington haben die Engländer Gegenstände der Kunst-Industrie ausgestellt, welche zu diesem Zweck von Mitgliedern der königl. Familie, von Kirchen, Corporationen und Zünften, von Privaten, von Kunstliebhabern und sonstigen Eigenthümern geliehen worden sind. Abgesehen davon, dass sich zu jeder Zeit eine nicht unbedeutende Anzahl derartiger Gegenstände im Museum ausgestellt finden, welche von Eigenthümern oft jahrelang demselben anvertraut werden, beruht das Hauptgewicht dieser Einrichtung darin, dass in einzelnen Jahren entweder für bestimmte wichtige Zweige der Kunst-Industrie oder für das gesammte Gebiet derselben Ausstellungen geliehener Gegenstände auf eine bestimmte Zeit veranstaltet werden.

Nach jeder Richtung hin hat sich unter den verschiedenen Mitteln und Wegen zur Förderung der Kunst-Industrie gerade dieser in hohem Grade fruchtbar bewährt. Zu jeder Zeit sind dem Curator des Museums für ornamentale Kunst, bei Veranstaltung derartiger Ausstellungen die Besitzer interessanter Gegenstände mit der grössten Bereitwilligkeit entgegengekommen. Wer könnte sich auch einem Unternehmen engherzig verschliessen, welches die Absicht hat, den Genuss eines Kunstwerkes allen, die dafür Interesse haben, eine Zeit lang zu gönnen, dessen der Besitzer sich ständig erfreuen kann.

In sehr vielen Fällen wurden bestimmte werthvolle Objecte schliesslich in Folge derartiger Ausstellungen dem Museum entweder geschenkt oder vermacht, wie denn dieselben überhaupt dazu dienten, manchen im Verborgenen liegenden Schatz der Kunst-Industrie dem Lichte zuzuführen.

Sobald das Gewerbeschul-Amt eine „*Special-Exhibition of Works of Art on Loan*“ zu veranstalten beabsichtigt, wird zunächst ein Comité gebildet, der Charakter der auszustellenden Gegenstände, die Zeit der sie angehören sollen u. s. w. detailirt und genau bekannt gemacht, und die Besitzer von Kunstgegenständen der bezeichneten Art aufgefordert, ihre Absicht, dieselben der Ausstellung anzuvertrauen, dem Secretariat des Gewerbeschul-Amts mitzutheilen. Die Gegenstände werden darauf geordnet, in beschreibender Weise catalogisirt und ein Catalog herausgegeben. Derselbe enthält einige kunstgeschichtliche Notizen über den Zweig, den die Ausstellung darstellt, ein Verzeichniss der Comité-Mitglieder und derjenigen Personen, welche der Ausstellung Gegenstände anvertraut haben, sowie sonstige Notizen, welche zur Sache gehören, namentlich die Eintrittspreise.*)

*) Diese sind meist sehr verschieden. Ein Tag in der Woche kostet blos $2^1/_2$ Sgr. Eintrittsgeld; er ist auf den Besuch der Arbeiter berechnet; 4 Tage kosten 5 Sgr. und ein Tag 10 oder 15 Sgr. Schüler haben freien Zutritt. Die finanziellen Ergebnisse der Ausstellungen waren stets sehr günstig.

Zur Charakteristik der Resultate, welche mit derartigen Ausstellungen erreicht worden sind, wollen wir hier nachstehende Notizen anführen:

1. Eine Ausstellung von geschnitzten Möbels umfasste über 200 zum grossen Theil sehr werthvolle Gegenstände. Mit Uebergehung der kleineren, unbedeutenden Gegenstände gab der Catalog über jeden Gegenstand folgende Notizen: Styl, Datum, Besitzer, Bemerkungen und Beschreibung. Ausserdem enthielt er eine kurze Abhandlung über die verschiedenen Stylarten der einzelnen Länder in der Kunst-Tischlerei.

2. Eine der bedeutendsten Ausstellungen der genannten Art wurde i. J. 1862, während der internationalen Industrie-Ausstellung arrangirt. Sie umfasste alle Gebiete der Kunst-Industrie, in Categorien, die denen des Museums für ornamentale Kunst ganz analog waren.

Der Andrang der Besitzer von Kunstobjecten, welche auszustellen wünschten, war ungeheuer gross, und es erwuchs eine nicht geringe Schwierigkeit aus der Nothwendigkeit, die von allen Seiten offerirten Gegenstände nach Raum und Zweck der Ausstellung zu beschränken.

Der Catalog ist 766 Seiten stark und gibt von jedem Gegenstand eine kurze Beschreibung, den Besitzer und etwaige interessante kunstgeschichtliche Notizen, namentlich über das Alter der Gegenstände.

Etwa 500 Besitzer hatten über 9000 Kunstgegenstände ausgestellt und die Zahl der Besucher dieser Ausstellung während der 6 Monate ihrer Dauer (vom Juni bis November 1862) betrug nahezu 900,000, also im Durchschnitt täglich 5700.

Als leitende Grundsätze für diese Ausstellung waren folgende aufgestellt:

a. Die Absicht ist weniger die Erzielung einer sehr ausgedehnten, sondern vielmehr einer äusserst gewählten und systematischen Ausstellung. Unbedeutende Gegenstände, oder Duplicate sind demnach ausgeschlossen.

b. Alle Ausgaben für Herbeischaffung und Rücksendung der Gegenstände trägt das Gewerbeschul-Amt.

c. In jedem Falle, wo es nothwendig oder möglich ist, wird die Verpackung und Rücksendung der Gegenstände von den verantwortlichen Beamten des Gewerbeschul-Amts besorgt.

d. Die Ausstellung währt 6 Monate, und es ist wünschenswerth, dass die Besitzer die geliehenen Objecte auf diese Zeit derselben anvertrauen. Doch können letztere zu jeder Zeit zurückgefordert werden. --

Der Eindruck dieser grossartigen Ausstellung war in der That imposant und es ist unmöglich, den Reichthum derselben auch nur annähernd zu charakterisiren. Man sah Gegenstände vom höchsten kunstgeschichtlichen Interesse. Beispielsweise waren die überhaupt noch existirenden 54 Gegenstände jenes unbekannten, genialen französischen Künstlers sämmtlich ausgestellt, die dem Kenner unter dem Namen *Faïence de Diana de Poitiers* bekannt sind. Sie waren das erste und wahrscheinlich das letzte Mal auf einem Punkte vereinigt. Sodann gegen 70 prachtvolle kirchliche Gewänder und Altartücher, Silbergefässe der Universitäten zu Oxford und Cambridge, sowie der verschiedenen Gilden, Corporationen, Zünfte und sonstigen Vereinigungen der *City of London*, Waffen und decorative Schilde, sowie andere werthvolle und seltene Gegenstände aus den verschiedenen Schlössern der Königin; Uhren aller Art, von der sogenannten Nürnberger Kartoffel bis zu der feinen Uhr, welche Königin Elisabeth in ihrem Siegelring trug etc.

3. Im Juni 1865 wurde eine Ausstellung der Miniatur-Portrait-Malerei Englands veranstaltet, welche Portraits aus dem 16., 17., 18. und 19. Jahrhundert enthielt. Es waren im Ganzen 3081 Portraits auf Holz, Elfenbein, Pergament, in Emaille, Kreide und Blei, auf Kupfer u. s. w. ausgestellt. Der Catalog in gross 8° enthält 340 Seiten.

II. Theil.

Das Kensington-Museum als Central-Institut für Wissenschaft und industrielle Kunst.

I. Abschnitt.

Geschichte und Statistik des Kensington-Museums.

Wem der grosse Genuss zu Theil wurde, das gesammte Kensington-Museum in beschaulicher Ruhe auf sich wirken zu lassen, den haben gewiss die reichen und tiefen Eindrücke, die er dort empfangen, zu der Frage geleitet, wie ist dieses grossartige Institut tenstanden.

Wenn auch der Gedanke, ein hauptstädtisches Institut für Kunst und Wissenschaft zu gründen, in der oben S. 3 citirten Correspondenz vom März 1853 angedeutet war, so lässt sich doch nicht behaupten, es habe eine leitende Hand die verschiedenen Sammlungen und Museen in Süd-Kensington gerade so und nicht anders zusammengebracht. Es war vielmehr die Macht des Gedankens selbst, welche, überall zündend und alle Einzel-Bestrebungen für sich gewinnend, bald mit der Nothwendigkeit eines Naturgesetzes Alles an sich zog, was durch Wahlverwandtschaft in sein Bereich gehörte. Wie jeder zeitgemässe Gedanke, der auf der Basis nationalen Interesses erwachsen ist, so erwärmte auch dieser mächtig und gleichmässig Staatsbehörden, Corporationen, Vereine und Privat-Personen für sein Ziel; er hat alle jene Männer von Gemeinsinn dazu getrieben, ganze unschätzbare Sammlungen, wie einzelne Kunstgegenstände dem nationalen Institute zu weihen, und dem mächtigen vereinten Drange der Geister gelang es, in kurzer Zeit das grossartige Museum in's Leben zu rufen, dessen Entstehungs-Geschichte wir hier kurz andeuten wollen.

Den Anfang bildete das Museum für ornamentale Kunst. Zu diesem war streng genommen bereits i. J. 1846 der Grund gelegt worden; ein Comité empfahl damals, in Verbindung mit der Central-Musterzeichen-Schule im *Somerset-House* ein Museum zu bilden, welches die Schüler über die Principien der Form, Ornamentik und der Farbenharmonie durch gutgewählte Muster unterrichten sollte. An die wenigen, zu diesem Zweck gesammelten Gegenstände knüpfte man i. J. 1851 an, und vermehrte sie durch Ankäufe aus der Ausstellung vor 1861, wozu dem *Board of Trade* eine Summe von 5000 £. angewiesen war. Aus den existirenden und angekauften Gegenständen bildete man ein „Museum für ornamentale Kunst", welches bereits i. J. 1852 im *Marlborough-House* dem Publicum geöffnet wurde. Im Jahre 1853 wurde dasselbe durch Ankauf der Bandinel-Summlung von Irdenwaaren, welche namentlich altes werthvolles Porzellan und Glas aus den verschiedensten Ländern enthielt, vermehrt.

Wie Titel und Ursprung sagen, war der Hauptzweck dieses Museums eine in wirklichen Gegenständen gebotene Darstellung der ornamentalen Kunst, und zwar namentlich derjenigen, die ihren Ausdruck in Gegenständen der Nützlichkeit findet. Man hatte im Anfang als Princip aufgestellt, nur solche Gegenstände zu sammeln, die in den bestehenden Museen der Hauptstadt noch nicht vertreten, und ebensowohl dem Publicum neu und anziehend, wie den Studirenden nützlich wären. Mr. J. C. Robinson, der verdienstvolle Curator des Museums vom August 1853 ab, verwarf jedoch diesen engherzigen Gesichtspunkt und hatte bei dem von ihm geleiteten Ausbau das Anstreben einer vollständigen und methodischen Sammlung vor Augen. Er war der Meinung, vor Allem sollte vertreten sein, was England von nationalem und speciellem Interesse auf dem Gebiete der decorativen Kunst erzeugt hat. Es sei vernunftgemäss, dass die Entwickelung irgend eines charakteristischen Kunstzweiges in dem Lande am vollkommensten vertreten sei, wo sie sich vollzogen habe, zumal bei der Vollkommenheit der Verkehrsmittel die einzelnen Museen Europa's leicht zu erreichen seien.

Da durch die ersten grösseren Ankäufe von Gegenständen der Ausstellung von 1851 die Werke der neuern Kunst sehr vollständig vertreten waren, wandte Robinson sehr bald auch dem Mittelalter, namentlich der italienischen Renaissance-Periode, sowie den classischen Producten die erforderliche Aufmerksamkeit zu. Dabei war er bemüht, die Ankäufe neuerer Kunstgegenstände nicht zu beschränken, denn vor Allem sollte das Museum ein treues Spiegelbild der gegenwärtigen industriellen Kunst sein.

Besonders zahlreich waren die Erwerbungen für das Museum i. J. 1855; sie bestanden in dem Ankauf von Artikeln der modernen Kunst-Industrie auf der Ausstellung in Paris, wofür die Regierung 3500 £. bewilligt hatte; sodann in dem theilweisen Erwerb der grossen Sammlung von R. Berndal. Von derselben wurden 730 Stück für 3658 £. gekauft, namentlich werthvolles Porzellan aus den verschiedenen Stadien der Porzellan-Manufactur aller Cultur-Länder, mittelalterliche Metall-Arbeiten, Schmucksachen, Emaille-Arbeiten, Elfenbein- und Holzschnitzereien, Waffen und Glassachen.

Im J. 1856 war die *Soulages*-Sammlung, namentlich reich an Majolica's und italienischen Möbeln, nach England gebracht und im Museum aufgestellt worden. Es war, um dies zu erreichen, ein Garantie-Fonds gebildet worden, an dem sich namentlich der Prinz-Gemahl betheiligte. Das Interesse für diese Sammlung war sehr gross, und es wurden aus derselben für mehr als 8000 £. Gegenstände erworben.

Im Jahre 1857 erfolgte die Verlegung des Museums für ornamentale Kunst von dem Marlborough-House nach Süd-Kensington. Bereits i. J. 1851 hatte nämlich die Ausstellungs-Commission beschlossen, aus den Ueberschüssen der Ausstellung einen Complex von Grundstücken in Süd-Kensington anzukaufen, und dort die erforderlichen Gebäude zu errichten, in denen die, vorläufig im Marlborough-House untergebrachte Kunstschule sowie das Museum Platz finden sollten. Dieses ursprüngliche Gebäude ist aus Eisen mit Glasdachung, äusserlich sehr unschön, im Innern höchst zweckmässig eingerichtet; der Volkswitz taufte es die *Brompton boilers* (das Grundstück grenzt südwestlich an Brompton), eine Bezeichnung, welche die unschöne Gestalt der runden, mit Steinpappe gedeckten Dächer sehr treffend charakterisirt.

Mit dieser Verlegung trat nun zugleich eine grosse Erweiterung des Museums nach Zweck und Inhalt ein; es wurden verschiedene andere Sammlungen mit demselben verbunden. Zunächst war bereits i. J. 1856 von Mr. Sheepshanks eine werthvolle Bilder-Gallerie britischer Künstler dem Museum vermacht worden, unter der Bedingung, dass innerhalb 12 Monaten, vom Datum der Schenkung ab gerechnet, ein geeignetes Gebäude zur Aufnahme der Gemälde errichtet würde. Im November 1856 war deshalb sofort das Gallerie-Gebäude in Kensington in Angriff genommen worden und den 22. Juni 1857 wurde es bereits, vollständig ausgerüstet und mit den Bildern geschmückt, für das Publicum eröffnet. Nach der Intention des grossherzigen Schenkers sollte seine Sammlung den Anfangspunkt einer National-Gallerie bilden, da eine solche mit einer Central-Kunstschule nothwendig in Verbindung stehen müsse. Der Sheepshanks-Schenkung folgte bald die der Aquarellen-Sammlung von Ellison.

Die in Folge dieses Baues vergrösserten Räumlichkeiten wurden die Veranlassung, dass ein Verein von Architecten, welcher jährliche Preisbewerbungen für allerhand Bau-Arbeiten eröffnet und durch Erwerbung vieler Modelle, Gypsabgüsse und Zeichnungen ein „Architectur-Museum“ angelegt hatte, seine Sammlung dem Gewerbeschul-Amt zur Verfügung stellte.

Diesem Beispiele folgte eine Gesellschaft von Bildhauern, „*the Sculptor's Institute*“ mit einer Ausstellung resp. Sammlung von Sculpturen britischer lebender Künstler. Man dehnte dann die Bestimmung dieser Sammlung aus und liess auch ältere Künstler zu, in der Erwartung, dass auf diese Weise in Kensington mit der Zeit die historische Entwickelung der englischen Sculptur zur Anschauung gebracht werde.

Sodann kam die Sammlung von Schul- und Unterrichtsgegenständen hinzu, welche die *Society of Arts* vom Jahr 1854 ab veranlasst hatte und nunmehr dem Gewerbeschul-Amt zum Geschenk machte; weiter der Anfang der Sammlung von Constructions- und Baumaterialien, welche theils aus Geschenken von der Industrie-Ausstellung, theils durch Ankauf entsprechender Gegenstände gebildet worden war; endlich stellten auch die *Com-*

missioners of Patents eine Sammlung von Modellen zur Veranschaulichung der wichtigsten Erfindungen auf dem Gebiete des Maschinenwesens dort aus.

Auf Veranlassung der Königl. Commission für die Ausstellung von 1851 war mit Hilfe der *Society of Arts* eine Sammlung thierischer Rohstoffe und Producte arrangirt worden, welche ebenfalls i. J. 1857 dem Kensington-Museum einverleibt wurde.

Das Museum für ornamentale Kunst gewann bei der Aufstellung in Kensington viel Raum, namentlich durch die verschiedenen Anbauten; es konnnte daher jetzt daran gehen, auch solche Objecte, die viel Platz beanspruchen, namentlich Möbel zu acquiriren, deren Ankauf wegen der Raumbeschränkung im Marlborough-House unterbleiben musste. Nicht minder konnte von jetzt ab die Kunst-Bibliothek sowie die zu ihr gehörigen Stiche, Zeichnungen und Photographien besser benutzt und für erstere ein Lesezimmer eingerichtet werden.

Ein bedeutungsvoller Schritt in der Geschichte der Kensington-Museen wurde i. J. 1857 dadurch gemacht, dass man zum ersten Mal den Versuch machte, zu einem öffentlichen Museum den Abend Zutritt zu gewähren, um dadurch practisch festzustellen, welche Zeit, ob der Tag oder der Abend, den arbeitenden Classen am meisten convenirt. Das Museum war mit freiem Eintritt durchschnittlich 21 Stunden wöchentlich zur Tageszeit und blos 6 Stunden am Abend geöffnet. Stunde für Stunde ergab sich, dass die Zahl der Besucher am Abend 5 Mal grösser war als am Tage; bis zum 12. Mai ergab die Tageszeit 212,623 Besucher, die Abendzeit 227,374 Besucher, d. h. 5 Mal soviel als im Verhältniss der Stundenzahl zu erwarten war. Eine genauere Beobachtung der Abend-Besucher bewies zur Evidenz, dass die grösste Masse nicht zu denjenigen Classen gehörte, die öffentliche Museen auch am Tage besuchen können; es erschienen am Abend Arbeiter in Begleitung von Frauen und Kindern, und die erstaunten und freudigen Gesichter, die stets beim Eintritt in die brillant erleuchteten innern Räume des Museums zu sehen waren, legten sprechendes Zeugniss ab von dem wohlthuenden und anregenden Einfluss, den diese Art von Abend-Unterhaltung Allen gewährte.

Uebrigens sei noch hinzugefügt, dass bei den 227,374 Abendbesuchen nicht ein einziger Fall von tadelnswerthem Benehmen vorgekommen ist.

In den Jahren 1859—1860 befand sich Henry Cole in Italien, und bezeichnete eine Anzahl Gegenstände, deren Ankauf ihm sehr wünschenswerth erschien; dieselben wurden dann von M. Robinson gekauft, zugleich mit einem Theil der Sammlung des Marquis Campana, für deren Ankauf 6000 £. ausgegeben wurden.

Im Jahre 1861 erwarb man die Sammlung von Soltikoff in Paris für 5982 £., und viele einzelne Gegenstände aus der italienischen Renaissance-Periode.

Im Jahre 1862 gab wieder die internationale Ausstellung in London Gelegenheit zu werthvollen Acquisitionen der modernen Kunst-Industrie Englands und anderer Länder; man erwarb im Ganzen für 3947 £. einzelne Gegenstände.

Im Jahre 1864 wurde die Sammlung von Schiffs-Modellen nach Kensington gebracht und daselbst dem Publicum zugänglich gemacht, welche bis dahin unbeachtet im Somerset-House gestanden hatte.

Die Frequenz des Kensington-Museums ergibt sich aus nachstehenden Zahlen:

Jahre:	Zahl der Besucher:
1854	104,823
1855	78,427 [1])
1856	111,768 [2])
1857	268,291 [3])
1858	456,288 [4])
1859	475,365
1860	610,696
1861	604,550

[1]) Einwirkung des Krimkrieges auf den Besuch.

[2]) Die Zahlen für die Jahre 1854, 55 u. 56 beziehen sich blos auf das Museum für ornamentale Kunst in Marlborough-House.

[3]) In diesem Jahre wurden die Sammlungen nach Südkensington gebracht und dort sehr vermehrt.

[4]) Erstes Kalenderjahr der Ausstellung in Südkensington.

Jahre:	Zahl der Besucher:
1862	1,241,369 [5])
1863	726,915
1864	653,069.

Dieselben beziehen sich auf die Gesammtheit der Museen und Sammlungen, welche in Kensington vereinigt sind und nunmehr einer detailirten Betrachtung zu unterwerfen sind.

---

[5]) Einwirkung der internationalen Ausstellung.

II. Abschnitt.

Beschreibung und Charakteristik der Sammlungen in Kensington.

Capitel 1.

Die Sammlungen für das Gebiet der Kunst.

1. Das Museum für ornamentale Kunst.

Der Zweck des Museums für ornamentale Kunst ist, die Geschichte, Theorie und practische Anwendung der decorativen Künste zu illustriren. Es umfasst Kunstwerke aller Jahrhunderte und aller Industriezweige, in denen sich die Kunst bethätigen kann: vom Beginn der christlichen Aera bis auf die gegenwärtige Zeit. Dieselben sind in 18 Classen eingetheilt.

Classe:		Classe:	
I.	Sculpturen.	XII.	Juwelen und Schmucksachen.
II.	Medaillons und Gemmen.	XIII.	Schilde, Waffen und Rüstungen.
III.	Mosaik-Arbeiten.	XIV.	Möbel.
IV.	Decorative Wandmalerei.	XV.	Leder-Arbeiten.
V.	Lack-Arbeiten.	XVI.	Korbflechterei.
VI.	Glasmalerei.	XVII.	Fabrication gewebter Stoffe.
VII.	Emaillesachen.	XVIII.	Buchbinderei und Verzierung von Büchern im Allgemeinen.
VIII.	Irdenwaaren.		
IX.	Glaswaaren.		
X.	Metall-Arbeiten.		
XI.	Uhren.		

Das leitende Princip für die Einreihung einzelner Gegenstände in diese Classen war das der Zweckmässigkeit für Künstler, Fabricanten und Arbeiter. Bei einzelnen Classen war das Material entscheidend, so bei Glas, Eisen etc., bei andern der Gebrauch, z. B. bei den Möbeln, wieder bei andern die Art der Ausführung, z. B. die Sculptur, oder der Handelszweig, so bei den Goldschmiede-Arbeiten. Von der Classification nach Chronologie oder Ursprung hat man principiell abgesehen.

Wir gehen nunmehr daran, den Inhalt der einzelnen Classen kurz zu charakterisiren.

Classe I. Sculpturen.

a. in Marmor, Alabaster, Stein, Terracotta, Wachs, Gyps.

Der Inhalt dieser Abtheilung ist, vom kunstgeschichtlichen Gesichtspunkt betrachtet, deshalb von höchstem Interesse, weil sie ungemein reich ist an italienischer Sculptur aus dem Mittelalter und der Periode des Wiederauflebens der Kunst. Haben auch in jener Zeit die westlichen Länder Europa's bemerkenswerthe Werke der Sculptur hervorgebracht, so hat diese Kunst doch blos in Italien jene Vollkommenheit erreicht, die sie würdig macht, den antiken Leistungen zur Seite gestellt zu werden. Leider hat die souveräne Herrschaft der classischen Sculptur viel dazu beigetragen, dass man der mittelalterlichen italienischen bildenden Kunst nicht diejenige Aufmerksamkeit zuwendete, die sie ihrem innern Werthe nach verdiente. Beinahe alle Museen und Gallerien beweisen, dass man eifrig bemüht war, die Producte der italienischen Malerei jener Epoche zu sammeln und als kostbare Schätze zu betrachten, während den gleichzeitigen und gleichgrossen Erzeugnissen der Sculptur nur wenig Beachtung zugewendet wurde.

Hiermit hängt die Thatsache zusammen, dass man, abgesehen von Italien, in den grossen Museen der europäischen Hauptstädte keine einzige, nur annähernd systematische Sammlung der Renaissance-Sculptur findet. Es ist deshalb ein grosses Verdienst, unberechenbar in seinen Wirkungen, dass J. C. Robinson, der verdienstvolle Curator des Museums, seit August 1853, beim Ausbau desselben von dem richtigen Gesichtspunkt ausgegangen ist, keine Mühe und kein Opfer zu scheuen, dem Museum so viel als möglich würdige Vertreter jener mittelalterlichen italienischen Sculptur einzuverleiben.

Man behauptet nicht zu viel, wenn man sagt, dass ein sehr beträchtlicher Theil derjenigen Kunstwerke jener Epoche, die sich in den Händen von Händlern und Privat-Eigenthümern befunden haben, jetzt in den Besitz des Kensington-Museums übergegangen sind.

Die im Jahre 1854 erfolgte Erwerbung der Gherardini-Sammlung von Original-Modellen grosser italienischer Künstler ist als die Grundlage der spätern Erwerbungen namentlich der Gigli-Campana-Sammlung anzusehen.

Aus dem 13. und 14. Jahrhundert findet man 8 mehr oder minder bedeutende Werke von den Pisanis und ihrer Schule, 2 Statuen von Erzengeln von Nicola Pisano, der zuerst die Sculptur von den Fesseln der mittelalterlichen griechischen Auffassung befreite, und zwar unter den directen Einflüssen antiker griechischer Kunstwerke, die im Kopf und Faltenwurf des einen Erzengel unverkennbar zu sehen sind; 2 Hochrelief-Arbeiten in Marmor, die Begrüssung der Jungfrau; die heilige Barbara, Hochrelief von Nino Pisano und mehre andere.

Aus dem 15. Jahrhundert sind anzuführen:

1. Vier Werke, Statuen, Reliefs und Schnitzereien von Jacopo della Quercia, namentlich eine Jungfrau mit dem Kind, das eben entschlafen. Das ruhige Herabneigen der Mutter über das schlafende Kind, dessen Gesicht noch nach ihr gerichtet ist, der zarte Ausdruck und die grosse Einfachheit geben dieser Gruppe eine eigenthümliche Wirkung.

2. Sehr schöne Relief-Terracotten und andere Kunstwerke von Ghiberti, der noch mehr als Quercia den entschiedenen Uebergang aus der älteren Richtung in die moderne Kunst bezeichnet, und von dessen berühmten Kirchenthüren bekanntlich Michel Angelo sagte, sie seien würdig, die Pforte des Paradieses zu bilden. Sein Styl im Relief ist sehr malerisch, einzelne Figuren der Gruppen scheinen ganz losgelöst von dem Hintergrund, während andere wie auf demselben gehaucht erscheinen.

3. Etwa 11 bedeutende Werke von Donatello resp. einige davon aus seiner Schule. Er führt die Grundsätze der modernen Kunst mit voller Energie ins Leben ein, hat in der vollen kräftigen Körperlichkeit seiner Figuren das sichere Gefühl der irdischen Exi-

stenz und ist der erste, der rückhaltlos der Antike anhängt. Auf einem Halbrelief, die Kreuzesabnahme durch Engel, erinnert der Torso von Christus in der That lebhaft an den Styl Michel Angelo's, der bekanntlich Donatello's Werke sehr hochachtete und sorgfältig studirte. Nächstdem ist ein Fries, in Flach-Relief hervorzuheben: „Christus, die Schlüssel an Petrus gebend," der sofort als bedeutendes Werk sich kennzeichnet. Die von ihm erfundene eigenthümliche und sehr schöne Methode Donatello's, in Flach-Relief zu arbeiten, hat Robinson sehr gut mit den Worten: „Malerei in Marmor" bezeichnet und es finden sich drei Objecte im Museum, welche diese Methode ausgezeichnet repräsentiren.

4. Die bedeutendsten Schüler Donatello's waren Desiderio da Settignano und Antonio Gamberelli, genannt Rosellino, die beide in seinem Geiste arbeiteten und in mancher Beziehung ihren Meister übertrafen. Von ihnen befinden sich etwa 10 Werke in der Sammlung. Als Schüler Donatello's gilt auch der Florentiner Andrea Verocchio, der das durch ersteren eingeleitete Naturstudium mit grosser Gründlichkeit und Tiefe auffasste, jedoch meist die Poesie in der Auffassung vermissen lässt. Von ihm besitzt die Sammlung etwa 8 Werke.

5. Luca della Robbia und seine Schule.

Robbia war ein Künstler von vielseitiger Thätigkeit, der, wie die meisten der damaligen Künstler, ursprünglich Goldschmied war, und nach und nach zu dem grössern Gebiet der Sculptur in Marmor überging. Er ist der Erfinder jener Technik in gebranntem Thon mit glasirtem Ueberzug, welche die Terracotten für die Verwendung im Freien sehr geeignet machte. Diese glasirten Arbeiten wurden bald ein sehr gesuchter Handels-Artikel und gingen aus seiner Werkstatt in die ganze Welt. Um in dieser Beziehung den vielen Ansprüchen genügen zu können, hatte er eine zahlreiche Schule in dieser Technik herangebildet, in der seine eigenthümliche Weise der Darstellung bis in den Anfang des 16. Jahrhunderts so lebendig fortwirkte, dass es oft schwierig ist, seine Werke von denen der Nachfolger zu unterscheiden. Die bedeutendsten unter den Letztern sind Andrea della Robbia, sein Neffe, und Giorgio Andreoli.

Von Robbia und seiner Schule enthält das Museum etwa 60 Repräsentanten, darunter namentlich 12 Medaillons mit Figuren, welche die landwirthschaftlichen Arbeiten der 12 Monate darstellen, an Originalität und Lebendigkeit gleich ausgezeichnet; sodann eine Madonna mit dem Kind, unter einem Bogen von Früchten und Blumen sitzend, die jedenfalls zu den ausgezeichnetsten Werken gehört, welche überhaupt aus dieser Periode existiren.

6. Besondere Beachtung verdient die im *North Court* aufgestellte Kapelle der Klosterkirche Santa Chiara aus Florenz, die i. J. 1493 erbaut wurde. Diese Kirche ging ein, wie viele andere, und es ist den Bestrebungen Robinsons gelungen, diesen Theil derselben für das Museum zu erwerben, der als ein vollständiges Werk Florentiner Architectur eines sehr characteristischen Styls in seiner Bedeutung für eine Kunstsammlung schwerlich überschätzt werden kann.

7. Beachtenswerth ist eine *Cantoria* (Sänger-Gallerie) aus der Klosterkirche *Santa Maria Novella* in Florenz, die ebenfalls von Robinson i. J. 1859 gekauft worden ist. Sie ist ein Werk von Baccio d'Agnolo, etwa aus der Zeit von 1490–1500, in weissem Marmor.

Aus dem 16. Jahrhundert sind hervorzuheben:

1. Etwa 16 Werke von Michel Angelo, dem grossartigsten Bildner jener Zeit. Seine Gestalten tragen, wie Kugler sehr schön sagt, ein eigenthümliches, hochgewaltiges Gepräge, das sie zum Ausdruck, zur unmittelbaren Personification der elementarischen Kräfte, welche die Welt halten und bewegen, zu machen scheint. Hervorzuheben sind unter den Werken der Sammlung eine prachtvolle Marmor-Statue des Amor, Original-Modelle in Wachs seiner Statuen von David, Hercules, Apollo und Studien zu Gliedern und Torsen.

2. Verschiedene Statuen in Marmor aus der Schule von Michel Angelo und ein Relief von Pierino da Vinci.

3. Original-Modell der Kreuzes-Abnahme von Jacopo Sansavino.

4. Etwa 5 Werke, namentlich ein Relief, den „Raub der Sabi-

nerinnen“ darstellend, von Giovanni di Bologna, dem bedeutendsten Bildhauer in der ersten Hälfte des 16. Jahrhunderts. Sodann einige Werke seiner Schüler, namentlich des Pietro Francavilla.

5. Zwei Statuetten und drei Reliefs von dem durch die feinste, zierlich phantastische Ornamentik ausgezeichneten Grab-Monument des Gaston von Foix in Mailand, bekanntlich das Hauptwerk von Agostino Busti, genannt Bambaja. Diese Werke sind in ganz verschiedenen Zeiten und Orten durch die eifrigen Bemühungen von Robinson für das Museum erworben.

Von der italienischen Sculptur aus dem 17. Jahrhundert

finden sich gegen 20 Gegenstände, namentlich aus der Schule des grossen Meisters Bernini.

Ich habe hier blos die hervorragendsten Werke aus jener glänzenden Epoche der italienischen Sculptur, nach Jahrhunderten geordnet, hervorgehoben. Es finden sich unter diesen noch sehr viele Werke, namentlich Balcons, Kamine, Vasen, Büsten, Brunnen u. s. w. aus jener Zeit. In kunstgeschichtlichem Interesse bemerke ich noch, dass die wichtigsten Schulen in folgender Weise im Museum vertreten sind:

die Florentiner Schule des 15. und 16. Jahrh.	durch	30	Werke,
„ Neapolitanische „ „ „ „ „ „	„	6	„
„ Norditalienische „ (Venedig und Mailand) .	„	36	„
„ Genuesische Sculptur	„	7	„
„ Schule der Maiani (A. Ferrucci und Mino da Fiesole)	„	10	„

Im Ganzen befinden sich in der ersten Classe etwa 300 Werke der italienischen Sculptur aus jener Zeit. —

Weiter enthält diese Abtheilung:

1. Etwa 12 deutsche Arbeiten, namentlich 2 Statuetten in Alabaster von Peter Vischer; einige Sachen aus der Nürnberger Schule, moderne Terracotten, Reliefs, Medaillons u. s. w.

2. Etwa 6 französische Sachen aus der Renaissance-Periode, der Zeit Ludwigs XIV. etc.

3. Ebenso einige Vertreter aus andern Ländern, namentlich den Niederlandeu.

b. Geschnitzte Spiegel- und Bilderrahmen, Schnitzereien in Elfenbein, Horn etc.

Aus dem Bereich dieser Gegenstände enthält das Museum etwa 120 Artikel aus den verschiedensten Ländern und Zeitaltern.

c. Bronce-Statuetten, Büsten und Relief-Platten.

Als beim Wiederaufwachen der Künste die Broncen in Aufnahme kamen, war bekanntlich Florenz der Hauptsitz dieser Arbeiten. Es finden sich eine grosse Anzahl Broncesachen aus der florentiner Schule, und sonstige italienische Werke aus jener Zeit, im Ganzen 120 verschiedene Gegenstände. Deutschland ist mit etwa 6 Arbeiten und Frankreich mit etwa 10 sehr schönen modernen Bronce-Arbeiten von Barbedienne in Paris vertreten.

Classe II. **Medaillen und Gemmen.**

Oben bei der Beschreibung des Wander-Museums haben wir bereits darauf aufmerksam gemacht, in welcher Weise Münzen und Medaillen, die oft reichlich aus jeder Periode existiren, die geschichtliche Entwickelung der Kunst illustriren. Man ist bei dieser Zusammenstellung bemüht gewesen, von den klassischen römischen und griechischen Zeiten an, durch das Mittelalter, bis auf die neue Zeit durch etwa 400 Münzen die Entwickelung der Kunst zu illustriren deren gute und böse Zeiten in den Münzen und Medaillen wie in einem Spiegelbilde zu erkennen sind.

Classe III. **Mosaik- und eingelegte Arbeit.**

Mosaik im weitesten Sinne des Worts nennt man jede Arbeit, welche ein Muster oder ein Gemälde auf der Oberfläche eines Gegenstandes hervorbringt durch Aneinanderfügen von harten Körpern. Jenachdem die decorative Oberfläche wirklich und zwar namentlich aus Steinchen oder Glaspasten construirt wird, oder bei einem gegebenen Stoff z. B. Holz blos durch Einlegen anderer feinerer Materialien von verschiedenen Farben verschönert wird, unterscheidet man Mosaik im engeren Sinn und eingelegte Arbeit. In der Geschichte der Fabrication und Anwendung dieser Kunst lassen sich folgende Haupt-Arten hervorheben:

1. Eingelegte Holz- und Elfenbein-Arbeiten bei den alten Egyptern.

2. Verwendung der Mosaik, namentlich zu Fussböden in der classischen römischen und griechischen Zeit.

3. Verwendung der Mosaik zur Wanddecoration, namentlich in Kirchen in der byzantinischen Zeit.

4. Herstellung von Mosaiken mittelst Glaspasten auf Goldgrund im 10. bis 12. Jahrhundert in Italien.

5. Eine eigenthümliche Art eingelegter Arbeit in Holz und Marmor (namentlich verschiedener Farbe z. B. Porphyr, Serpentin etc.) in Italien im 14. Jahrhundert.

6. Die bekannte florentiner Mosaik aus Kiesel- und kostbaren Steinen, namentlich Achat, Jaspis, Amethyst etc., zuerst auftretend gegen Ende des 16. Jahrhundert, und noch jetzt im Flor. Die florentiner Technik wurde im 17. Jahrhundert durch florentiner Künstler in Indien eingeführt, wo sie namentlich in Delhi und Agra sehr vollendet ausgeübt wird.

7. Die moderne römische Mosaik, welche viel feiner und künstlicher ist und in dem Aneinanderfügen regelmässiger kleiner Glaspasten besteht.

8. Die namentlich in Frankreich unter Ludwig XIV. und später ausgebildeten Gattungen der eingelegten Arbeit (Boule- und Piqué-Arbeit).

Betrachtet man vom Gesichtspunkt dieser geschichtlichen Characteristik die Mosaik- und eingelegten Arbeiten, welche in etwa 90 Objecten zur Anschauung kommen, so findet man, dass mit Ausnahme der alten Egyptischen Arbeiten jede dieser Hauptarten in sehr vollkommener Weise vertreten ist.

Classe IV. **Decorative Wandmalerei.**

In dieser Classe findet man zunächst 6 Originale von Wand-

und Säulen-Decoration aus Pompeji; sodann zwei Original-Cartons für Wand-Decoration von Giovani da Udine, der bekanntlich mit der Ausführung der decorativen Arbeiten in den Logen des Vatican betraut war.

Alle übrigen Gegenstände dieser Abtheilung sind Copien, welche die schönsten Wand-Decorationen zur Anschauung bringen, die überhaupt zu finden sind. Beispielsweise mögen genannt werden:

a) 21 Pilaster-Decorationen und 16 Lunetten aus den Logen des Vatican nach Rafael.
b) Verschiedene Panele, Kanten, Friese und Decken-Decorationen aus den Logen und andern Gemächern des Vatican.
c) Copien von Fresken aus dem Palast La Farnesina in Rom.
d) 6 Copien der Fresken von Correggio und Andern im Dom von Parma.
e) 11 Copien in Oel von der Wand-Decoration der Apollo-Gallerie im Louvre.
f) Pilastre-Copien aus dem Palazzo Ducale in Mantua. Ausserdem befinden sich in dieser Classe noch einige sehr werthvolle Originalgemälde von Perugio, A. Carracci, Snyders, Cornelius de Heem u. s. w., welche theils Costüme illustriren, theils als Stillleben und Blumen zu Mustern für Decorations-Malerei dienen sollen.

Classe V. **Lack-Arbeiten.**

enthält etwa 60 sehr schöner lackirter Arbeiten, namentlich aus Indien, China, Japan, Persien und andern orientalischen Ländern, die durch ihre vegetabilischen Harze in den Stand gesetzt werden, so vollkommenen und dauerhaften Lack herzustellen.

Classe VI. **Glasmalerei.**

Hier findet man etwa 120 Glasmalereien der verschiedenen Art und Zeit, vorzüglich mittelalterliche deutsche und niederländische Arbeiten. Die meisten modernen Sachen sind deutschen Ursprungs.

Classe VII. **Emaillen auf Metall.**

Da die Emaillirung im Mittelalter, namentlich in Frankreich

(Limoges) ihre höchste Vollendung erreichte, so gehören die meisten Gegenstände dieser Classe dem Mittelalter und der französischen Fabrication an. Nächstdem ist der Orient, namentlich Indien, China und Persien vertreten, wo die Emaille-Arbeiten eine gesonderte und sehr bedeutende Entwickelung erlangt haben, ohne dass sich annehmen liesse, dass diese Fabrication dort früher bekannt gewesen sei, als in Europa. Es sind namentlich ausgestellt: Platten, Schnallen, Kästchen, Emaillemalerei auf Gold, Dosen, Crucifixe etc.

An modernen Emaillesachen sind namentlich französische aus Limoges und der Nationalfabrik in Sèvres ausgestellt.

Classe VIII. **Irdenwaaren.**

Um beurtheilen zu können, welcher Werth dem Museum für das grosse Gebiet der Irdenwaarenfabrication, vom einfachen Töpfergeschirr bis zum feinsten Porzellan, beizumessen ist, muss man dieses Gebiet sowohl, wie die Hauptmomente seiner Geschichte mit einem Blick überschauen.

Das gesammte Gebiet der Irdenwaaren lässt sich in 3 Classen theilen: Thonwaaren, Fayence oder Steingut und Porzellan.

Das gemeine Töpfergeschirr und die Fayence sowie die vielen, verschiedenen Modificationen von Geschirren, welche zwischen diesen liegen, sind von einander durch die Reinheit des Thones und die Zusammensetzung der Glasur verschieden. Die innere Masse dieser Geschirre zeigt stets einen erdigen Bruch, klebt an der Zunge und ist mit der Glasur nicht verschmolzen, welche vielmehr wie ein Plättchen darauf liegt.

Wird reiner Thon mit einer schmelzbaren Substanz gemischt, z. B. mit pulverisirtem Feldspath, und wird das daraus gebildete Geschirr noch mit einer Glasur (die eine Glasmasse ist) überzogen, so bildet sich bei der Glühhitze eine halb durchsichtige Masse, welche einen glasigen Bruch hat; der Thon und die Glasmasse bilden ein zusammengeschmolzenes Ganze, das Porzellan. Wie von der schlechtesten Sorte Porzellan, die man auch Steingut nennt, bis zu der feinsten viele Uebergänge stattfinden, ebenso ist dies von den schlechtesten Sorten von Irdenwaaren bis zur Fayence der Fall.

Ich werde nun mit Hinweis auf die bei der Besprechung des Wander-Museums mitgetheilten Daten über die wichtigsten Punkte in der Geschichte der Irdenwaaren-Fabrication kurz angeben, wie das Museum dieselben repräsentirt. Es bildet diese Art der Betrachtung den strengsten Massstab, den man an eine Sammlung anlegen kann, und es wird sich ergeben, dass diese Classe des Museums demselben in sehr vollkommener Weise genügt.

1. Die Sammlung enthält 22 Objecte, antike egyptische, griechische, römische und samische Waare, endlich 24 Stück alte bemalte persische Irdenwaaren (cf. S. 63 ff.).

2. Für die Majolica ist die Sammlung sehr vollständig. Sie enthält etwa 19 Stücke spanisch-maurischer Töpferei, 208 Majolica-Stücke ältern Datums, 150 Majolica-Fabricate aus den Hauptorten der Fabrication, 50 verschiedene andere Majolica-Waaren aus Padua, Venedig, Neapel etc.

3. Henry-Deux' Waare (1540—1550), (cf. S. 85) 1 Exemplar.

4. Palissy's feine Emaille-Waaren (1570—1580), (cf. S. 65). Hiervon enthält die Sammlung eine reiche Auswahl von 22 Stück, ausserdem 29 Stück moderne Nachbildung von Palissy-Waare.

5. Etwa 70 Stück alte deutsche, holländische und flämische Steinwaaren aus dem 16. und 17. Jahrhundert, namentlich 24 Stück Waaren von Delft (cf. S. 65) und alte sächsische rothe glasirte Steinwaaren aus der Manufactur von Böttcher (14 Stück).

6. Diverse Repräsentanten der alten englischen Irden- und Steingutwaaren, nämlich 31 Stück mit Bleiglasur aus dem 17. Jahrhundert; 54 Stück glasirte Waaren aus der ersten Hälfte des 18. Jahrhunderts, namentlich aus Staffordshire und aus der Fabrik der Gebrüder Ehlers (1690) (cf. S. 65).

Mit den sub 1—6 aufgeführten Gegenständen wäre die Repräsentation der Irdenwaaren-Fabrication bis zur Erfindung des Porzellans durch Böttcher i. J. 1709 erschöpft. Die Geschichte der Porzellan-Fabrication muss in jedem der wichtigsten Länder Europa's gesondert kurz betrachtet werden.

a. Deutschland (cf. S. 66).

82 Stücke Meissener Porzellan und 43 Stücke aus verschiedenen

andern deutschen Fabriken repräsentiren die Fabrication von Deutschland im 18. und 19. Jahrhundert.

b. England.

Zu derselben Zeit, als die Porzellan-Manufactur anfing, sich zu verbreiten, erfand in England Wedgwood (1730—1795) eine eigenthümliche steingutartige Masse, bestehend aus einem Gemenge von Thon mit verschiedenen Substanzen, insbesondere mit Schwerspath und Gyps, welche beim Schmelzen weich werden und die Stelle des Feldspaths beim Porzellan vertreten. Mit Hilfe des Malers Flaxmann wurde diese Masse zu sehr schönen Kunstwerken verarbeitet, die jetzt sehr werthvoll sind und mit gleich hohen Preisen bezahlt werden, wie das Porzellan von Sèvres. Es finden sich in der Sammlung 220 Stück dieser Waare.

Das erste englische Porzellan wurde in Chelsea verfertigt, damals einem Dorfe, jetzt einer Vorstadt Londons. Schon i. J. 1750 ging die Fabrik in Chelsea ein und Modelle und ein Theil der Arbeiter kamen nach Derby, wo 1751 eine neue Fabrik eröffnet wurde. Bald errichtete man Fabriken in Leeds, Bristol und Worcester (1772).

Die englische Porzellan-Manufactur ist vertreten durch 22 Stück altes Chelsea-Porzellan, 11 Stück Derby-Porzellan, 63 Stück altes Worcester-Porzellan, 115 Stück altes Porzellan verschiedener Manufacturen, 73 Stück modernes englisches Porzellan, namentlich von Minton und Copeland in Staffordshire, endlich 36 moderne sog. Biscuit-Waaren.

c. Frankreich.

In Frankreich bildete Sèvres den Mittelpunkt der Porzellan-Fabrication, wie oben S. 67 detailirt angegeben worden ist. Die Sammlung enthält 68 Stück altes Sèvres-Porzellan, 15 Stück modernes Sèvres-Porzellan und 34 Stück französ. Porzellan verschiedener Fabriken.

Ausser den genannten Ländern sind noch Italien, Holland, Spanien und Portugal, die Schweiz, Dänemark und Russland mehr oder weniger in Betreff ihrer Porzellan-Manufactur vertreten. —

Die bisherigen Bemerkungen sowohl über die Eintheilung der

Irdenwaaren wie über das Porzellan bezogen sich lediglich auf Europa. Einen vollständig andern Verlauf hatte die Manufactur im Orient, namentlich in Japan und China, wo das Porzellan sehr früh bekannt war, während es in Europa zu den modernen Erfindungen zählt. Die Manufactur des Orients ist vertreten durch 16 Stück Hindu- u. a. orientalische Irdenwaaren, und durch 229 Stück orientalisches Porzellan und glasirte Irdenwaaren, namentlich aus China und Japan. Ueber den Unterschied beider cf. S. 66.

Classe IX. Glas-Fabrication.

Mit Bezugnahme auf die wichtigsten Punkte der Glas-Fabrication, welche oben S. 67 angedeutet worden sind, sei hier blos bemerkt, dass diese Classe durch etwa 600 Gegenstände die wichtigsten Stadien der Glas-Fabrication zur Anschauung bringt. Sehr reich und in prachtvollen Exemplaren ist namentlich altes venetianisches, deutsches Emaille-Glas, böhmisches und französisches Glas vertreten.

Eine sehr schöne Auswahl moderner Glas-Artikel ist auf den Ausstellungen von London und Paris erworben worden.

Classe X. Metall-Arbeiten.

Diese Classe umfasst etwa 1400 Gegenstände, die nach folgenden Unterabtheilungen geordnet sind:

1. Kleine Koffer und Cassetten mit feinen Schmiedeeisen- und Stahl-Arbeiten.

2. Schlosser-Arbeiten, Schlösser, Schlüssel, Thür-Angeln etc., namentlich aus dem Mittelalter, meist italienische, französische und deutsche Arbeiten, mit feinen Verzierungen in gothischem und Renaissance-Styl.

3. Verschiedene Instrumente und Geräthschaften, Messer, Scheeren, Nussknacker in ciselirter Stahl-Arbeit, mit Auslegungen in Gold und Silber.

4. Hand-Leuchter, Arm- und Altar-Leuchter, Hänge-Lampen, Candelaber mit feiner Ornamentik, namentlich viele geschmackvolle Gegenstände aus der Renaissance-Periode.

5. Antike griechische und römische Broncen, welche zugleich in den Provinzial-Kunst-Schulen circuliren und oben S. 60 beschrieben sind.

6. Orientalische Broncen, vorherrschend chinesische und japanesische. Bekanntlich stehen namentlich die Japanesen in der Metall-Verarbeitung unübertroffen da, auf welche sie durch den Reichthum an Metallen, den das Land gewährt, frühzeitig hingelenkt worden sind; sie liefern Relief-Figuren auf Bronce aus Gold, Silber, Platin und Composition, die höchst geschmackvoll gezeichnet sind. Das Geheimniss, das Platin zu schmelzen, welches die Chemie bei uns vor noch gar nicht langer Zeit gelöst hat, ist den Japanesen längst bekannt gewesen.

7. Verschiedene Utensilien aus Bronce, Glocken-Metall, Kupfer, Composition etc., unter denen sich namentlich viele Gegenstände aus der italienischen Renaissance-Periode befinden, die durch ihre geschmackvollen Formen sehr fesseln.

8. Alte kirchliche Geräthschaften, Reliquien-Kästchen, Monstranzen, Cruzifixe, Statuetten von Heiligen etc. in Silber, Gold-Bronce u. s. w., darunter viele Florentiner Arbeit, schöne Formen in gothischem Styl und reiche, schöne Verwendung von Niello und Emaille.

9. Verschiedene Gegenstände in Metall, Fragmente von ornamentalen Theilen grösserer Werke, Kapitäle von Säulen in Gold-Bronce, Bronce-Ecken von Buch-Beschlägen, vier Eck-Säulen einer Augsburger Uhr, in Ormolu-Arbeit, Helm-Theile, Delphine von Bronce, wahrscheinlich Theile einer Bronce-Fontaine u. s. w.

10. Moderne Broncen und andere Metall-Arbeiten, theils Originale, theils Nachbildungen antiker Gegenstände.

11. Mittelalterliche Goldschmiede-Arbeiten, Becher, Salz-Gefässe, Tafel-Aufsätze, Flacons, Statuetten des Heilands und der 12 Apostel, Etuis u. s. w., im Ganzen etwa 90 Gegenstände, von denen über 30 deutschen Fabricats, namentlich Augsburger Goldschmiede-Arbeit.

12. Moderne Goldschmiede-Arbeiten, meist aus London, Paris, Wien, Berlin, auf den Ausstellungen von London und Paris angekauft.

13. Orientalische Goldschmiede-Arbeiten, indische, chinesische.

14. Damascirte und eingelegte Arbeiten in Metall, namentlich schöne mittelalterliche Arbeiten aus Arabien, Syrien und Egypten, im Ganzen über 70 Stück.

15. Etwa 12 Niello-Arbeiten, cf. oben S. 61.

Classe XI. Uhren.

Diese Classe enthält etwa 60 verschiedene Wand- und Taschen-Uhren, alte Repetir-Uhren, Augsburger Uhren aus dem Mittel-Alter mit sehr schöner Ornamentik, Emaille-Arbeit, Ormolu etc.

Classe XII. Juwelen und dergleichen Schmuck-Sachen.

Antike Schmuck-Sachen.

Verschiedene römische Juwelen, bestehend aus Ohr-Gehängen, Broschen, Nadeln und Ringen; griechische Schmuck-Sachen derselben Art, endlich eine Sammlung von 145 Schmuck-Gegenständen der alten Egypter, Griechen, Etrusker und Römer.

Mittelalterliche europäische Schmuck-Sachen.

Diese bestehen in Medaillons, emaillirten Kreuzen, Parfümerie-Kästchen in emaillirtem Gold mit Perlen besetzt, Armbändern, Ringen, Siegeln, Perlocks, Dosen in italienischer, deutscher, französischer u. a. Arbeit.

Orientalische Schmuck-Gegenstände,
unter denen sich namentlich die indischen auszeichnen.

Moderne Schmuck-Sachen.

Diese bestehen theils in Original-Arbeiten aus den verschiedenen Hauptstädten, theils in Nachbildungen berühmter Schmuck-Sachen des Mittel-Alters, deren Originale sich in andern Museen befinden.

Gegenstände aus kostbaren Materialien,
als Dosen, Schalen, Vasen, Tassen etc. aus Onyx, Achat, Schildpatt, Malachit, Korallen etc.

Classe XIII. Schilde, Waffen und Rüstungen.

In diese Classe sind blos solche Gegenstände aus dem in der Ueberschrift angedeuteten Bereiche aufgenommen, welche durch ihre ornamentale Verzierung für die industrielle Kunst von Interesse sind, so Schwerter und Dolche mit geschnitzten Griffen und fein geätzten und gravirten Klingen, Jagdhörner, Hellebarden mit durchbrochener Stahl-Arbeit und Schnitzerei, Schilde mit Relief-Darstellungen, Brust-Harnische mit reichen Arabesken-Verzierungen, Pistolen mit jener ciselirten Arbeit, durch welche die italienischen Städte Mailand und Brescia im Mittel-Alter sehr berühmt waren, Pulver-Hörner mit Schnitzerei und eingelegter Arbeit.

Diese Classe zerfällt in 3 Abtheilungen. Die erste umfasst etwa 100 derartiger Gegenstände ältern Datums aus dem Bereiche der europäischen Länder; die zweite enthält moderne Gegenstände dieser Art; die dritte endlich orientalische.

Classe XIV. Möbel und musikalische Instrumente.

Die Sammlung von etwa 200 Möbeln und sonstigen Gegenständen des Hausraths repräsentirt vorherrschend die Styl-Arten der italienischen, deutschen, französischen und englischen Renaissance-Periode des 16. und 17. Jahrhunderts. Man kann nicht sagen, dass die einzelnen Gegenstände geeignet wären zum Copiren — ihr Hauptwerth besteht darin, dass sie vielfach Motive gewähren, dass sie redende Zeugen sind von grosser, künstlerischer Erfindung und sehr geschickter, solider Ausführung decorativer Kunstwerke, die des sorgfältigsten Studiums würdig sind, weil den Repräsentanten der einzelnen Perioden, z. B. der italienischen Renaissance-Periode, der Zeit Ludwigs XIV. etc. ein bestimmter Charakter erkennbar aufgeprägt ist, eine Eigenschaft, die leider den Erzeugnissen der heutigen Zeit gänzlich zu fehlen scheint. Man findet prachtvolle Schränke und Buffets in Nussbaum- und Ebenholz mit Relief-Schnitzereien von Arabesken und Figuren, die in Zeichnung und Ausführung gleich schön sind, sodann sehr schöne Objecte ausgelegter Arbeit, Armstühle, welche alle wichtigen und wünschenswerthen Ruhepunkte des Körpers beim Sitzen abgelauscht zu haben scheinen u. s. w.

Unter den musikalischen Instrumenten befinden sich namentlich Guitarren mit Schildpatt und Elfenbein-Auslegung, Harfen mit reichen

Sculptur-Arbeiten, Mandolinen, mit Perlmutter und Elfenbein ausgelegt, Flöten, Lauten u. s. w.

Classe XV. Leder-Arbeiten.

Diese Classe enthält Helme von Leder mit eisernen Beschlägen, Koffer von gepresstem Leder, Narren-Kappen mit allerhand Zierrath, wie sie von den Hof-Narren getragen wurden, gepresste Leder-Tapeten in lichtblauem Grund, mit Blumen-Mustern in Gold- nnd andern Farben etc.

Classe XVI Korbwaaren und andere Arbeiten in Pflanzen-Fasern.

Diese Classe enthält etwa 20 Gegenstände: Körbchen von Bambusrohr aus Japan, Hüte aus Rohr, von Malayen gefertigt, Rohr-Kissen u. s. w.

Classe XVII. Gewebte Stoffe.

Die etwa 700 Gegenstände dieser Classe sind in folgende Unter-Abtheilungen zusammengefasst:

1. Alte Stoffe, Costüm-Gegenstände, Tapeten etc. aus dem 10., 11., 13., 16., 17. und 18. Jahrhundert, bestehend namentlich aus schweren Seiden-Stoffen, Gold-Geweben, Brocat, Seiden-Tapeten, Leinen, Damast, Sammet, Stickereien in farbiger Seide, Altar-Decken mit Stickerei in Gold und Seide, Gewändern geistlicher Würdenträger in Scharlach-Sammet, mit Gold-Stickerei, gewebten Tapeten mit Gegenständen aus Legenden *(Arras)*, Sammet-Tapeten, Tisch-Decken alter venetianischer Arbeit, gestickten Rücken-Lehnen zu Stühlen, Vorhängen, Leinen-Taschentüchern mit feiner Stickerei, Costüm-Gegenständen aus dem Orient, Fahnen und Banner.

2. Orientalische Stoffe, namentlich Kaschmir-Shawls, Purpur- und Gold-Gewebe, Schärpen, chinesische gewebte Tapeten, Baumwollen-Gewebe aus Indien, wegen ihrer Feinheit „gewebte Luft" genannt, Seiden-Teppiche, indische Treppen-Teppiche, Sattel-Decken von Tunis u. s. w.

Als Merkwürdigkeit ist noch ein orientalisches Manuscript zu erwähnen, welches die Details der Muster eines Kaschmir-Shawls enthält und bei der Arbeit laut vorgelesen wird, um die Arbeiter in richtiger Weise anzuleiten.

3. Eine Sammlung gewebter Stoffe, etwa 135 Gegenstände enthaltend, welche für 500 £. von einem Geistlichen, Dr. Bock, in Aachen gekauft worden ist. Dieselbe enthält Stoffe aller Art aus den verschiedensten Zeiten und Ländern, vom 11. Jahrhundert bis auf die neuere Zeit.

4. Moderne Stoffe, namentlich imitirte Kaschmir-Shawls, auf den verschiedenen Ausstellungen angekauft.

5. Italienische Spitzen (cf. oben S. 72), etwa 60 verschiedene Arten. Dabei befinden sich 34 Seiten eines italienischen Werkes über Spitzen-Muster, das etwa in den Jahren 1530—1540 gedruckt sein mag.

6. Französische oder italienische Guipure-Spitzen aus dem 16. Jahrhundert.

7. Spanische und portugiesische Spitzen aus dem 16. und 17. Jahrhundert.

8. Niederländische und französische Spitzen *(point d'Alençon)*.

9. Brüsseler, valencienner und sonstige Spitzen und Blonden, etwa 25 verschiedene Sorten.

10. Englische und irische Spitzen.

Classe XVIII. Buchbinderei und Verzierung von Büchern im Allgemeinen.

Diese Classe enthält in der ersten Abtheilung Kunst-Producte der Buchbinderei aus verschiedenen Zeiten und Ländern, namentlich Bibeln und Andachts-Bücher in Leder, Sammet, Pergament mit reichen Verzierungen und Erzbeschlägen.

Die zweite Abtheilung enthält einige Muster der bekannten Miniatur-Malerei der Anfangs-Buchstaben aus dem 13., 14. und 16. Jahrhundert. —

Zur leichtern Uebersicht, wie stark einerseits die einzelnen Classen, andrerseits innerhalb derselben die einzelnen Länder vertreten sind, dient die nachstehende Tabelle:

Synoptische Tabelle derjenigen Kunst-Gegenstände nach Classe und Ursprung,
bei denen letzterer nachweisbar war.

	Sculpturen u. Medaillen.	Mosaik.	Lackwaaren.	Emaille-Sachen.	Metall-Arbtn.	Irdenwaaren, Porzellan.	Glas.	Glasmalerei.	Decorative Malerei.	Uhren.	Korbwaaren.	Juwelen.	Buchbinderei.	Weberei.	Waffen.	Möbel.	Leder.	Zusammen.	
Britische	50	3	8	5	60	608	23	16	3	4	—	6	5	8	1	12	1		813
Französische	71	4	1	84	105	187	15	11	2	25	—	21	20	46	11	29	21		653
Flämische	39	—	—	—	18	46	—	48	—	—	—	1	3	9	2	6	1		173
Holländische	1	2	—	—	15	33	3	4	2	—	—	3	3	4	1	3	—		74
Schweizer	1	—	—	—	3	2	—	3	—	2	—	—	—	—	2	—	—		13
Deutsche	94	5	—	11	136	136	49	18	10	11	—	9	5	46	6	19	5		560
Oesterreichische	3	—	—	3	1	—	9	—	—	—	—	—	1	—	—	—	—		17
Italienische	477	23	—	9	206	476	4	4	110	3	—	14	8	77	16	85	28	1540	2103
Florentinische	111	4	—	—	13	9	—	—	—	—	—	—	1	2	1	9	—	150	
Venetianische	23	2	—	1	25	7	234	—	4	—	—	1	2	28	—	19	—	346	
Neapolitanische	9	—	—	—	—	7	—	—	—	—	—	—	—	2	—	—	—	18	
Römische	26	5	—	2	2	5	—	—	—	—	—	7	1	—	1	—	—	49	
Spanische	4	2	—	—	2	23	—	—	—	—	—	3	—	7	5	2	1		49
Orientalische	14	1	2	1	2	41	—	—	—	—	3	1	—	14	—	—	—	81	610
Indische	12	5	18	4	31	13	—	—	—	—	3	15	—	94	—	—	—	195	
Chinesische	13	2	4	15	13	153	4	—	—	—	—	2	—	8	—	—	—	214	
Japanesische	1	4	15	—	7	33	—	—	—	—	2	—	—	—	—	—	—	62	
Persische	—	—	—	—	1	18	2	—	—	—	—	—	2	—	—	—	—	23	
Arabische	—	—	—	—	32	2	1	—	—	—	—	—	—	—	—	—	—	35	
Marokkanische	14	—	—	—	—	—	—	—	—	—	—	—	—	—	—	—	—		14
Russische	5	—	—	—	—	5	—	—	—	—	—	—	—	—	—	—	—		10
Egyptische	—	—	—	—	—	16	—	—	—	—	—	—	—	1	—	—	—		17
Etruskische	—	—	—	—	15	4	—	—	—	—	—	—	—	—	—	—	—		19
Alt-Griechische	—	—	—	—	17	3	1	—	—	—	—	2	—	—	—	—	—		23

Da jedoch in diese Tabelle blos diejenigen Gegenstände aufgenommen werden konnten, bei denen der Ursprung nachweisbar war, so umfasst sie nicht das ganze Museum in seinem gegenwärtigen Bestande. Dies thut nachstehende Nachweisung, welche zugleich die Kosten der einzelnen Classen und somit des ganzen Museums annähernd angibt.

		Objecte:	Preis derselben:		
Cl.	1. Sculpturen und Medaillen	993	16,869 £.	18 sh.	5 d.
„	2. Mosaik-Arbeiten	94	1,127 „	11 „	6 „
„	3. Malerei	174	1,365 „	14 „	8 „
„	4. Lackwaaren	68	115 „	5 „	2 „
„	5. Glas-Malerei	133	916 „	6 „	0 „
„	6. Emaille-Sachen	219	4,163 „	10 „	0 „
„	7. Irdenwaaren	2,319	9,660 „	9 „	3 „
„	8. Glas	552	1,846 „	12 „	9 „
„	9. Metall-Arbeiten	1,229	11,750 „	7 „	10 „
„	10. Uhren	65	888 „	10 „	0 „
„	11. Juwelen	184	2,137 „	4 „	6 „
„	12. Schilde, Waffen	140	1,789 „	18 „	2 „
„	13. Möbel	230	7,145 „	13 „	6 „
„	14. Leder-Arbeiten	47	211 „	14 „	0 „
„	15. Korb-Flechterei	13	2 „	13 „	6 „
„	16. Gewebte Stoffe	669	1,641 „	9 „	2 „
„	17. Buchbinderei	80	245 „	6 „	8 „
	Summa:	7,209	61,878 £.	5 sh.	7 d.

Es stellen sich also die Kosten des gesammten Museums für ornamentale Kunst auf 412,520 Thlr.

2. Die Sculpturen englischer Künstler.

Die Ausstellung von Sculpturwerken lebender britischer Künstler ist dem Comité des sogenannten Sculptors' Institute übertragen, auf dessen Veranlassung man einen Raum für diesen Zweck angewiesen hat. Man gedenkt die Ausstellung nicht auf Werke resp. Abgüsse von Werken lebender Künstler zu beschränken, sondern beabsichtigt durch Erwerbung von Werken älterer Meister die Geschichte der britischen Bildhauerkunst zur Anschauung zu bringen.

Ob dies ein glücklicher Gedanke ist, lassen wir dahingestellt; höchstens würde die gegenwärtige Generation der jungen Künstler aus einer derartigen Geschichte der britischen Bildhauerkunst lernen können, wie sie in Zukunft nicht schaffen soll. Die Engländer pflegen selbst nicht zu leugnen, dass es um ihre höhere Plastik sehr schlecht bestellt ist, wenigstens hat es die Times bei Gelegenheit der Einweihung der Boulevards in Paris in anerkennenswerther Offenheit ausgesprochen. „Wenn wir, sagte sie, in grossen Lettern auf jedes Machwerk, welches ein Kunstwerk zu sein beansprucht, den Namen des Ministers schreiben wollten, unter dessen Auspicien es errichtet worden ist, wir würden die Namen unserer Aedilen dem Gespötte der kommenden Geschlechter überliefern."

3. Das Architectur-Museum.

Diese Sammlung ist gegenwärtig sehr unvollkommen arrangirt, da man für dieselbe den erforderlichen Raum nicht hat gewinnen können. Das sog. „Architectural-Museum" wurde i. J. 1851 von einem Architecten-Verein gegründet und sollte die Basis eines nationalen Museums für die Baukunst bilden; es besteht etwa aus 7000 Gegenständen, welche hauptsächlich die verschiedenen Phasen des gothischen Styles illustriren, und zwar aus Modellen resp. Photographien von ganzen Gebäuden aller Art und Abgüssen, Photographien etc., von Architectur-Details, als Figuren, Stuckatur-Arbeiten, Wand- und Deckenmalereien, Dachverzierungen, Glasmalereien u. s. w. aus den verschiedensten Zeitaltern, namentlich den classischen Zeiten und der Renaissance-Periode. Das Gewerbeschul-Amt beabsichtigt, sobald der erforderliche Raum gewonnen wird, diese Sammlung vollständig nach Ländern und Zeiten zu ordnen, zu catalogisiren und sie mit der Zeit dahin zu ergänzen, dass sie die Baukunst aller Perioden so vollkommen als möglich darstellt, und so die Möglichkeit gewährt, die verschiedenen Baustyle an mustergiltigen Repräsentanten aus den entsprechenden Zeiten und Ländern zu studiren.

4. Die Bildergallerien.

Es war ein sehr gesunder und richtiger Gedanke von John Sheepshanks, mit dem Institut für industrielle Kunst eine Nationalgallerie britischer Künstler zu verbinden. Die Menschheit, in ihrem Leben und Streben, in ihren idealen und realen Schöpfungen und Gestaltungen, tritt nirgends rein als solche auf, sondern immer nur in der Form eines bestimmten Volksthums. Durchdrungen von dem Selbstgefühl dieses Volksthums, mit Lust und Liebe erfassend dessen Ursprünglichkeit und Ewigkeit, äussert erst das Volk die rechte Schöpfungskraft und drückt allen seinen Schöpfungen das Gepräge des Geistes auf, der es durchweht. So spiegelt sich in seiner Sprache seine Bildungsgeschichte, in ihr waltet das Sinnige, Geistige, Sittliche, wie das Sinnliche, Materielle und Rohe, was im Volke lebt. So erkennt man in seiner Kunst die Ideen, die Lieblingsbestrebungen, welche seine hervorragendsten Geister bewegen.

Wo deshalb für die Jugend eine Bildungsstätte für industrielle Kunst errichtet werden soll, da muss ihr vor Allem Gelegenheit gegeben werden, sich an den grossen nationalen Kunstschöpfungen zu begeistern; nach ihnen müssen Aller Augen sich richten können. Dann wird — wie das Blut nicht blos zum Herzen, sondern von ihm auch wieder ausströmt — der Jugend Schöpfungskraft sich äussern und im ewigen Kreislauf das Schaffende und Erschaffene sich einigen. —

Die Bildergallerien des Südkensington-Museums bestehen aus folgenden Abtheilungen:

1. Die Nationalgallerie britischer Gemälde.
2. Die Sammlung von Vernon.
3. Die Sammlung von Jacob Bell.
4. Die Sammlung von Sheepshanks.
5. Die Aquarellen-Sammlung von Ellison.
6. Die Rafael-Cartons.

Zu allen existiren Cataloge, die neben den Bildern selbst, die nothwendigsten Notizen über die Maler und die englische Malerei im Allgemeinen geben.

I. Die Oelmalerei:

Die sub 1—4 genannten Sammlungen enthalten zusammen 483 Oelbilder, vorherrschend von neueren englischen Künstlern. Man bekommt ein ziemlich deutliches Bild von dem Wesen der englischen Kunst, wenn man diese Sammlung etwas genauer analysirt; in der nachstehenden Tabelle ist der Versuch gemacht worden, sie nach den wichtigsten Gegenständen der Darstellungen zu ordnen:

die Sammlung enthält

Genrebilder	183*)	oder	38%	der Gesammtzahl
Landschaften	92	„	19%	„
Portraits	60	„	12%	„
Thierstücke	41	„	8%	„
Seestücke	29	„	6%	„
Historische Bilder . . .	27	„	6%	„
Kirchliche und religiöse Gegenstände	15	„	4%	„
Sittenbilder (Hogarth) . .	11	„	2%	„
Mythologische Gegenstände	9	„	2%	„
Stillleben	7	„	1%	„
Schlachtenbilder	5	„	1%	„
Architecturbilder	4	„	1%	„
in Summa:	483		100%.	

Bei genauerer Betrachtung lassen sich aus diesen Zahlen folgende Schlüsse ziehen:

1. Die vorherrschende Masse der Genrebilder, denen sich der Reihe nach Landschaften, Portraits, Jagd- und Thierstücke, sowie Seestücke anschliessen, charakterisirt die Hauptrichtung der englischen Malerei. Bringt man hiermit den Umstand in Relation, dass sämmtliche Bilder von mittlerer Grösse sind, so kann man sagen, die Malerei wählt in erster Reihe trauliche, anheimelnde Stoffe, für den Schmuck jener behaglichen Privatwohnungen, in denen das Wort

*) Darunter über 50 Darstellungen von Scenen aus den Werken beliebter Dichter.

Comfort entstanden sein mag; sie illustrirt das tägliche Leben, die lieblichen englischen Landschaften, die Thiere, denen die nationalen Anschauungen eine Art von Weihe geben, sowie das Meer, jenen Hauptthebel englischer Macht, dem ja auch die Dichter, namentlich Byron in Childe Harolds Pilgrimage in seinem

Roll on, thou deep and dark blue Ocean-roll!
etc.

in erhabener Poesie und angeborener Liebe ihre Huldigung darbringen.

2. Bedenkt man, dass unter den 183 Genrebildern über 50 Lieblingsscenen aus populären Schau- und Lustspielen, Romanen und Dichtungen von Shakespeare, Burns, Goldsmith, Sterne, Cervantes etc. mit den beliebten Figuren des Fallstaff, Don Quichote, Sancho Pansa, Onkel Tobby, Ophelia etc. darstellen, also eigentlich blosse Illustrationen in Oel sind, so ergibt sich daraus, dass die englischen Maler ihrer Phantasie nicht eben viel zumuthen. An Phantasie-Erzeugnissen ist die Sammlung entschieden arm, weil die Nation überhaupt Phantasie-arm ist. Das zeigte sich ja auch auf dem Felde der Industrie und ebendeshalb gründete man das Kensington-Museum; man wollte nicht wieder auf den Gebieten, die von der Kunst, dem Geschmack und der Phantasie beherrscht werden, so bedeutend von andern Nationen in den Schatten gestellt werden.

3. Die verhältnissmässig grosse Anzahl von Portraits mag wohl traditionell mit dem Umstand zusammenhängen, dass die Miniatur-Portraitmalerei in England im 16. und 17. Jahrhundert eine sehr hohe Stufe einnahm und sich ein ungemein grosses Gebiet erobert hatte.

4. Der sog. protestantische, dem Wesen nach aber mehr katholische und streng puritanische Geist der englischen Landeskirche, mit seiner engherzigen Sonntagsfeier, hat die Bilder aus den Kirchen verbannt; daher wohl die geringe Anzahl kirchlicher Stoffe.

5. Die verhältnissmässig geringe Zahl von Schlachtenbildern beweist, dass England bei seiner insularen Lage in nationale Kriege wenig verwickelt worden ist, und dass Schlachtenbilder der oben

bezeichneten, im Ganzen etwas niedern Richtung der englischen Kunst überhaupt wenig entsprechen mögen.

6. Diese niedere Richtung der englischen Kunst zeigt sich auch in den oben sub 2 erwähnten Illustrationen zu populären Werken beliebter Schriftsteller. Die Darstellungen wählen nicht etwa jene erhabenen, grossartigen Scenen z. B. aus Shakespeare, sondern bewegen sich mehr auf dem Gebiete des Humors à la Fallstaff und Onkel Tobby, ja sie verirren sich sogar bis zur Verherrlichung der schweifberaubten Mähre Maggie und des betrunkenen Fuhrmann Tam O'Shanter, dessen Abenteuer doch wahrlich schon von Burns selbst drastisch genug dargestellt worden sind.

II. Die Aquarellen-Sammlung von Ellison.

Kann man die Leistungen der Engländer auf dem Gebiete der Oelmalerei nicht sehr hoch stellen, so muss doch unbedingt anerkannt werden, dass sie auf dem Gebiete der Aquarellen und Tempera-Bilder Vorzügliches geleistet haben. Die Sammlung von Ellison illustrirt die ganze Geschichte der englischen Aquarell-Malerei, von ihrem Entstehen aus der Miniatur-Malerei im 16. Jahrhundert bis auf die „*New Society of Painters in Water Colours,*" die seit 1863 Ausstellungen von Aquarellen veranstaltet. Jede Aquarelle trägt ein Schildchen mit der Angabe des Gegenstandes und dem Namen des Malers.

Die Sammlung enthält 50 Bilder und wurde für die Zwecke des öffentlichen Unterrichts und zur Begründung einer National-Sammlung von Aquarellen von Frau Ellison, auf Wunsch ihres Gemals R. Ellison vermacht. Die Sammlung wurde vermehrt durch die Zeichnungen und Aquarellen aus der Sammlung von Sheepshanks, sowie durch viele neuhinzugekaufte Sachen, so dass sie wohl im Ganzen über 500 Bilder umfassen mag.

III. Die Rafael-Cartons.

Diese berühmten Cartons sind Originalzeichnungen von Rafael und seinen Schülern für Papst Leo X., die im Jahr 1513 als Muster für Tapetenwerke gefertigt wurden. Jeder Carton ist etwa 12 Fuss hoch. Ursprünglich waren es 10, doch sind 3 davon verloren gegangen, nämlich die Steinigung des heiligen Stephan, die Bekehrung des Paulus und Paulus im Gefängniss zu Philippi.

Die Tapeten waren in Wolle, Seide und Gold ausgeführt, wurden in Rom i. J. 1519, das Jahr vor Rafael's Tod, aufgehangen und erregten die grösste Bewunderung. Sie befinden sich jetzt im Vatican.

Die Cartons blieben unbeachtet bei dem Teppichfabrikanten in Arras liegen und wurden dort von Rubens entdeckt, welcher Karl I. den Rath gab, sie für die Zwecke einer Tapetenmanufactur, die damals in Mortlake errichtet wurde, zu kaufen. Beim Tode Karl I. kaufte sie Cromwell für 300 £. für die Nation; sie befanden sich früher in Hampton Court, bis die Königin die Erlaubniss gab, sie nach dem Kensington-Museum zu bringen. Die Cartons stellen dar:

Christi Auftrag an Petrus.
Den Tod des Ananias.
Petrus und Johannes, den Lahmen heilend.
Paulus und Barnabas zu Lystra.
Elymas, der Zauberer, und der Blinde.
Paulus, in Athen predigend.
Den wunderbaren Fischzug.

In denselben Räumen (der Nordgallerie) hängt noch eine Copie in schwarzer Kreide von der „Verklärung,“ ein Gemälde von Rafael, das sich im Vatican befindet. Bekanntlich war dies sein letztes Werk, und wurde bei seiner Leichen-Procession vorangetragen; sodann eine Reihe von Zeichnungen, Copien von Rafael's Fresken im Vatican, endlich Gobbelin-Tapeten aus der Kaiserlichen Fabrik in Paris, eine Copie der heiligen Familie von Rafael, deren Original sich im Louvre befindet. Dies Werk ist von Napoleon III. an das Kensington-Museum geschenkt worden.

5. Die Bibliothek für die Kunstabtheilung.

Kunst-Museen zur Heranbildung industrieller Künstler müssen durch Kunstbibliotheken ergänzt werden. Während ein Museum nothwendig in vieler Beziehung sehr beschränkt ist, hat eine Bibliothek einen universalen Character und kann in einem Bande Beschreibung und Illustrirung eines Kunstgebietes durch alle Jahrhunderte hindurch enthalten, dessen Gegenstände nimmer in einem Museum vereinigt gedacht werden können. Beispielsweise erinnere ich hier an jenes berühmte französische Fayence, in Frankreich gewöhnlich *Faïence de Diane de Poitiers*, in England *Henri deux ware* genannt. Es stammt aus der Zeit Franz I. und Heinrich II. Von den gesammten Arbeiten des berühmten, leider unbekannten Künstlers haben sich 54 erhalten; einzelne Stücke davon werden auf 14,000 Thlr. geschätzt. Diese Stücke sind in England und Frankreich zerstreut. In dem Werk von H. u. C. Delange, *Recueil de toutes les pièces connues jusqu'à ce jour de la Faïence française dite de Henri-Deux.* Paris 1861, kann der Beschauer ihre zweckmässigen und dabei anmuthigen und edeln Formen vereint bewundern. Welche Schätze von Geist und Genialität finden sich in solchen Büchern, mit denen diejenigen verhältnissmässig wenig bekannt sind, zu deren Nutzen sie eigentlich geschrieben wurden!

Zweck der Bibliothek.

Sie ist eine Specialbibliothek: ihr Zweck ist in jeder Richtung die Entwickelung des Geschmacks in seiner Anwendung auf die industrielle Kunst. Indem die Bibliothek aber zunächst den Geschmack der Fabrikanten und Handwerker zu bilden sucht, bildet sie indirect auch den Geschmack des Publicums, denn jene sind durch ihre Fabrikate unmittelbare Agenten für die Entwickelung eines correcten Geschmacks im Allgemeinen. Man darf weder ausser Betracht lassen, noch zu gering anschlagen, dass der industrielle Künstler bei Weitem unmittelbarer auf die Geschmacksbildung der grossen Masse wirkt, als irgend ein anderer Künstler. Wer das grosse Interesse zugibt, mit dem täglich und überall geschmackvolle Toiletten, schöne Möbels, Vasen von classischer Schönheit, Gebäude mit künstlerischen Architecturformen, in sinniger Weise geschmückte Artikel des Hausrathes u. s. w. betrachtet werden, der muss auch die Wirkungen aller dieser verschiedenen schönen Formen auf den Beschauer zugeben.

Entsprechend ihrem Zweck sucht die Bibliothek bei ihrem fortgesetzten Ausbau nach und nach alle Werke, wo sie auch erschienen sein mögen, welche die Entwickelung der nützlichen Künste und Gewerbe darlegen und fördern, und zwar in ihren Beziehungen zu dem Geschmack und der Verfeinerung, die von künstlerischer Geschicklichkeit abhängt, auf einem Punkte zu vereinigen.

Grundsätze der Verwaltung.

Wie die Bibliothek einen speciellen Zweck hat, so hat sie auch eine eigenthümliche Verwaltung, darin bestehend, dass den beiden Extremen der sie Benutzenden, demjenigen der in dem betr. Literaturfache vollständig unbekannt ist, und demjenigen der darin genau orientirt ist, zur möglichst nutzbringenden Ausbeutung der Bibliothek in gleicher Weise, so die Gelegenheit wie die Möglichkeit, geboten ist. Die Bibliothek will auf dem Gebiete der Kunst-Industrie in möglichst umfassender Weise handlich und practicabel sein, mit andern Worten, bei der Benutzung derselben wird keine Literatur-Kenntniss vorausgesetzt. Man verlangt nicht, wie bei den meisten Bibliotheken, dass der Besuchende einen speciellen Buchtitel angibt, weil es gegen die Vernunft ist, eine bestimmte Kenntniss von Büchern bei Leuten vorauszusetzen, die mit solchen meist keinen vertrauten Umgang pflegen. Kennt ein Handwerker einerseits die Werke nicht, die auf einem bestimmten Gebiete existiren, oder besitzt er andrerseits die Gewandtheit nicht, aus den blossen Titeln des Katalogs die richtige Wahl zu treffen, so sind die Beamten *ex officio* angewiesen, die, seinem allgemeinen oder speciellen Zweck entsprechenden Bücher ihm vorzulegen.

Bedingungen der Benutzung.

Gegenüber dieser Verpflichtung des Beamten ist es aber nothwendig, eine gewisse Garantie für die ernsten Absichten desjenigen, der die Bibliothek benutzt, zu haben. Diese findet man in der Bezahlung. Für jede Benutzung der Bibliothek sind bestimmte Gebühren zu entrichten, entweder bei jeder einzelnen Benutzung 6 *d.*, welche übrigens freien Eintritt auf eine Woche gewähren, oder 1 *sh.* 6 *d.* für den Monat, 3 *sh.* vierteljährlich, 6 *sh.* halbjährlich, 10 *sh.* jährlich. Darin ist zugleich Zutritt zu dem Lesezimmer der Abtheilung für Schul- und Unterrichtsgegenstände mit inbegriffen.

Nur die registrirten Studenten der Centralschule für Kunst und

Wissenschaft haben freien Eintritt, sowie diejenigen, welche gegen Zahlung von 1 Guinea pro Jahr auf die Benutzung des Museums abonnirt haben.

Die Benutzung der Bibliothek.

Dieselbe ergibt sich aus nachstehender Tabelle:

Jahr.	Zahl der Tage, an denen die Bibliothek geöffnet ist.	Gesammtzahl der Besucher.	Durchschnittl. Besuch pro Tag.	Ausgegebene Abonnements-Billets.
1853	292	4425	15	170
54	248	7942	32	235
55	245	7242	30	284
56	168	5346	32	207
57	113	3455	31	121
58	289	7178	28	420
59	225	6364	28	374
60	306	7981	26	618
61	301	7143	24	443
62	311	7592	24	638
63	311	8240	26	514
64	313	10635	34	661

Umfang und Eintheilung der Bibliothek.

Die Bibliothek der Kunstabtheilung besteht gegenwärtig (1866) aus ca. 16,000 Bänden und aus einer reichen Sammlung von Stichen, Zeichnungen und Photographien aus dem Gebiete der Architectur, der Ornamentik etc.; ein Theil dieser letzteren ist eingerahmt und im Kunstmuseum aufgehängt, um die verschiedenen Abtheilungen zu ergänzen.

Die Bibliothek ist in 25 Abtheilungen geordnet, und zwar in alphabetischer Reihenfolge, die jedoch in der Uebersetzung nicht immer gewahrt werden kann:

1. Alphabete und Schreibvorlagen etc. für Schriftstecher und Setzer.
2. Anatomie.
3. Alterthümer, classische und mittelalterliche.
4. Architectur.
5. Kunst, Praxis, Theorie und Geschichte.
6. Biographien von Künstlern.

7. Bau-, Ingenieur- und Vermessungswesen.
8. Costüme, Sitten und Gebräuche.
9. Decoration und Ornamentik.
10. Dictionäre, Glossarien etc. auf dem Gebiete der Kunst.
11. Zeichenkunst.
12. Holzschneidekunst, Kupfer- und Steindruck etc.
13. Gallerien, Museen, Academien.
14. Geometrie und Perspective.
15. Glasmalerei.
16. Heraldik, Wappen- und Siegelkunde.
17. Industrie, im Allgemeinen.
    Maschinen und Geräthe.
    Gewebe { in Baumwolle. in Wolle. Seide und Sammt. Flachs und Hanf. Mischung. }
    Leder, Sattlerei und Tapezieren.
    Druckerei und Buchbinderei.
    Färberei und Stoffdruckerei.
    Teppichweberei, Stickerei, Spitzenfabrication.
    Bronce-, Eisen- und Metallwaaren im Allgemeinen.
    Goldschmiedekunst.
    Glasfabrication.
    Töpferei und Porzellan-Manufactur.
    Möbel und Zimmerschmuck.
    Emaille- und Mosaik-Arbeiten.
18. Verschiedenes.
19. Monumente.
20. Naturgeschichte und ihre Anwendung auf die Kunst und zwar als Botanik, Conchilienlehre, Entomologie, Mineralogie, Zoologie.
21. Malerei.
22. Periodische Schriften und Zeitschriften.
23. Sculpturen, Modelle, Gemmen, Medaillen, Münzen etc.

24. Topographie, Führer und Reisebücher für das Gebiet der Kunst.
25. Handel und Gewerbe.

Capitel 2.

Die Sammlungen für das Gebiet der Wissenschaft.

Gehören die Sammlungen für das Gebiet der Wissenschaft streng genommen nicht in das Bereich dieses Werkchens, so konnte doch der zweite Theil desselben, indem er sich die Aufgabe stellte, das Kensington-Museum als Central-Institut für Wissenschaft und Kunst zu beschreiben, dieselben nicht unerwähnt lassen.

Mehrfache Gründe haben mich bestimmt, diese Sammlungen in demselben Maasse wie die für die Kunst, einer genaueren Beschreibung und Charakteristik zu unterwerfen. Abgesehen davon, dass sie bei ihrem unverkennbar grossen Nutzen bei uns leider noch sehr wenig verbreitet sind, stehen sie mit der Bildung tüchtiger industrieller Künstler in engerer Beziehung, als man im ersten Momente meint.

Ich habe oben (S. 8) hervorgehoben, dass diese Bildung nach dem heutigen Stand der Dinge derjenigen anderer Künstler vollständig gleich kommen muss, habe darauf aufmerksam gemacht, wie gegenüber den Ansprüchen des Publicums und der Producenten, der Geschmack und die Phantasie eines industriellen Muster-Zeichners unerschöpflich sein muss. Dies Alles sind Eigenschaften, die sich nur auf Grund einer allgemeinen, sachgemässen Bildung erreichen und dauernd erhalten lassen, und gerade diese nothwendigen Grundlagen bieten solche wissenschaftliche Sammlungen.

Wenn ein Muster-Zeichner in der Sammlung für Schul- und Unterrichts-Gegenstände unter Zoologie resp. bei den Producten der Seethiere eine Sammlung sämmtlicher Süss- und Salzwasser-Muscheln, Korallen etc. findet, so wird er unter denselben manche Form entdecken, die er sehr schön verwerthen kann. Die Modell-Sammlung der berühmtesten architectonischen Denkmäler alter und neuer Zeit in der Sammlung von Constructions- und Bau-Materialien gibt jedem Beschauer viel Material über Formen-Schönheit. In der Sammlung thierischer Producte erinnere ich an die ausgestellten Hörner und Geweihe. Die mächtigen Hörner der Büffel vom Cap, aus Indien und Amerika, die schön gebogenen Stier-Hörner aus Spanien und Madagascar, die stolzen Geweihe von prächtigem Edelwild aller Zonen, die keck gebogenen Gems-Hörner, die schlanken Antilopen-Hörner, die schwerfälligen Rennthier-Geweihe aus Norwegen und Lappland — sie sind in dieser reichen decorativen Zusammenstellung wohl geeignet, manchen Beschauer für die schönen einfachen Formen der Natur zu begeistern und manchen Gedanken durch ihre eigenthümliche Symbolik der Kraft und der Grazie hervorzulocken.

Wenn ein Kunst-Tischler in dem Museum der Nahrungsmittel auf einen Blick übersieht, in welcher Weise die 3 Gebiete des Thierreichs, Pflanzen- und Mineralreichs als Quellen für die menschlichen Nahrungsmittel dienen, so wird ihm gewiss der sehr sachgemässe Gedanke nahegelegt, diese 3 Reiche, beispielsweise auf einem geschnitzten Buffet, symbolisch darzustellen.

Ist schon mit diesen wenigen Andeutungen die detailirte Beschreibung gerechtfertigt, so kommt daneben noch ein anderer Gesichtspunkt zur Geltung. Es wurde oben S. 24 als eine nationale Eigenthümlichkeit der Engländer das Bestreben hervorgehoben, alle wichtigen Kreise des menschlichen Wissens und Könnens in leicht übersehbarer Weise, gleichsam realistisch zur Anschauung zu bringen. In der That muss man zugeben, dass sie darin Vortreffliches geleistet, und dass ihre Sammlungen in dieser Richtung als Muster gelten können. Sodann wird bei den einzelnen Sammlungen für das Gebiet der Wissenschaft darauf hingewiesen, auch in der Beschreibung selbst eine Idee davon zu geben versucht werden, was in Catalogen zu solchen Sammlungen durch eingestreute Notizen geschichtlichen, statistischen, national-öconomischen und sonstigen Inhalts auf dem Gebiete der Verbreitung nothwendiger Berufs- und Fachkenntnisse für die arbeitenden Classen geleistet werden kann.

Wenn man dabei bedenkt, dass alle solche Sammlungen leicht und ohne grosse Kosten herzustellen sind, dass die einzelnen Materialien meist von den Industriellen selbst geliefert werden, die es als eine Ehre resp. eine Art Reclame betrachten, wenn Dinge von ihnen in einem derartigen Central-Institut ausgestellt werden – so dürfte vielleicht die Schilderung dieser ebenso musterhaften als nützlichen Sammlungen da und dort anregend wirken. Damit allein wäre ja die Beschreibung derselben so reich belohnt, dass selbst der strenge Systematiker gegenüber dieser Nützlichkeit ein Auge zudrücken wird.

Sicher sollte man bei Errichtung von Central-Kunst-Instituten und Industrie-Kunst-Schulen überall dahin streben (und man hat es auch, wie wir später sehen werden, in Süd-Deutschland vielfach ausgeführt), zwischen Kunst und Industrie eine innige Verbindung herzustellen. Diese wird durch derartige technisch-wissenschaftliche Sammlungen für die arbeitenden Classen und die Industriellen überhaupt, unverkennbar hergestellt.

Es mag hiermit die Beschreibung der Sammlungen für das Gebiet der Wissenschaft ihre Rechtfertigung finden, die ja leicht von Denjenigen überschlagen werden kann, bei welchen ein näheres Interesse nicht vorliegt.

1. Die Sammlung von Schul- und Unterrichts-Gegenständen.

Im Jahre 1854 hatte die *Society of Arts* eine Ausstellung von Schul-Büchern, Zeichnungen, Modellen und Apparaten für Unterrichts-Zwecke in London veranstaltet, die auch vom Ausland reichlich beschickt wurde. Ein grosser Theil dieser Gegenstände, namentlich die vom Ausland eingesandten, wurden der Society zum Geschenk gemacht, und später von ihr an das *Art Department* abgegeben. Diese Geschenke bildeten den Anfang der *Educational collections*, die später sehr wesentlich vermehrt wurden, namentlich auch durch die internationale Ausstellung von 1862, welche in der 29. Classe Unterrichts-Mittel *(Educational Works and Appliances)* ausstellte. Gegenwärtig enthält die Sammlung über 15,000 Bücher und sonstige Unterrichts-Mittel; davon sind drei Viertel Geschenke.

Der Zweck der Schul- und Unterrichts-Abtheilung des Museums ist, allen Classen des Publicums, sowie namentlich denen, welche in irgend einem Fache als Lehrer thätig sind, Alles dasjenige, was auf dem Gebiete des gesammten Unterrichts-Wesens an Unterrichts-Mitteln und Apparaten neu und beachtenswürdig ist, auf einem Punkte vereinigt, zur Anschauung zu bringen. Die Erzeugnisse des In- und Auslandes finden in gleicher Weise Berücksichtigung.

Um denen, welche sich nach irgend einer Richtung informiren wollen, soviel als möglich Zeit zu sparen und ihnen die Erlangung der Auskunft möglichst zu erleichtern, ist man bei dem Eintheilungs-System und der Aufstellung der gesammten Gegenstände von dem Gesichtspunkt ausgegangen, soviel als thunlich die Objecte verwandter Natur zusammenzustellen, damit diejenigen, welche irgend einen Gegenstand studiren wollen, ihn mit andern und ähnlichen vergleichen können.

Da die Unterrichts-Abtheilung des Museums zu allen Zeiten den jeweiligen Stand der Unterrichts-Mittel repräsentiren soll, so begünstigt man in jeder Weise die Ausstellung von neuen Erfindungen, Werken, graphischen Darstellungen, Wandtafeln etc., soweit sie das Gebiet des Unterrichts betreffen, von Seiten der Verleger, Producenten u. s. w. Personen, die irgend etwas auszustellen gedenken, müssen eine Beschreibung des betreffenden Gegenstandes, nebst Namen, Gebrauchs-Anweisung etc. beifügen. Davon wird das Wissenswürdigste auf eine Etikette geschrieben und dem Gegenstand angeheftet. Auch der übliche Verkaufs-Preis muss den ausgestellten Gegenständen deutlich beigefügt werden.

Von Zeit zu Zeit wird ein Catalog publicirt, um soviel als möglich gegenüber den neuen Acquisitionen des Museums und denjenigen Dingen, die aus demselben entfernt werden, den *status quo* darzustellen. Aussteller, welche den Catalog zu Ankündigungen zu benutzen wünschen, können ein Verzeichniss ihrer Werke, Apparate, Unterrichts-Mittel etc. jeder neuen Ausgabe des Catalogs beifügen. Doch darf kein Verzeichniss mehr als 8 Seiten in 8° enthalten.

Um die ungemein reiche Sammlung nach den Hauptrichtungen annähernd zur Anschauung zu bringen, führen wir nachstehend die Classen an, in die sie nach der 8. Ausgabe des Catalogs, welcher 1865 erschienen ist, eingetheilt ist, und fügen bei einigen Classen die wichtigsten Gegenstände an.

Classe I. **Schulbauten und deren innere Einrichtung.**

Werke über die Principien der Architectur für Schulbauten; Pläne und Modelle von Schulen aller Art und aller Länder; Werke über Ventilation der Schulen; Modelle und Werke über Schreib- und Zeichen-Pulte, Schul-Bänke und Stühle, Ständer etc.

Classe II. **Unterricht im Allgemeinen.**

Fibeln, A-B-C-Bücher, Lese-Kästen mit beweglichen Lettern, Spiele, Buchstabier-Bücher. Grammatiken und Exercitien-Bücher in etwa 20 Sprachen. Etymologische Werke, Bücher für Composition; Werke über Briefstyl; Beredtsamkeit; Logik; Rhetorik.

Werke über englische Sprache und Literatur; Philologie; englische Lexica's; Cataloge; Publicationen des britischen Museums, des Smithonianischen Instituts etc.

Werke über Unterricht und Unterrichts-Methoden.

Berichte und Parlaments-Papiere über Unterrichtswesen in verschiedenen Staaten; Kindergarten-Literatur.

Classe III. **Zeichnen, Malen etc.**

Eine Sammlung von Zeichen-Materialien für den ersten Unterricht in Elementar-Schulen.

Vorlegeblätter, Werke und Modelle, zusammengestellt vom Gewerbeschul-Amt, für ausgedehntern Unterricht geeignet.

Classe IV. **Musik.**

Classe V. **Hauswirthschaft; sociale und politische Oeconomie.**

Classe VI. **Geographie und Astronomie.**

Classe VII. **Naturgeschichte.**

In der Abtheilung für Geologie und Mineralogie sind ausser den Büchern besonders sehr werthvolle Sammlungen zu nennen; eine Sammlung von Mineralien für Löthrohr-Analysen (300 Arten); eine Sammlung der britischen Fels-Arten, der fossilen Brenn-Stoffe und Mineralien; eine Sammlung edeler Steine; eine Sammlung von Mineralien, die zur Farbe-Fabrication gebraucht werden; eine Sammlung der Mineralien, die zur Glas-Fabrication, Porzellan- und Irdenwaaren-Fabrication verwendet werden. Eine Sammlung von Erzen und der daraus gewonnenen Metalle; Modelle der englischen Kohlen-Districte; eine von Professor Tennant zusammengestellte Sammlung der Mineralien, Fels-Arten, Fossilen etc., jedes Exemplar etikettirt mit Namen, chemischer Composition, crystallinischem System, Härte und specifischem Gewicht, Bruchfähigkeit, Durchsichtigkeit oder Undurchsichtigkeit; Zerbrechlichkeit, Schmelzbarkeit oder Beständigkeit vor dem Löthrohr; die Art, in der es durch Säuren angegriffen wird; der Fundort; die nothwendigsten Angaben und Beobachtungen über den Gebrauch u. s. w.

Illustrationen der Crystallisations-Formen nebst Modellen in Glas, Draht und Holz.

In der Abtheilung Botanik finden sich unter den Werken und Illustrationen namentlich solche über die geographische Verbreitung der Pflanzen, die Anwendung von Pflanzen-Formen auf Kunst und Industrie; eine Sammlung sämmtlicher Species der Baumwolle zur Illustration der geographischen Verbreitung der Baumwollen-Staude über die Erde; die Baumwollen-Pflanze nebst Frucht-Kapseln etc. in Wachs; eine Sammlung der zur Verarbeitung der Baumwolle gebräuchlichen Instrumente; der Flachs in seinen verschiedenen Stadien der Verarbeitung; Sammlungen zur Erläuterung des Baues der Früchte und Saamenkörner, zum Gebrauch für Studirende der Pflanzen-Physiologie; eine Sammlung sämmtlicher Gift-Pflanzen; eine Sammlung sämmtlicher Gewürze in 50 Glasflaschen; Karten über die geographische Verbreitung der Rübenzucker-Industrie.

In der Zoologie finden sich namentlich reiche Sammlungen sämmtlicher Süsswasser- und Salzwasser-Muscheln, wobei diejenigen, welche sich für die Zwecke der Kunst und Industrie verwenden lassen, besonders bezeichnet sind.

Hervorzuheben sind noch die Wand-Tafeln von Darton, welche die wichtigsten thierischen und pflanzlichen Substanzen und ihren Gebrauch für menschliche Zwecke darstellen, z. B. die Seide und ihre Anwendung, die wichtigsten Palmen-Arten, die Pflanzen, welche zu Kleidungsstoffen verwendet werden, als Flachs, Baumwolle, Jute, Hanf etc.

Classe VIII. Chemie.

Hierunter finden sich ausser den Büchern namentlich eine grosse Auswahl chemischer Apparate.

Classe IX. Physik.

Hier sind zunächst eine Reihe von Apparaten aus dem Gebiete der Akustik, des Lichts, der Wärme, des Magnetismus und der Electricität zu nennen, welche von dem Gewerbeschul-Amt für den wissenschaftlichen Unterricht für empfehlenswerth erachtet worden sind.

Classe X. Mechanik.

Eine Sammlung von Apparaten zur Erläuterung der mechanischen Kräfte, vornehmlich eingerichtet für den Classenvortrag in Handwerker- und Gewerbeschulen; einige bezwecken die Darlegung der practischen Anwendung der mechanischen Principien auf das Maschinenwesen der Gegenwart; andere erläutern die Resultate der Theorie für Schüler der Mechanik oder Mathematik. Hervorzuheben sind ferner eine Reihe mechanischer Modelle etc. von dem verstorbenen Professor Cowper construirt, welche auseinandergenommen und in Betrieb gesetzt werden können, namentlich Modelle von Dampfmaschinen, Telegraphen, Webstühlen für alle Arten von Gewebe, Maschinen für Ziegelfabrication, Modelle der Cowper'schen u. a. Druckmaschinen und Pressen. Auch finden sich Sammlungen von Gegenständen welche den Process der Fabrication der wichtigsten und nützlichsten Gegenstände des Lebens darlegen, so namentlich den der Nähnadel- und Stecknadelfabrication, der Papierfabrication, Zuckerfabrication, der Glasfabrication u. s. w. Ebenso finden sich Apparate zur Veranschaulichung der hydrostatischen, hydraulischen und pneumatischen Gesetze, so Pumpen, Heber, Spritzen, hydraulische Pressen, Luftpumpen u. s. w.

Classe XI. Apparate zum Unterricht von Personen, denen bestimmte Sinne fehlen. (Blinde, Taubstumme etc.)

Classe XII. Gesundheitspflege und Mittel zur physischen Erziehung.

Hier finden sich Werke über Gesundheitspflege, Turnapparate, gymnastische Spiele u. s. w.

2. Das Museum für Constructions- und Bau-Materialien.

Ein beträchtlicher Theil dieser Sammlung wurde theils durch Geschenke theils durch Ankäufe bei Gelegenheit der Pariser Ausstellung erworben. Von da ab wuchs dieselbe nach und nach bis zu ihrem jetzigen Umfang durch Anschaffung neuer Erfindungen auf dem Gebiete des Bauwesens, vorherrschend aber durch das dem Publicum gestattete Recht, dahin gehörige Objecte und Neuigkeiten ausstellen zu dürfen, wenn die betr. Beamten des Museums dieselben für würdig befunden haben.

Die Sammlung ist ausserdem sehr reich an allen Arten von Bauholz, namentlich aus England und seinen Colonien; eine grosse Zahl dieser Hölzer ist auf die Tragkraft und das Gewicht etc. geprüft und finden sich die Resultate dieser Prüfungen bei jedem einzelnen Stück auf einer Etikette angegeben.

Natürlich muss eine solche Ausstellung aller Neuerungen und wichtigsten Erfindungen auf dem Gebiete des Bauwesens auf die Industrie selbst lebhaft zurückwirken, der ja getattet ist, an diesem Centralpunkte des Vereinigten Königreichs und der übrigen Welt ihre Fortschritte auszustellen. Gerade auf dieser Gegenseitigkeit beruht ein Hauptheil des Segens solcher Ausstellungen. Es ist bekannt, durch Berichte des Gouverneurs von Jamaica, dass durch Ausstellung der in Jamaica bekannten Holzarten sich der Export von Holz von dort verzehnfacht hat.

Ausstellungsobjecte von Seiten der Industrie müssen mit Namen, Beschreibung, Zweck, Verkaufspreis etc. versehen sein. Wer etwas auszustellen beabsichtigt, erhält ein Formular, was er ausgefüllt an die Direction des Museums gelangen lässt. Dasselbe fordert den Namen des Ausstellers und event. seine Firma, die Angabe seiner Geschäftsbranche, seine Adresse, die Natur des auszustellenden Gegenstandes, den Raum (ob Flächen- resp. Wand- oder cubischen Raum), den der Gegenstand einnimmt in Fussen und Zollen nach Länge, Breite und Höhe.

Die gesammten, in der Sammlung von Baumaterialien ausgestellten Gegenstände sind in 24 Classen eingetheilt:

Classe I. Bau-, Pflaster-, Mühlsteine, Granit- und künstliche Steine.

Classe II. Marmor und seine Imitationen.

Classe III. Schiefer.

Classe IV. Cemente, Gyps und deren Anwendung.

Classe V. Backsteine.

Ausser den verschiedenen Arten von Ziegeln und Backsteinen, namentlich sehr schönen glasirten Exemplaren, finden sich hier auch verschiedene andere aus gebranntem Thon gefertigte Gegenstände, namentlich Drainröhren, reizende Figuren zur Einfassung von Gartenbeeten, Gartenbänke in Form von Baumstumpfen etc.

Classe VI. Ziegelsteine zur Pflasterung, Dachung und Wand-Decoration.

Bei den Ziegeln zur Dachung sei hier blos auf practische Ventilationsziegeln, sowie auf die sehr geschmackvollen Dachfirstverzierungen für Gebäude der verschiedenen Stylarten aufmerksam gemacht.

Classe VII. Terra Cotta.

Es bedarf keines besondern Hinweises darauf, dass diese Masse neuerdings, namentlich in Frankreich und Deutschland, zur äussern Decoration, zu Figuren und Statuen, Stuckatur-Arbeiten, Panelen, Vasen etc. in sehr ausgedehntem Maasse verwendet wird. Die Sammlung illustrirt diese reiche Verwendung in sehr übersichtlicher Weise.

Classe VIII. Irdenwaaren und ihre Verwendung zu Sanitäts-Zwecken.

Ziegeln für Cloaken mit Gitterwerk, welche die Verstopfung sowie das Aufsteigen schädlicher Gase verhindern; emaillirte Steingut-Closets, Drainröhren und Canalröhren für Wasserleitung u. s. w.

Classe IX. Asphalt, Erdpech etc. und ihre Verwendung.

Classe X. Guss- und Schmiede-Eisen.

Der Styl d. h. das charakteristische Gepräge eines Bauwerks

ist ein Erzeugniss verschiedener Factoren: der jeweilig herrschenden Gesetze, der Religion, der klimatischen Einflüsse, der Sitten, des herrschenden Luxus etc. und in nicht geringem Grade des Baumaterials. Es würde von Interesse sein nachzuweisen, wie die Einführung des Eisens unter die Bau- und Constructions-Materialien modificirend auf den Baustyl der neuern Zeit gewirkt hat. Der lediglich aus Eisen und Glas bestehende Crystall-Palast in Sydenham sowie die Dome des Ausstellungsgebäudes in London v. J. 1862 waren nach dieser Richtung charakteristische Beispiele. Der Durchmesser der letztern betrug 160 Fuss, übertraf also die Dome des Pantheon, der Bäder des Caracalla und der Cathedrale St. Paul in London und vor Allem St. Peter in Rom, deren Dom bisher der grösste der Welt war. Welche Rolle das Eisen beim Bau des letzten Ausstellungsgebäudes gespielt, lässt sich daraus ersehen, dass im Ganzen 5200 Tonnen Guss- und Schmiedeeisen beim Bau verwendet wurden. Da Schmiedeeisen eine bei Weitem grössere Spannkraft besitzt als Gusseisen, so wurden zu Quer- und Bindebalken 1200 Tonnen Schmiedeeisen verwendet, und da andrerseits das Gusseisen eine grössere Tragkraft hat als Schmiedeeisen, so wurden die Pfeiler und Säulen aus Gusseisen gemacht und dazu 4000 Tonnen Eisen verwendet.

Die in dieser 10. Classe aufgestellten Gegenstände zeigen auf einen Blick, in welcher Ausdehnung das Eisen als Material bei bürgerlichen Bauten verwendet wird. Man findet da eiserne Dachfenster und Luken, gusseiserne Ventilationsfenster, patentirte Waterclosets mit Ventilationsklappen, Küchenabflussröhren (geruchlos), Oefen mit Apparaten zur Wasserverdampfung, um zu verhindern dass die Luft zu trocken wird, Illustrationen und Modelle von der Construction eiserner Häuser, sowohl solcher, die ganz aus Eisen, als solcher, die aus Eisen und Holz bestehen, gusseiserne Fussböden und Unterlagen zu Holzfussböden, 6 Modelle zur Erläuterung von Creuzot's Methoden die Binde- und Querbalken bei Eisenbauten zu verbinden, ornamentale Eisengusswerke für Balcons, Panele, Umfriedigungen u. s. w.

Auch die Anwendung anderer Metalle im Baufach, namentlich

Zink zur Dachung und Ornamentik, Draht zu Seilen u. s. w. ist durch viele Gegenstände zur Anschauung gebracht.

Classe XI. Bauholz.

Handelt es sich darum, den Werth einer Holzart zu bestimmen, so muss man vor Allem die Natur der Masse genau untersuchen, die sich in den Zellen und Poren des Holzes findet. Für alle practischen Zwecke sind diejenigen Hölzer die besten, deren Zellen mit harziger Masse angefüllt sind; diejenigen, in denen sich eine wässrige Gummimasse findet, sind meist von geringerem Werthe, trockenen schwer und faulen früher. Die besten Hölzer sind diejenigen, welche eine starke Faser haben, und gegen alle äussere Einflüsse durch eine harzreiche Rinde geschützt sind, die keine atmosphärische Feuchtigheit anzieht.

Viel kömmt darauf an, das Holz gut zu trockenen und vor Fäulniss, Insecten, Würmern etc. zu bewahren. Es sind deshalb verschiedene Erfindungen patentirt worden, welche durch flüssige Substanzen, chemische Processe und mechanische Einwirkungen der Verderbniss des Holzes vorzubeugen suchen. An verschiedenen Holzarten der Ausstellung sind diese Erfindungen zu Anwendung gebracht worden.

Man findet zunächst die englischen, irischen und schottischen Holzarten zusammengestellt und die Art ihrer Verwendung zur Ornamentik, zur Bautischlerei, zur Holzschnitzerei, zu Parket- und Flur-Fussboden.

Sodann die colonialen Holzarten, namentlich die von Indien, der Insel Ceylon, mit kurzer Angabe ihrer wichtigsten Eigenschaften; die an der Goldküste von Afrika zu Bauten verwendeten Hölzer, die von Neu-Süd-Wales, Britisch-Guiana und Jamaica, von West-Australien, Neu-Seeland, Tasmania und Neu-Braunschweig, endlich die Holzarten von St. Domingo und Dominica.

Hieran reihen sich die Holzarten von Portugal, Spanien, Russland, Belgien, Egypten, Algier, China, bei den meisten Ländern zugleich mit Angabe der wichtigsten Verwendungsarten, z. B. zu Möbeln, zur Feuerung, zu musikalischen Instrumenten u. s. w., endlich Sammlungen der existirenden Holzarten in Mexico und Siam.

Hier ist noch eines Umstandes zu gedenken, der für die Industrie von der grössten Bedeutung ist.

Auf der Pariser Ausstellung fanden sich die Holzarten der wichtigsten Länder der Erde, namentlich auch die der englischen Colonien ausgestellt. Ein grosser Theil dieser Hölzer war nun zwar in England längst bekannt und benutzt, doch führten die Cataloge noch sehr viele Holzarten auf, die in den meisten Fällen in England gänzlich unbekannt waren und über deren nähere Eigenschaften sogar den Colonisten selbst etwas Genaueres nicht bekannt war.

Captain Francis Fowke, Ingenieur und Architect, der Erbauer des Industrie-Palastes von 1862, unterzog sich deshalb der Aufgabe, diese noch nicht bekannten Holzarten genau zu prüfen und nach ihren wichtigsten Eigenschaften zu beschreiben. Zur Prüfung der Tragfähigkeit, Festigkeit etc. der Holzarten bediente er sich einer hydraulischen Presse und es ist in den Berichten über die Pariser Ausstellung (Part I.) die Art und Weise seines Verfahrens genau beschrieben.

Natürlich konnte er blos diejenigen Holzarten seinen Experimenten unterwerfen, von denen genügend grosse Stücke eingeschickt waren. Er hat im Ganzen gegen 80 Holzarten untersucht und von jeder genau ermittelt und angegeben:

1. den botanischen Namen, die Classe nach dem natürlichen System, den localen Namen.
2. die Beschreibung des Baumes, seinen Stand- und Fundort, seine Rinde, seine Blattformation, seine hauptsächlichste Verwendung und seine Eigenschaften.
3. den durchschnittlichen Durchmesser sowie die durchschnittliche Höhe des Baumstammes.
4. das specifische Gewicht seines Holzes.
5. die Tragfähigkeit des Holzes in der Richtung der Faser.
6. die Tragfähigkeit in entgegengesetzter Richtung.
7. seine Elasticität.
8. seine Zähigkeit.

Dem Verzeichniss, in dem sämmtliche Resultate der Reihe nach bei jeder Holz-Art eingetragen sind, folgen noch 5 Tabellen, in denen die untersuchten Holz-Arten nach ihrem specifischen Gewicht, nach ihrer Tragfähigkeit in der Richtung der Faser u. s. w. geordnet sind.

Dem Catalog über die Sammlung der Bau- und Constructions-Materialien ist ein Auszug dieses Theiles der Berichte über die Pariser Ausstellung beigefügt, so dass Jeder in den Stand gesetzt ist, die detailirte Beschreibung des Holzes sowie das Holz selbst in Augenschein zu nehmen.

Classe XII. Glas und seine Anwendung.

Classe XIII. Modelle und Erfindungen auf dem Gebiete des Bau-Wesens.

Hier finden sich zunächst:

1. Modelle von Dachungen der verschiedensten Art, z. B. der Great-Northern-Eisenbahn-Station bei Kings' Cross, verschiedener Kirchen und Kapellen, des Theaters in München, der Gemüse- und Fruchthallen in Mainz, eines der berühmtesten Tempel in Canton etc.

2. Modelle von Kirchen und Kapellen sowie Kirchthürmen berühmter Cathedralen und Dome, so des Strassburger Münsters etc.

3. Modelle (in Gyps) der berühmtesten architectonischen Denkmäler alter und neuer Zeit, so des Tempels der Vesta in Tivoli, der Propyläen in Athen, des Tempels von Ilissus in Athen, des Tempels der Fortuna in Rom, des Porticus des Septimius Severus in Rom, der verschiedenen Tempel des Augustus in Rom, des Theseus-Tempels in Athen, des Triumph-Bogens von Constantin in Rom, verschiedener Grab- und Bau-Denkmäler von Palmyra, Illustrationen einiger Restaurationen der Alhambra in Granada etc.

4. Modelle verschiedener Brücken, so der über den Serpentin im Hyde-Park, einer Holzbrücke in Ceylon, gebaut vom General Fraser etc.

5. Modelle von landwirthschaftlichen Gebäuden, von Leucht-Thürmen, von Gewächs-Häusern in Glas und Eisen und von andern Gebäuden.

6. Modelle von Verbesserungen bei der Pflasterung in grossen Städten.

Unter den neuesten Erfindungen und Verbesserungen auf dem Gebiete des Bau-Wesens finden sich:

1. Alle Arten Fenster-Rahmen mit den neuesten Ventilations-Vorrichtungen, separate Ventilations-Apparate, Jalousieen, Holz- und Eisen-Rouleaux.

2. Thore und Thüren mit den neuesten Verbesserungen auf diesem Gebiete.

3. Treppen-Modelle.

4. Dielen, Fussböden-Bekleidung sowie Holz-Decorationen zur Bekleidung von Wandflächen, Täfelwerk, Panele etc.

5. Einrichtung von Herden und Koch-Apparaten etc.

6. Bau-Maschinen, wie sie zum Emporwinden von Bau-Materialien gebraucht werden, verbesserte Gerüste, die den Verkehr nicht absperren etc.

Classe XIV. **Tapeten. Papier-Maché und Stein-Pappe.**

Von den vielen Decorations-Artikeln, die neuerdings aus Stein-Pappe gemacht werden, namentlich Thierköpfe, Hirsch- und Reh-Geweihe, Panele, Medaillons, den Imitationen von Holz- und Marmor-Panelen findet man hier eine reiche Auswahl.

Classe XV. **Stiche, Photographien und Zeichnungen architectonischer Gegenstände.**

Die wichtigsten derselben sind Entwürfe zu Täfelwerk und Einfassungen von Wyatt, Ansichten von Landhäusern, Villen, Kirchen und Kapellen, Musikhallen, Abbildungen hervorragender Bauten im Ganzen und in einzelnen Theilen, so der Parlaments-Gebäude, Entwürfe zu Arbeiter-Wohnungen, Photographien berühmter Brücken- und Wasser-Bauten nach Original-Zeichnungen etc.

3. Die Sammlungen thierischer Rohstoffe und Producte.

In den Kew-Gärten befindet sich eine Sammlung, welche in sehr übersichtlicher Weise die wirthschaftlichen Verwendungen der Substanzen aus dem Pflanzenreich zur Anschauung bringt. Ich greife z. B. den Mahagoni-Baum heraus. Man findet in Bezug auf ihn in der genannten Sammlung zuerst Abbildungen der Mahagoni-Bäume, mit Angaben über ihr Vaterland, den durchschnittlichen Durchmesser, die Höhe, das specifische Gewicht des Holzes u. s. w.; sodann verschiedene Blöcke Mahagoni-Holz, wie sie roh in den Handel kommen; weiter eine Partie Fournire, roh und polirt; endlich verschiedene Möbel oder Geräthschaften, die vorherrschend aus Mahagoni gemacht werden, und zwar Fabricate der verschiedenen Völker, die dies Holz verarbeiten. In ähnlicher Weise sind sämmtliche Gegenstände des Pflanzenreichs repräsentirt, von dem Rohzustande ab bis zur complicirtesten Verarbeitung bei den hervorragendsten Völkern sowohl als bei den Wilden.

Im Museum für practische Geologie in London *(Jermyn-Street)* findet sich eine ganz analoge Darstellung mit Bezug auf die mineralischen Substanzen.

Die königlichen Commissare für die Ausstellung von 1851 machten die Bemerkung, dass es in Betracht des grossen Nutzens dieser Sammlungen sehr wünschenswerth sei, auch für das Thierreich eine solche zu arrangiren. Dies geschah denn auch mit Hilfe der *Society of Art*, und bereits im Jahre 1857 konnte sie dem Kensington-Museum einverleibt werden.

Der Zweck der Sammlung ist, die verschiedenen Verwendungen thierischer Substanzen zu Zwecken der Industrie und zum Nutzen der Menschheit überhaupt zur Anschauung zu bringen. Man hat zu diesem Behuf sämmtliche thierische Stoffe in folgende 5 Classen gebracht:

Classe I. Thierische Substanzen, welche zur Weberei und Kleidung verwendet werden.

Abth. 1. Wolle, Alpaca und Angora.
„ 2. Haare, Borsten und Fischbein.
„ 3. Seide.
„ 4. Pelze.
„ 5. Federn als Kiele und Flaumfedern.
„ 6. Gallerte, Häute und Leder.

Classe II. Thierische Substanzen zum häuslichen Gebrauch und zu Schmuck-Gegenständen.

Abth. 1. Knochen und Elfenbein.
„ 2. Horn und Hufe.
„ 3. Schildpatt.
„ 4. Muscheln und Producte von Seethieren.
„ 5. Thierische Oele und Fette.

Classe III. Pigmente, Farben und Farbstoffe von Thieren.
Abth. 1. Cochenille und Scharlach.
„ 2. Thierische Lacke.
„ 3. Galle, Gallfarben, Blut etc.

Classe IV. Thierische Substanzen, welche zur Pharmacie und Parfümerie gebraucht werden.
Abth. 1. Biberöl, Zibeth, Hyraceum, Bisam, Moschus.
„ 2. Canthariden, Blutegel etc.

Classe V. Verwendung thierischer Abfälle.
Abth. 1. Därme und Blasen.
„ 2. Eiweis, Caseïn etc.
„ 3. Cyankalium und chemische Producte von Knochen etc.
„ 4. Thierischer Dünger, Guano, Knochen, Fischdünger etc.

Bei dieser Eintheilung ist man weniger von wissenschaftlichem, sondern vorherrschend von dem Gesichtspunkt der Verständlichkeit für die Industriellen ausgegangen; und um die Wichtigkeit des Thierreichs in dieser Beziehung zu charakterisiren, ist auf einer im Museum befindlichen Wandtafel nachgewiesen, dass im Vereinigten Königreich 1,038,000 Menschen mit der Production und dem Verkauf thierischer Producte beschäftigt sind. Dem „*Guide to the Collection of animal products, South Kensington-Museum. Edited by Edw. Lankester, Dr. med.*, 3. *edit. London* 1863“ ist eine Zusammenstellung über den gesammten Handel des Vereinigten Königreichs mit thierischen Producten nach Quantität und Werth beigefügt, welche jedoch die zur Nahrung verwendeten Thierstoffe ausser Betracht lässt. Als Resultat ergibt sich, dass an Rohstoffen und Producten aus dem Thierreich jährlich im Durchschnitt 90,821,902 Tonnen im Gesammtwerth von 135,843,460 £. Sterling oder 905,622,400 Thlr. in den Handel gekommen sind. Die Hauptrolle spielen:

Schuh und Stiefeln . .	26,200	Ton.	im	Werth	von	12,590,000 £.
Bürsten	18,700	„	„	„	„	1,750,000 „
Lichter	58,000	„	„	„	„	3,080,000 „
Wollen-Teppiche	8,000	„	„	„	„	1,280,000 „
Handschuhe	280	„	„	„	„	1,500,000 „
Guano	215,000	„	„	„	„	2,580,000 „
Hüte	3,500	„	„	„	„	4,000,000 „
Häute	46,000	„	„	„	„	2,620,000 „
Strumpf-Waaren	7,500	„	„	„	„	4,000,000 „
Leder	36,000	„	„	„	„	18,000,000 „
Thierischer Dünger . .	90,000,000	„	„	„	„	20,000,000 „
Seide, roh und verarb.	6,400	„	„	„	„	15,500,000 „
Seife	100,000	„	„	„	„	4,000,000 „
Talg	64,000	„	„	„	„	2,500,000 „
Regen- u. Sonnenschirme	6,000	„	„	„	„	1,800,000 „
Fischthran	25,000	„	„	„	„	1,250,000 „
Wolle, brit. und fremde	94,500	„	„	„	„	11,000,000 „
Wollentuch	36,800	„	„	„	„	20,000,000 „

Es bedarf bei der beredten Sprache dieser Zahlen keines Wortes mehr, um die Bedeutung der Sammlung hervorzuheben, und wir wollen nunmehr den nicht leichten Versuch machen, den reichen Inhalt derselben durch Betrachtung der einzelnen Classen näher zu charakterisiren. Dabei kommen zwei an sich verschiedene Gesichtspunkte zur Geltung:

1. kommt es darauf an, ein möglichst anschauliches Bild von der Sammlung und deren reichen Inhalt zu geben;

2. zu zeigen, was entweder mittelst gedruckter Wandtafeln oder eines gedruckten „Führers", oder beschreibenden Catalogs durch eingestreute Notizen geschichtlichen, statistischen, national-öconomischen und sonstigen Inhalts auf Grund der Sammlung und zur Ergänzung derselben auf dem Gebiete der Verbreitung populärer, nothwendiger Fach- und Berufs-Kenntnisse für die arbeitenden Classen geleistet werden kann.

Der bereits erwähnte Führer zu der Sammlung von Dr. Lankester ist in der genannten Beziehung mit grossem Geschick geschrieben und mit wenigen Ausnahmen sind die in nachstehender Beschreibung eingestreuten Notizen diesem Werkchen entnommen. Natürlich musste ich mich auf das Nothwendigste beschränken, und man darf daher die Reichhaltigkeit jenes Führers nicht nach der Sparsamkeit und Kürze des hier Mitgetheilten bemessen wollen.

Classe I. Verwendung thierischer Producte zur Weberei und Kleidung.

Abtheilung I. Wolle, Alpaca und Mohair.

Cap. 1. Wolle, und zwar als Rohstoff.

Die kosmopolitische Bedeutung der Wolle tritt auf einen Blick scharf aus nachstehenden Angaben hervor (cf. Elsner v. Gronow, die Woll-Production der Erde).

Die Production der Wolle, welche in der alten Welt nur der nördlichen, in der neuen Welt nur der südlichen Hemisphäre eigenthümlich war, hat sich mit der fortschreitenden Civilisation in zwei grossen Gürteln um die ganze Erde gezogen; sie hat sich aller klimatisch geeigneten Localitäten bemächtigt. Wolle producirende Länder sind:

I. Auf der nördlichen Erdhälfte.

A. Ganz Europa, mit Ausnahme des nördlichen Theils von Norwegen, Schweden und Russland, also etwa 136,000 geogr. □M.

B. In Asien: Süd-Sibirien, die mittelasiatische Hochebene, China und Japan, das indische Alpenland, Persien, der Kaukasus, die asiatischen Besitzungen der Türkei mit Ausnahme Süd-Arabiens, zusammen ca. 234,000 □M.

C. In Afrika: Nord-Egypten, Tripolis, Tunis, Algier und der grösste Theil von Marokko, zusammen 30,000 □M.

D. In Amerika: der südliche Theil von Canada, der grösste Theil der Vereinigten Staaten, Nord-Mexico, zusammen etwa 150,000 □M.

II. Auf der südlichen Erdhälfte.

A. In Afrika: Die Südspitze bis nahe an den Ngami-See, der hochgelegene Theil von Natal, zusammen etwa 6000 □M.

B. In Polynesien: Fast ganz Neuholland, Vandiemensland (Tasmanien) und Neu-Seeland, etwa 76,000 □M.

C. In Süd-Amerika: Die La Plata-Staaten, Chili, Theile von Peru, Bolivia und Brasilien, Patagonien und die Falklands-Inseln, 50,000 □M.

Dies gibt also 550,000 geogr. □M. auf der nördlichen Halbkugel und 132,000 geogr. □M. auf der südlichen Halbkugel, oder etwa ein Drittel des Festlandes der Erde.

An Wolle wird producirt:

I. Auf der südlichen Hemisphäre:

157,000,000 Pfund,

II. Auf der nördlichen Hemisphäre.

a.	Europa	893,270,000	Pfund,
b.	Nord-Amerika	107,200,000	„
c.	Nord-Afrika	49,300,000	„
d.	Asien	470,000,000	„
	Zusammen	1,676,770,000	Pfund.

Diese jährliche Production repräsentirt, das Pfund Wolle nur zu 10 Sgr. gerechnet, einen Werth von 558,923,000 Thalern, oder die Zinsen zu 5% gerechnet, ein Capital von 11,178,460,000 Thalern.

Die daraus gewonnenen Wollenwaaren haben aber, da der Werth durch die Verarbeitung sich ungefähr um das 3—5fache steigert, einen Werth von 1,676,769,000 bis 2,794,615,000 Thalern.

Der Werth der Wolle als Roh-Material für so viele Industrie-Zweige hängt von der Structur ihrer Fasern ab. Bringt man eine Woll-Faser unter das Mikroskop, so entdeckt man, dass sie aus einer Zahl von Querlinien besteht, von denen 2 4000 auf den Zoll kommen. Untersucht man diese Linien genauer, so ergibt sich, dass sie aus kleinen Schuppen und Härchen bestehen, welche dazu beitragen, die einzelnen Fasern der Wolle unter sich zu verwirren und den Prozess des Filzens somit wesentlich zu unterstützen. Auf der Zahl dieser kleinen Schuppen und Härchen, die eine Woll-Faser etwa wie ein Sägeblatt erscheinen lassen, beruht die Güte der Wolle zum Filzen. So hat z. B. feine sächsische Wolle 2720 Fäserchen auf den Zoll; Merino-Wolle 2400 etc.

In der ersten Abtheilung findet sich eine Sammlung, welche die verschiedenen Eigenthümlichkeiten der Wolle der hauptsächlichsten fremden und einheimischen Schäfereien erkennen lässt. In grossen Glaskästen findet man die Wolle von 123 verschiedenen Züchtungen.

Beim Uebergang zu der verarbeiteten Wolle werden zuerst die erforderlichen Processe des Woll-Sortirens beschrieben. Bei den dazu verwendeten Arbeitern entwickelt sich ein so feines Gefühl, dass sie die verschiedenen feinern und gröbern Sorten desselben Fliesses mit erstaunlicher Schnelligkeit in Bauchwolle, Rückenwolle etc. sortiren. Sodann die Processe des Krempelns und Kämmens, wobei die Wolle fortwährend mit Oel besprengt wird; dann der Process des Spinnens, womit man beim Wollengarn angelangt ist.

Von da gelangt man zu den schmalen und breiten Tuchen, sodann zu den Teppichen. Verschiedene Kästen zeigen die Materialien und den Process der Teppich-Manufactur. Den Teppichen folgt die Filz-Fabrication.

Shoddy und Mungo werden fabricirt, indem man Wollen-Lumpen auf den ursprünglichen Zustand der Faser reducirt. Die verwendeten Lumpen einerseits und die auf die Faser reducirten Stoffe andrerseits sind in Flaschen ausgestellt, und auf beigefügten Tafeln sind die Hauptsitze dieser Fabrication sowie die Zahl der dabei beschäftigten Arbeiter (2500) angegeben: im Handel mit diesen Stoffen werden jährlich 6 Mill. £. umgesetzt.

Die Wollen-Abgänge von dieser und anderer Fabrication werden sehr klar verarbeitet und zu Sammt-Tapeten verwendet.

In Cap. 2 kommen die **gesponnenen Wollen-Waaren,**

und zwar die Garne, die reinen Wollen-Stoffe und die gemischten in etwa 70 Artikeln zur Darstellung; die erstern Stoffe bilden für England einen wichtigen Export-Artikel in einem jährlichen Werth von etwa 15 Mill. £.

Cap. 3. **Alpaca.**

Die Alpaca's sind eine Lama-Art, die in Süd-Amerika, namentlich in den Cordilleren und den bergigen Districten von Peru und

Bolivia heimisch sind. Die Wolle dieser Thiere, welche sehr lang und seidenartig weich ist, wird in England in grossartigem Massstabe verarbeitet. Von sämmtlicher Wolle, die in Peru eingeschifft wird, gehen $^{9}/_{10}$ nach England, der Rest nach Hamburg und den Vereinigten Staaten. Die Ausstellung von Garnen und Stoffen sowie Alpaca-Fliessen ist daher eine sehr reichhaltige.

Cap. 4. Angora- und Kaschmir-Waaren.

Die Angora-Ziege ist in einem kleinen District Klein-Asiens heimisch; ihr weisses seidenes Haar, welches in langen Locken herabhängt, wird durchschnittlich 5—6 Zoll lang. Früher importirte man die Wolle als Hand-Gespinnst verarbeitet, doch war sie in diesem Zustande wegen der Unregelmässigkeiten für die Maschinen nicht zu gebrauchen. Seit 1840 führt man die Wolle roh ein, spinnt sie in England und es hat sich in Folge dessen der Verbrauch innerhalb 10 Jahren sechsfach vermehrt. Man importirt aus Russland, der Türkei, Ostindien und Amerika. In verschiedenen Kästen findet sich die Wolle roh, in Fliessen und verarbeitet ausgestellt und zwar in Fabricaten der verschiedensten Länder und Völker: der Kosaken-Frauen, der Franzosen, Italiener, Chinesen etc.

Die Tibet- oder Kaschmir-Ziege zeichnet sich durch einen Reichthum in langen, schlichten, bis zu den Knieen herabhängenden Haaren aus; sie weidet in den Himalaya-Bergen. Nicht mehr als 30 Unzen ihrer Wolle, etwa 3 Thlr. werth, gehören zur Fabrication eines Shawls, $1^{1}/_{2}$ yard ins Geviert. Die immensen Kosten dieser Shawls auf den europäischen Märkten muss daher für diejenigen ein Gegenstand der Verwunderung sein, die mit der Geschichte ihrer Fabrication und ihres Transportes unbekannt sind. Ein hoher Zoll ist zuerst auf die Wolle zu zahlen, dann eine weitere Steuer auf das Garn, und der fertige Shawl wird noch ausserdem ganz nach der Willkür der Behörde besteuert. Ist der Shawl für Europa bestimmt, so hat er noch schwerere Proben zu bestehen. Er muss von Kaschmir über den Indus bis zur Grenze von Afghanistan (eine Reise von 20 Tagen) auf dem Rücken eines Mannes getragen werden, da die Strasse für Kameele oder Maulesel oft nicht passirbar ist: tiefe

Abgründe müssen mittelst Hängebrücken von Seilen überschritten und steile Felsen mittelst hölzerner Leitern erstiegen werden. An verschiedenen Stellen dieser Reise sind Steuern bis zum Betrag von 12—14 Thlrn. zu bezahlen, und muss die Enthaltsamkeit räuberischer Horden in Afghanistan und Persien noch ausserdem theuer erkauft werden. So geht denn die kostbare Bürde über den Kaukasus nach Europa, oder wie jetzt oft, durch die türkischen Provinzen nach Constantinopel.

Ist das Tuch zu einem Shawl von Wolle mit seidenem Einschlag fertig gewebt, so beginnt erst die wichtigste Arbeit, die Stickerei. Damit haben bei einem Shawl drei Männer drei Monate lang, bei besonders reichen Shawls, die paarweise gemacht werden, 18 Monate lang zu thun. So ist in der That die Arbeit zur Erzeugung eines Kaschmir-Shawls erster Classe unermesslich, und es wird begreiflich, dass er oft Tausende kostet, ehe er die Felsenthore des Thales von Kaschmir passirt.

Kaschmir-Wolle, roh und in verschiedenen Stadien der Verarbeitung, ist in Kästen und Gläsern in reicher Auswahl ausgestellt.

Abtheilung II. Haare, Borsten und Fischbein.

In Bezug auf die beiden ersten Artikel findet man Rosshaare, Kameelhaare, Kuh- und Kalbshaare, Borsten aller Art etc. in rohem Zustand und sämmtliche daraus gefertigte Artikel ausgestellt. Unter den Arbeiten findet man Teppiche aus Kuhhaaren, die in Preussen gefertigt werden, Schmuck-Sachen, Broschen, Armbänder, Ketten aus Rosshaar, dessen Verwendung in der Weberei zu Tuch und Möbel-Bezügen, Crinolinen, Sieb-Waaren; ein Kasten enthält Substitute für menschliches Haar für die Zwecke der Bühne.

An der Wand hängen Tafeln mit Abbildungen mikroskopischer Untersuchungen über das Haar des Menschen und verschiedener Thiere und Erklärungen über die wichtigsten Eigenschaften des Haares.

Ebenso zeigen in Bezug auf das Fischbein Abbildungen zunächst die verschiedenen Wallfische; den arctischen, den Südsee-Wallfisch etc., die Harpunen und sonstigen Instrumente, Schiffe etc., seiner Jagd und die Präparirung des Fischbeins.

In Kästen sieht man rohes Fischbein, wie es aus dem Wallfisch entnommen ist, und sämmtliche daraus gefertigte Artikel, endlich auch das künstliche Fischbein (*Wallosin*). Kurz man kann hier das Fischbein verfolgen, von der Davis-Strasse an Grönlands Küste bis in die Hand des Stutzers, wo es als feines Stöckchen ungeahnte Proben seiner Biegsamkeit ablegen muss.

Abtheilung III. Seide.

Was die Sammlung in Bezug auf Seide leistet, lässt sich in 3 Gruppen zusammenfassen.

1. gibt sie einen Ueberblick über sämmtliche Schmetterlinge der verschiedenen Länder und der durch die Raupen erzeugten Cocons, mit Angabe der Verschiedenheit derselben und der aus ihnen gewonnenen Seide. Auf einer Tafel finden sich die wissenswerthesten Mittheilungen über die Krankheiten der Seiden-Raupen;

2. stellt sie Rohseide aller wichtigsten Länder der Welt aus, welche Seidenzucht treiben, gibt auch auf Tafeln statistische Notizen über Export resp. Import von Seide. Es findet sich Seide aus der Türkei, aus Italien, aus Frankreich, aus China, Indien, Amerika, Tasmanien, aus Schweden, aus Deutschland u. s. w;

3. bietet sie Seiden-Fabricate aus sämmtlichen Ländern, wo solche fabricirt werden, und zwar Seiden-Garne, Seiden-Bänder, Seiden-Sammt, Seiden-Spitzen und gemischte Seiden-Stoffe.

Abtheilung IV. Pelze.

Die Verwendung des Pelzes zu Kleidung und Schmuck ist schon sehr alt; in den ältesten Luxus-Gesetzen spielt er gewöhnlich eine Hauptrolle. Die wegen ihrer Schönheit und Feinheit geschätztesten Pelze kommen aus den nördlichen Regionen. Der Pelz erreicht seine grösste Vollkommenheit beim Anfang des Winters. Die Vernichtung der pelztragenden Thiere durch die Jäger, namentlich in in den Prärien von Nord- und Süd-Amerika, in den Steppen von Russland und Sibirien, in den Wäldern Indiens und den Wüsten

Afrika's ist ausserordentlich. Verschiedene Schiffe, lediglich befrachtet mit Pelzen aus den unermesslichen Jagd-Gebieten der *Hudsons-Bay-Companie* in dem arctischen Amerika kommen jedes Jahr in London an, und es wurden beispielsweise im Januar 1862 im Ganzen 1,069,970 Felle verkauft, welche aus Amerika, Canada und den Falklands-Inseln importirt waren.

Die *Hudsons-Bay-Companie* behauptet ihre commerzielle Stellung beinahe ausschliesslich durch den Pelz-Handel; sie gebietet über ein Stück der Welt, welches mehr als halb so gross ist als ganz Europa. Es ist von Interesse zu erfahren, wie dies Gebiet regiert wird: es hat einen Ober-Gouverneur, unter dem 60 Geschäfts-Führer stehen; jeder steht einem der 60 Districte vor, in die das ganze Territorium eingetheilt ist. Jeder Geschäfts-Führer disponirt über 25 Händler. Ausser diesem Personal gibt es 5 Chirurgen, 40 Caplane und Missionäre, 150 Bureau-Beamte und gegen 1200 Personen Dienst-Personal. Der Gouverneur und die Geschäfts-Führer bilden ein Raths-Collegium, welches die Geschäfte der Compagnie besorgt. Ein Central-Bureau in London ertheilt die allgemeinen Instructionen. Ausser den bisher genannten Personen gibt es nun 500 Reisende und eine grosse Anzahl Arbeiter, Fischer und Jäger. Diese sind meist Canadier, Europäer oder Mischlinge. Die gesuchtesten Jäger sind die eingeborenen Indianer. Diese ziehen im Winter wohlverproviantirt aus und bringen im Frühjahr ihre Beute den Händlern. Meist treibt man Tausch-Handel und oft wird für ein Jagdmesser ein Bärenfell eingetauscht, was 12 Thlr. Werth hat. —

Die verschiedenen Sorten von Pelz und die mannigfachen, aus demselben gefertigten Gegenstände sind in grossen Wand-Schränken ausgestellt und nach naturgeschichtlicher Eintheilung geordnet, je nachdem sie von Insecten-Fressern, Nagethieren, Fleisch-Fressern etc. herstammen.

Abtheilung V. Federn.

Abgesehen von der Nahrung machen wir von den Artikeln aus dem Bereich der Vögel nur eine beschränkte Anwendung. Zwei der wichtigsten Artikel, die Bettfedern und Schreibfedern sind durch Matrazen und Stahlfedern nahezu verdrängt.

An den Wänden sieht man zunächst diejenigen Vögel ausgestopft, deren Federn practisch verwendet werden: den Gold- und Silberfasan, den Pfau, den Ibis, den Reiher, den Goldadler, den Strauss, den Paradiesvogel, die Gans, die Ente aus Grönland und andern Orten ihrer Heimath, welche sich die Eiderdaunen von der Brust abzupft und ihr Nest damit auslegt etc.

Weiter sind in Kästen die Federn, verarbeitet, ausgestellt, welche zum Stopfen von Betten, Kissen etc. gebraucht werden, sodann Mäntel, Muffen, Mützen etc. von Schwanenpelz, endlich die Verwendung der Federn zum Schmuck, und zwar beim Militär, bei den Zulukaffern von Natal und andern Theilen des südöstlichen Afrika's u. s. w., endlich die Verwendung derselben zu künstlichen Blumen.

Abtheilung VI. Gallerte, Häute und Leder.

A. Gallerte, Leim, und Hausenblase,

ausgestellt in Gläsern und Tafeln mit den verschiedenen Zwecken der Verwendung zur Verpackung, zu durchscheinendem Papier *(papier glacé)*, zur Fabrication künstlicher Blumen u. s. w.

B. Pergament und Schweinsleder.

Hier sind Häute in Glycerinbädern ausgestellt als erster Process bei der Pergamentfabrication resp. der Verarbeitung solcher Häute zu Trommelfellen und zur Buchbinderei, sodann Fabricate von Maschinen-Pergament aus deutschen Fabriken, namentlich aus Erfurt.

Um die Dauer dieses Materials zu beweisen, sind in einem Kasten Pergamente aus den Jahren 1277, 1325, 1428 etc. ausgestellt.

C. Häute und Leder-Artikel.

Als Einleitung in die Objecte dieser Classe sind zunächst sämmtliche Gerbmaterialien ausgestellt: Terra japonica aus Singapore, Sumach aus Palermo, Saamenkapseln und Rinde der prosopis pallida aus Chili, getrocknete Fruchtschalen verschiedener Species von Terminalia aus Indien, Rinden und Galläpfel sämmtlicher Eichenarten der alten und neuen Welt, Mimosa-Rinde von Australien u. s. w. Sodann die beim Präpariren des Leders gebrauchten Instrumente und Flaschen mit verschiedenen Säuren und Salzen etc.

Endlich die verschiedenen Arten Leder mit den daraus gefertigten Fabricaten.

Classe II. **Thierische Substanzen zu häuslichen Zwecken und Schmuck-Gegenständen.**

Abtheilung I. Knochen und Elfenbein.

Knochen bilden einen sehr bedeutenden Handelsartikel, namentlich als Arbeitsmaterial, als chemisches Product und als Düngung. In Sheffield allein werden jährlich 2,000,000 Schenkelknochen von Rindvieh zu Messerwaaren verarbeitet; aus den abfallenden kleinen Stücken werden Knöpfe gemacht.

Auf verschiedenen Tafeln geben zunächst Zeichnungen von mikroskopischen Untersuchungen Aufschluss über die Structur der Knochen im Längen- und Querschnitt; sodann ersieht man ihre verschiedenen Verwendungen und endlich die daraus gefertigten Producte, als Messerwaaren, Zahnbürsten, Kunstgegenstände, Waffen aus Knochen, von den Südsee-Inseln etc.

In Betreff des Elfenbeins würde es keine leichte Aufgabe sein, die Dinge nur anzuführen, zu denen es verwendet wird. Zunächst ist der Rohstoff ausgestellt: 1 Elephantenkopf von Afrika, verschiedene Wallross-Zähne, die namentlich zu künstlichen Zähnen verarbeitet werden, Hippopotamus-, Einhorn-Zähne und 5 prachtvolle Exemplare von Elephanten-Hauern, welche die Königin Victoria von dem König von Shoa (Abyssinien) erhalten hat.

Die Händler classificiren die Hauer nach dem Gewicht in 6 Classen: die erste Classe umfasst diejenigen von 70—90 Pfd. Gewicht, die letzte die von 20 Pfd.

Die ausgestellten Elfenbein-Artikel zerfallen in 2 Classen, in die Verwendung zu practischen Zwecken als Messergriffe, Bürsten, Billardbälle, Armbänder, Pianofortetasten, Stethoskopen etc. und in die Elfenbeinschnitzereien, in Bezug auf welche noch besonders auf das Museum für ornamentale Kunst zu verweisen ist, wenngleich auch hier eine ansehnliche Sammlung existirt.

Abtheilung II. Horn und Hufe.

Wie die Hörner und Geweihe ein Schmuck der Thiere sind, so

sind dieselben in ihrer decorativen Anordnung auch ein Schmuck der Ausstellung. Man findet die Hörner und Geweihe sämmtlicher Thiere aller Zonen ausgestellt, und die reiche Auswahl von Hornfabricaten andrerseits zeigt, wie der Mensch in allen Ländern und auf allen Gebieten bemüht gewesen ist, die Gaben der Natur für seine Zwecke zu benutzen.

Abtheilung III. Schildpatt.

Abtheilung IV. Muscheln und Producte von Seethieren.

Muscheln bestehen vorherrschend aus Kalk (aus 75% kohlensauern Kalk, 3% phosphorsauern Kalk, 3% Salzen, 2% thierischen Substanzen und 17% Wasser). Jede Muschel besteht aus 2 Schichten, einer glatten und einer rauhen, welche in einander laufen. Man glaubte früher, die Muschel werde durch Ausscheidung aus dem Körper des Thieres gebildet. Das Mikroskop zeigt jedoch eine sehr complicirte und eigens organisirte Entstehung der Muschel. Die rauhe Schicht besteht nämlich aus lauter 6seitigen Prismen, die aneinandergefügt, ein sehr compactes und feines Kunstwerk bilden; der glatte Theil, die Emaille, besteht aus einer Reihe höchst feiner Schichten, welche durch den sog. Mantel oder die Franzen des Thieres gefertigt werden. Diese Schichten sind nicht von gleicher Grösse, und ihre Grenzpunkte bilden eine Reihe von Linien mit wellenförmigen Kanten. Diese Construction gibt der Substanz jene Eigenschaft, das Licht in so prachtvollen Farben zu reflectiren, welche es zum Schmuck so geeignet macht. Die Farbenpracht der Perlmutter beruht auf der grossen Feinheit der einzelnen Plättchen, welche die Lichtstrahlen zerlegen, ähnlich wie bei den Flügeldecken vieler Käfer, oder der Federn des Colibri, wie denn häufig die Farbenpracht in der Natur auf ähnliche Weise erzeugt ist. Man kann diese Farben- resp. Lichtreflexe künstlich erzeugen, wenn man dünne Schichten von durchsichtigem Lack auf Papier streicht, auch hat man dieselben prismatischen Farben auf Stahlknöpfen erzeugt, durch concentrische Ringe, die man mit einem Diamanten zog.

Die Perlen werden auf dieselbe Weise, wie oben die Emaille,

von verschiedenen Schalthieren erzeugt; sie sind Niederschlag jenes Emaille-Materials um einen kleinen Kern, z. B. ein Sandkorn, welches in die Muschel hineingerathen ist. Die werthvollsten Perlen kommen von der Insel Ceylon, dem Cap Comorin und dem persischen Golf von der sog. Perlauster (Avicula margaritifera).

Den Umstand, dass die Perle durch einen Gegenstand entsteht, der in die Muschel hineingerathen ist, benutzten die Chinesen schon sehr zeitig, um künstlich die Bildung von Perlen zu veranlassen. Sie bringen ein Stückchen gebrannte Erde in die Muschel mit lebendem Thier und warten bis dieses mit der Emaille überzogen ist. Oft führen sie kleine Figuren von Metall ein, welche den Buddha sitzend darstellen, und diese, mit Perlenmasse überzogen, sind als kostbarer Schmuck sehr geschätzt.

In dem Kasten No. 828 sind zwei Muscheln ausgestellt, welche die künstliche Bildung von Perlen durch eingelegte Gegenstände erkennen lassen. Dieselben sind von Sir A. Bowring mit aus China gebracht worden.

Bekanntlich werden die ächten Perlen jetzt in sehr vollkommener Weise nachgeahmt. Man verwendet dazu die Schuppen des Weissfisches. Zu einem Pfund Schuppen gehören etwa 4000 Fische. Man bläst feine Glaskugeln, belegt sie inwendig mit der Perlen-Essenz, die mit Hausenblase gemischt ist, und füllt dann die Perlen mit Wachs aus, um sie weniger zerbrechlich zu machen.

Wie die Perlen, so ist auch die Perlmuttermasse sehr geschätzt, deren es bekanntlich zwei Arten gibt, schwarze und weisse. Die schwarze war früher selbst zur Knopffabrication zu gering geschätzt, und man schüttete sie deshalb in Birmingham auf die Abgangsplätze vor der Stadt; jetzt, wo sie sehr gesucht ist, werden diese Plätze stückweise sehr theuer verkauft und man gräbt mit grosser Mühe die schwarze Perlmutter wieder heraus.

Die Ausstellung ist ungemein reich an Muscheln und Fabricaten, namentlich aus Perlmutter, und zeigt die Verwendung der ersten bei den verschiedensten Völkern. Man sieht die Cypraea moneta, die bei verschiedenen Stämmen West-Afrika's als Geld benutzt wird, die Purpurea Lapillus, die Purpurschnecke, die kleine venetianische

Muschel, die zu Armbändern, Kragen etc. verarbeitet wird, die versteinerten Muscheln (Ammoniten), welche polirt ein so prachtvolles, marmorartiges Aussehen bekommen u. s. w.

Schwämme finden sich in den verschiedenen Stadien ihrer Entwickelung aus allen Punkten des Meeres, wo sie wachsen: aus der Türkei, dem mittelländischen Meere, den Kanal-Inseln, der Nordsee etc.

Korallen bilden bekanntlich den festen, vorherrschend aus kohlensauern Kalk bestehenden Kern der, aus gallertartigen Schleim bestehenden Strauchpolypen. Die rothe Koralle *(Isis nobilis)* findet sich namentlich im mittelländischen Meer, im persischen Golf, im rothen Meer und auf der Insel Ceylon. Die gesammte Verwendung der Korallen ist im Museum vollständig zu ersehen, ebenso die 5 Classen in welche dieselben nach der Schönheit ihrer Farben, von Tiefroth zu Blassroth, eingetheilt werden.

In Folge der Verbreitung welche die Aquarien überall geniessen, ist ein solches dem Museum einverleibt.

Abtheilung V. Thierische Oele und Fette.

Classe III. Pigmente und Farbstoffe von Thieren.

1. Cochenille und Scharlach.

Cochenille ist der Hauptbestantheil eines weiblichen Insects *(coccus cacti)* welches auf einer Species Cactus (*opuntia cochinelifera*) lebt und hauptsächlich von Mexico und Central-Amerika, in zweiter Linie auch von Spanien, Algier, Indien und Syrien exportirt wird. Man versendet die getrockneten Rückenschilde dieses Insects, von denen man in England etwa 14,000 Tonnen zum Werth von ca. 5,000,000 Thlr. jährlich einführt. Da jedes Pfund Cochenille etwa aus 70,000 Insecten gewonnen wird, so importirt man allein in England 220,000,000,000 Insecten.

Die Insecten werden dreimal im Jahre von den Cactusblättern gesammelt; man tödtet sie entweder durch siedendes Wasser, oder auf heissen Platten oder in Oefen. Im letzteren Fall bekommen sie eine aschgraue Farbe und bilden die Silbercochenille, im zweiten Fall bekommen sie eine schwarze Farbe, im ersten eine rothbraune. Alle 3 Arten sieht man in Gläsern ausgestellt.

In einem Glaskasten sieht man verschiedene Tuche und Seidenstoffe, die mit Cochenille gefärbt sind. Ebenso sind die verschiedenen Lackfarben von Cochenille ausgestellt, welche unter dem Namen Carmin, florentiner Lack etc. in den Handel gebracht werden. Nächstdem sind die andern Farben ausgestellt, die aus thierischen Substanzen gewonnen werden, namentlich gebranntes Elfenbein.

Scharlach wird von einem Insect gewonnen *(Coccus ilicis)*, welches auf den verschiedenen Species der *Quercus coccifera* lebt, die in Spanien, in der Türkei, in Griechenland und andern Theilen des südlichen Europa's vorkommt; man sieht auch diese Farbe ausgestellt sowie einige damit gefärbte Gegenstände.

2. Thierische Lacke.

Hier finden sich die, namentlich von Insecten gewonnenen Lacke, Schellack u. s. w.

3. Galle, Gallfarben, Blut.

Classe IV. **Thierische Stoffe, welche zur Pharmacie und Parfümerie gebraucht werden.**

Classe V. **Verwendung von thierischen Abfällen.**

Einen sehr grossen Nutzen gewährt die Wissenschaft dadurch, dass sie nachweist, wie bestimmte Nebenproducte und an sich werthlose Abfälle wieder nutzbar gemacht werden können. Obgleich sehr viele solcher Abgänge zu verschiedenen Zwecken nützliche Verwendung finden, so ladet doch noch eine bei Weitem grössere Masse den menschlichen Geist ein, auf dem grossen Gebiete der Nutzbarmachung von Naturproducten für menschliche Zwecke ihr eine geeignete Stelle anzuweisen.

4. Das Museum der Nahrungsmittel.

Die Originalidee zu dem Nahrungsmittel-Museum stammt von Mr. Twining, das Arrangement von Dr. Lyon Playfair und Dr. E. Lankester. Es soll die Natur und Quellen der Nahrungsmittel kennen lehren, welche Reiche und Arme in gleicher Weise zum Lebensunterhalt nöthig haben. Zweierlei hat man bei dieser Sammlung im Auge gehabt:

1. man will die chemischen Bestandtheile der verschiedenen Substanzen, die als Nahrung verwendet werden, angeben,

2. man will die natürlichen Quellen, denen die verschiedenen Arten von Nahrung entnommen werden, zur Anschauung bringen.

Da wo die Bereitungsprocesse der Nahrung eine Illustration zulassen, sind auch diese dargestellt.

Eine derartige Sammlung lässt sich natürlich von verschiedenen Gesichtspunkten ordnen. Da bis zu einem bestimmten Punkte die physiologische Wirkung der Nahrung von der chemischen Zusammensetzung derselben abhängt, so hat man den chemischen Gesichtspunkt gewählt. Die verschiedene menschliche Nahrung besteht aus denselben Elementen wie der menschliche Körper. Die Nothwendigkeit der täglichen Zufuhr von Nahrung beruht, abgesehen von dem Wachsthum, auf der Thatsache, dass gewisse Bestandtheile des menschlichen Körpers täglich durch den Lebensprozess consumirt werden. Um daher den Werth der Nahrung in Bezug auf ihre Bestandtheile zu verstehen, ist es nothwendig die Zusammensetzung des menschlichen Körpers zu kennen. Als Basis für den ganzen Aufbau der Sammlung ist daher in Abth. A. No. 1. eine Analyse der verschiedenen Bestandtheile des menschlichen Körpers zur Anschauung gebracht worden, dessen Gewicht man auf 154 Pfd. angenommen hat. Dieselben ersieht man aus nachstehender Zusammenstellung:

1. Sauerstoff	111	Pfd.	0	Unzen.	0	Gran.
2. Wasserstoff	14	„	0	„	0	„
3. Kohlenstoff	21	„	0	„	0	„
4. Stickstoff	3	„	8	„	0	„
5. Phosphor	1	„	12	„	190	„
6. Calcium	2	„	0	„	0	„
7. Schwefel.	0	„	2	„	219	„
8. Fluor	0	„	2	„	0	„
9. Chlor	0	„	2	„	47	„
10. Natrium	0	„	2	„	116	„
11. Eisen	0	„	0	„	100	„
Latus	152	Pfd.	28	Unz.	672	Gran.

	Transport	152 Pfd.	28 Unz.	672 Gran.
12.	Kalium	0 „	0 „	290 „
13.	Magnesium	0 „	0 „	12 „
14.	Silicium	0 „	0 „	2 „
	Summa	154 Pfd.	0 Unz.	0 Gran.

Diese Elemente bilden nun verschiedene Verbindungen, aus denen sich die festen und flüssigen Bestandtheile des Körpers zusammensetzen. Die wichtigsten dieser Verbindungen sind:

	Pfd.	Unz.	Gr.
1. Wasser	111	0	0
2. Gallerte und Leim, woraus die Zellenwände, Gewebe u. s. w. bestehen	15	0	0
3. Fett	12	0	0
4. Phosphorsaurer Kalk, Bestandtheil der Knochen	5	13	0
5. Kohlensaurer Kalk, desgl.	1	0	0
6. Eiweis, Bestandtheil des Bluts und der Nerven	4	3	0
7. Faserstoff, Bestandtheil der Muskeln und Blutkörper	4	4	0
8. Salz	0	3	376
9. Kohlensaures Natron	0	1	72

u. s. w.

Mittelst des Stoffwechsels werden nun diese verschiedenen Bestandtheile ausgeschieden und durch die Nahrung wieder ersetzt.

Die menschlichen Nahrungsmittel entstammen dem Mineral-, Pflanzen- und Thierreich.

Das Mineral- und Pflanzenreich bilden jedoch in sofern die grosse Urquelle der Nahrung für Menschen und Thiere, als in den Pflanzenzellen diejenigen chemischen Wandlungen mit den Elementen vor sich gehen, welche dieselben erst zur Nahrung geeignet machen. Die Thiere können nur, wenn auch modificirt, das geben, was sie von den Pflanzen erhalten.

Nach diesem Gesichtspunkt sind zuerst die Nahrungsmittel des Mineral- und Pflanzenreichs in nachstehender Eintheilung behandelt:

Classe I. Nahrungsstoffe:

Gruppe 1. Mineralische:

Wasser, Salze, Thier- und Pflanzenasche.

Gruppe 2. Respirationsmittel, Heilmittel:

Stärke, Zucker, Fett, Säuren.

Gruppe 3. Stickstoffhaltige, Nährende, Fleischbildner:

Eiweis, Faserstoff, thierischer Käsestoff.

Classe II. Ergänzende Nahrung (stickstofffreie Materien, die weder fleischbildend noch erwärmend zu wirken scheinen).

Cellulose, Gummi, Gallerte.

Classe III. Medicinische und Hilfs-Nahrung (an- und erregend wirkende).

Gruppe 1. Erregend wirkende:

Alcohol, flüchtige Oele, Gewürze.

Gruppe 2. Narcotische:

Thee und Kaffee, Tabak, Opium etc.

Innerhalb dieser Classen werden sämmtliche dem genannten Terrain entspringenden Nahrungsmittel zur Anschauung gebracht.

Die thierischen Nahrungsmittel sind vom naturgeschichtlichen Gesichtspunkt aus eingetheilt, jenachdem sie von Wirbelthieren kommen (Säugethiere, Vögel, Reptilien, Fische) oder von wirbellosen Thieren (Insecten, Hummer, Krebse, Crabben etc.).

Um nun einem gewissen Maasse von wichtigen Kenntnissen über die einzelnen Nahrungsmittel die grösstmöglichste Verbreitung unter den Beschauern des Museums zu geben, bedient man sich zweierlei Mittel:

1. eines Führers zu der Nahrungsmittel-Sammlung *(a guide to thee Food Collection in the South Kensington-Museum by Edw. Lankester, Dr. med. London* 1860. Preis 5 Sgr.), der in vortrefflicher Weise die allgemeinen Principien, den Plan und das Detail dieser Sammlung darlegt, bei jedem Gegenstand auf die allgemeine und specielle Wichtigkeit desselben hinweist, die Folgen andeutet, die aus schlechter Beschaffenheit desselben entstehen (z. B. die Cholera durch unreines Wasser) und endlich die chemischen Bestandtheile der einzelnen Nahrungsmittel angibt. Bei den wichtigsten Gegen-

ständen, z. B. dem Wasser, ist die Rolle möglichst klar zum Verständniss gebracht, welche dasselbe für den Aufbau und die Ernährung des Körpers sowie für die Ausscheidung verbrauchter Stoffe aus demselben bildet. Auch ist ein Wasser-Filter für Arme (*a Poor Man's Filter*) ausgestellt, bestehend aus einem Blumentopf; man verstopft das Wasserloch desselben mit einem Schwamm und füllt ihn mit einer handhohen Schicht von klarer Holzkohle, Sand und Kies aus.

2. verschiedener Etiketten und Wandtafeln, auf denen bei jedem Gegenstand das Wesentlichste und Wissenswürdigste in derselben Weise wie oben sub 1 mitgetheilt ist.

Man kann aus der Sammlung am Besten erfahren, wie sehr ein Land in Bezug auf seine Nahrung von andern Ländern und Zonen abhängig ist. Daraus geht wohl die Wichtigkeit des Umstandes hervor, dass man auch die bei andern Völkern als Nahrung verwendeten Gegenstände kennt. Deshalb sind vielfach derartige Stoffe ausgestellt; am vollkommensten werden jedoch in den Abtheilungen No. 90, 91, 92, 131, 132, 133 die nationalen Eigenthümlichkeiten der chinesischen Nahrungsmittel zur Anschauung gebracht.

Einen sehr wichtigen Dienst erweist das Nahrungsmittel-Museum dadurch dem öffentlichen Wohle, dass es die Fälschung der Nahrungsmittel in einer besondern Abtheilung sehr übersichtlich veranschaulicht. Man hat dieselbe im Wesentlichen nach dem bekannten Werke von Dr. Hassal: „*On the adulteration of food*" arrangirt, und erreicht damit zweierlei:

1. Man macht auf die Fälschungen aufmerksam und weist sie nach.

2. Indem man sie in einem öffentlichen Museum ausstellt, warnt man davor und arbeitet durch diesen Weg der Veröffentlichung am Besten der Fälschung entgegen.

Um die Bedeutung der Ausstellung nach diesen beiden Richtungen zu bemessen, muss man wissen, dass es sich in dieser Industrie darum handelt, jedem Menschen, dem Armen wie dem Reichen, die Grundlagen seiner Nahrung und damit seiner Existenz nicht blos zu verfälschen — nein, oft zu vergiften — und zwar ruhig und geheimnissvoll, ohne Reclame, wie es das Wesen dieser

Industrie mit sich bringt. Hassal und nach ihm Chevalier und Hureau haben nachgewiesen, dass fast alle Artikel, die als Speise, Trank oder Medicin benutzt werden, verfälscht sind. Milch, Mehl, Thee, Kaffee, Zucker, Mostrich, Wein etc. stellt man auf künstlichem Wege her und zwar aus Stoffen, bei deren Nennung sich Jedem die Haare sträuben. Mostrich z. B. wird fabricirt aus Essig, Schüttgelb und Cayennepfeffer, d. h. aus Gegenständen, die wiederum gefälscht sind, denn Essig besteht aus Wasser und Schwefelsäure, der Cayenne-Pfeffer aus rothem Bleioxyd, das Schüttgelb aus Lehmpulver. Das *Non plus ultra* dieser Industrie ist jedoch eine Art Londoner Chocolade, welche nach Hassal nach folgendem Recept gemacht wird: 10 Proc. Ziegelmehl, 12 Proc. Ocker, 22 Proc. Eisen-Oxyd und 56 Proc. Mischung aus ranzigem Talg, Cacao und einem gewissen braunen, menschlichen Stoff ..... *horresco referens.*

Die Abtheilung betr. die Fälschung der Nahrungsmittel, stellt sämmtliche in dieser Richtung verwendeten Stoffe aus und zwar nach den Quellen geordnet, denen sie entstammen: thierische, vegetabilische und mineralische Substanzen.

Es verlohnte sich der Mühe, in jeder grossen Stadt eine derartige Sammlung aufzustellen. Mag diese Industrie bei uns noch nicht die Höhe erreicht haben, wie in London, mögen auch bei uns die Industriellen dieser Richtung noch von sich sagen können „*'faith, some certain dregs of conscience are yet within me,*" wir haben noch etwas Bodensatz von Gewissen in uns — es würde sich doch auch bei uns eine bedenkliche Masse von Gegenständen zusammenstellen lassen, die zur Verfälschung verwendet werden, so gemahlene Cigarrenkisten zu klarem Zimmt, Rappskuchen zu Mostrich etc. So lange die Strafgesetze noch nicht wirksam eingreifen, muss jeder in den Stand gesetzt werden, sein eigener Sicherheitsbeamter zu sein. Er wird es, wenn man die Fälschungsartikel öffentlich ausstellt, ähnlich wie man die falschen Münzen öffentlich annagelt. An ihren Früchten sollt ihr sie erkennen!

5. Die Sammlungen von Modellen und Darstellungen patentirter Erfindungen.

Buckle sagt in seiner Geschichte der Civilisation, der Culturzustand hänge von der Summe der anerkannten naturwissenschaftlichen Wahrheiten ab, und Entdecker und Erfinder seien daher die grössten Wohlthäter der Menschheit. Arago hat durch seine Biographien einen Cultus der grossen Erfinder und Entdecker geschaffen, der zur Nacheiferung anspornt. Fragt man, wer in der Hauptsache den philosophirenden Geist von den, so viele Jahrhunderte hindurch ihn beengenden Fesseln des Glaubens an die Unfehlbarkeit der Kirche und des Aristoteles befreit hat — es waren Kopernikus, Galilei und Keppler, die grossen Führer auf der Bahn der Naturforschung der neuen Zeit. Sie haben den wissenschaftlichen Geist aus dem Dunkel verjährter Irrthümer und Vorurtheile ans Licht geführt und zum Selbstvertrauen und Selbstdenken geleitet. Auf ihre Schultern stellte sich Baco mit seinem philosophischen System; er verwarf die bisherigen Anschauungen über das *Finis scientiarum;* er bekämpfte die souveräne Verachtung, welche die classische Philosophie gegen diejenigen hegte, welche die Wissenschaft der Praxis wegen trieben, während sie blos dazu da sei, den Geist des Denkers zu abstracten ewigen Wahrheiten zu leiten, ihn unabhängig von aller Materie zu machen. Seneca hat in den Episteln von der Philosophie sehr schön gesagt: *Non est instrumentorum ad usus necessarios opifex.* Baco strich das *Non* in diesem Satze. Nach seiner Auffassung war der Zweck der Philosophie „*commodis humanis inservire*" — oder wie er im *Novum organon* sagt: „*dotare vitam humanam novis inventis et copiis.*" —

Nach diesen Andeutungen ist es gewiss ein anerkennungswerthes Unternehmen der Engländer, durch Ausstellung von Modellen gleichsam die Geschichte der englischen Erfindungen zur Anschauung bringen zu wollen. Nur ist dabei ihre Auffassung zu einseitig und ihr Gesichtskreis zu eng. Denn Erfindungen sind cosmopolitischer Natur, sie kennen keine Landesgrenzen, von denen man also bei solch einer Sammlung absehen musste. Andrerseits schliesst die Ausstellung eine grosse Anzahl wichtiger Erfindungen aus, indem sie sich vorherrschend auf solche beschränkt, die mit dem Maschinenwesen zusammenhängen. Sie enthält etwa 30 Modelle von Maschinen und Maschinen-Theilen für Locomotiven und Dampfer, gegen 12 Modelle von Spinn- und Web-Maschinen, verbesserte Dampfhämmer und Maschinen zur Bearbeitung der verschiedenen Metalle, Säge- und Stahlschneide-Maschinen, Cylinder-Druckmaschinen, Ventilations- und Telegraphen-Apparate u. s. w. Den etwa 100 Modellen schliessen sich noch eine Sammlung von Portraits berühmter Erfinder an.

Erfindungen vollziehen sich im Ganzen nach Gesetzen, und ebendeshalb lässt sich oft voraussagen, dass eine bestimmte Erfindung innerhalb einer gewissen Zeit gemacht werden wird oder muss. Als beispielsweise die Verbreitung der Baumwollen-Fabricate immer grössere Dimensionen annahm, hatte man factisch nicht genug Wiesenland zur Bleiche, und es erwuchs aus dieser Thatsache für alle denkenden und dabei interessirten Köpfe der kategorische Imperativ: erfindet oder entdeckt ein Mittel zur künstlichen Bleiche — welches denn auch der französische Chemiker Bertholet in dem Chlor hergestellt hat. Engel hat in der Zeitschrift des königl. statistischen Bureau's darauf hingewiesen, dass in jedem Haupt-Productions- und Consumtions-Zweige gebieterisch eine solche Erfindung gefordert worden ist, die gegenüber einer Massen-Consumtion eine Massen-Production repräsentirt. Was das Chlor in Betreff der Bleiche leistet, das leistet die Kartoffel in Bezug auf Ernährung, die Baumwolle in Betreff der Bekleidung, die Steinkohle in Betreff der Heizung und Beleuchtung, das Cokseisen in Betreff der Geräthe und Werkzeuge, der Dampf in Betreff fehlender Arbeitskräfte für den Transport und alle möglichen Zweige der Arbeit, die Electricität in Betreff des räumlichen Verkehrs, der Typendruck in Betreff des geistigen Verkehrs, die Banken in Betreff des Credits, das Versicherungs-Wesen in Betreff von Schutz des Eigenthums gegen alle mögliche Gefahr etc.

Es liesse sich nun eine synoptische Tabelle construiren, die in ihren secundären Colonnen als Ueberschrift die verschiedenen menschlichen Bedürfnisse in materieller und geistiger Beziehung enthalten müsste und zwar für jedes Bedürfniss eine Colonne. Die erste, die primäre Spalte, dagegen müsste eine wissenschaftliche Classification der verschiedenen Erfindungen enthalten. Würde man diese Tabelle auf Grund einer Sammlung, welche im grossen Massstabe alle Erfindungen repräsentirt, oder einer Geschichte der Erfindungen ausfüllen, so würden dadurch auf einen Blick nicht nur alle Erfindungen sich ersehen lassen, die wirklich gemacht wurden, sondern zugleich auch diejenigen, welche noch zu machen sind, und man würde somit den Geist der Beschauer in sehr anregender Weise auf Gebiete lenken, über denen geschrieben steht: Noch viel Verdienst ist übrig!

6. Die Sammlung von Schiffs-Modellen.

Die grosse Masse der zu dieser Sammlung gehörigen Modelle ist mit wenigen Ausnahmen Eigenthum der Admiralität und wurde im Sommer 1864 von dem Sommerset-House nach Süd-Kensington gebracht. Von Panzerschiffen finden sich nur wenige Modelle, da diese meist in dem Bureau des *Controler of the Navy* gebraucht werden und deren Ausstellung aus naheliegenden Gründen unzweckmässig sein würde. Die Sammlung von Schiffs-Modellen der Admiralität besteht daher vorherrschend aus Schiffen, die mehr ein historisches als ein unmittelbares Interesse haben. Gerade als interessanter, greifbarer Bericht, wie sich die Wissenschaft der englischen Schiffsbaukunst geschichtlich von den Zeiten Heinrichs VII. (1512) bis auf die Gegenwart entwickelt hat, gibt dieser Sammlung ihren unschätzbaren Werth.

Die gesammten Gegenstände zerfallen in 2 Theile, in die der Admiralität gehörigen und die von Privaten eingeschickten. Der erste Theil umfasst über 2000 Gegenstände und ist in 17 Classen getheilt.

Classe I.

Abth. A. Ganze Modelle, welche die Schiffe der königl. Flotte, vom Anfang derselben bis auf die heutige Zeit darstellen. Dieselben sind nach dem Datum ihrer Erbauung und nach Classen geordnet.

1. Linienschiffe mit 3 Decks. Unter diesen befindet sich die bekannte „Victoria“, 100 Kanonen, 1765 vom Stapel gelassen,

welche im Gefecht von Trafalgar Nelson's Flaggenschiff war; am Bord derselben erliess er das bekannte Wort: „England erwartet, dass jeder Mann seine Pflicht thut.“ Das Original-Schiff liegt noch im Hafen von Portsmouth und dient als Flaggenschiff des *Commander-in-Chief*, zur Erinnerung an jenen denkwürdigen Tag.

2. Linienschiffe mit 2 Decks.

3. Fregatten, Jachts, schussfeste Schiffe. Unter den erstern befindet sich der „Terror“, der 1845 mit der Expedition Franklin's absegelte und bisher spurlos verschwunden ist.

4. Verschiedenes. Entwürfe zu verschiedenen Schiffs-Verbesserungen, Eisenbooten etc.

Abth. B. Halbe Modelle von Schiffen in derselben Ordnung wie in Abtheilung A.

Abth. C. Schiffsbuge, arrangirt nach der Ordnung in Abth. A.

Die andern Abtheilungen enthalten Modelle von Mittelstücken, Hintertheilen von Schiffen etc.

Classe II. **Modelle verschiedener Boote, wie sie in Grossbritannien für Kriegsschiffe gebraucht werden, zur Lebensrettung und anderen Zwecken, ebenso anderweite Rettungs-Materialien.**

Boote für Kriegs-Fahrzeuge. Kanonenboote mit Anker-Vorrichtung. Boote und Flosse zum Landen und zur Ausschiffung von Truppen. Lebensretter, Bojen, Baken etc. Methoden der Herunterlassung von Booten und der Befestigung derselben am Bord; verschiedene Boot-Utensilien.

Classe III. **Modelle von Fahrzeugen und Booten, die im Gefecht und zu andern Zwecken zu verschiedenen Zeiten in andern Ländern gebraucht worden sind.**

Classe IV. **Modelle für Details der Bauart verschiedener Schiffstheile und die Haupt-Veränderungen, die zu verschiedenen Zeiten damit vorgenommen worden sind.**

Classe V. **Modelle über die Art der Ausrüstung verschiedener Schiffstheile.**

Classe VI. **Modelle verschiedener Geräthschaften, die am Bord gebraucht werden.**

Classe VII. Modelle verschiedener Gegenstände, die zur Ausrüstung der Schiffe gehören.

Classe VIII. Modelle von Steuer-Apparaten, ständigen und zeitweiligen, mit Hintersteven, Ruderhaken etc.

Classe IX. Modelle für die verschiedenen Arten der Fortbewegung von Schiffen.

Diese Classe zeigt die verschiedenen Einrichtungen und Stellungen der Schaufelräder bei Rad-Dampfern, sowie der Schrauben bei Schrauben-Dampfern, endlich Modelle der sonstigen Vorschläge für die Bewegung der Schiffe, z. B. Räder, die vom Wind getrieben werden etc.

Classe X. Maste und Takelwerk.

Diese Classe zerfällt in 16 Unter-Abtheilungen.

Abth. A zeigt Modelle des Mast- und Takelwerks von Schiffen aus den verschiedensten Perioden und zwar von 1514—1865.

Abth. B zeigt die Masten, Raaen, Topmasten, Querstangen, Bugsprite etc. nach der Eintheilung Symonds, und zwar bei Ein- und Zweideckern, bei Fregatten, Corvetten, Briggen, Packetbooten etc.

Abth. C enthält Modelle von Mastblocken für die verschiedenen Arten von Schiffen.

Abth. D—K gibt für die einzelnen Arten von Masten die Art und Weise der Niederlassung, Aufrichtung, Haltbarmachung und Ausrüstung und zwar für die niedern Masten, die Topmasten, Bugsprite, Spieren, Segelbäume etc.

Abth. L—O enthält Taue nebst Rollen, Ringen, Flaschenzügen etc., Taue aus Draht, Cacaonuss-Bast, aus chinesischem Bambus, Yucca (chines. Flachs).

In Abth. P finden sich Modelle von Masten, welche in sehr sprechender Weise illustriren, welchen Grad von Beschädigung und Zersplitterung die Masten bei Seegefechten zu ertragen vermögen. Namentlich sieht man den Vormast der „Victoria" (Nelson's Flaggenschiff), wie er nach der Schlacht von Trafalgar aussah, sodann die drei untern Maste der „Asia“ in ihrem Zustande nach der Schlacht von Navarin.

Classe XI. Einrichtungen für das vom Stapellassen der Schiffe, das Aufwinden und Senken derselben, das Heben derselben bei fliegenden Docks etc.

Classe XII. Modelle von Gebäuden, See-Magazinen etc.

Classe XIII. Methoden und Compositionen zum Schutz der Schiffs-Gefässe gegen die Wirkungen zerstörender Kräfte, namentlich des Seewassers nebst Proben von Zerstörungen und Schäden.

Diese Classe enthält in 6 Abtheilungen Proben von Firniss, Lack, Theer etc. zum Conserviren des Holzes, sie zeigt die Methoden der Kupferung und Galvanisirung etc., und ist namentlich interessant durch die Sammlung der verschiedenen Species von Seeschwamm, der Muschelthiere und Würmer, Korallen, Pflanzen etc., die durch Ansetzen an den Schiffsboden gefährlich werden und vielen Schaden thun. Eine Abtheilung dieser Classe enthält eine Reihe von Kupfer- und Eisentheilen und Platten, an denen man die Abnutzung sehen kann; bei einzelnen Stücken ist das Gewicht zur Zeit des Anfangs und nach der Abnutzung angegeben, deren Differenz die Abnutzung selbst darstellt. Die 5. Abtheilung zeigt an etwa 20 Beispielen die zerstörende Wirkung des Salzwasser-Wurms *(Teredo navalis)* auf die verschiedenen Holzarten, die zum Schiffbau verwendet werden.

Die 6. Abtheilung dieser Classe enthält eine Sammlung von 30 verschiedenen Schiffstheilen und Gegenständen vom „Royal George“, der im Jahre 1782 bei Spithead unterging und 1839 von Colonel Pasley gehoben wurde.

Classe XIV. Maschinen und Geräthschaften.

Classe XV. Schiffs-Figuren, Büsten, Schnitzereien etc.

Classe XVI. Zeichnungen und Oelbilder,

und zwar sowohl Bilder berühmter Schiffe als Portraits bekannter Persönlichkeiten auf dem Gebiete des Seewesens.

Der zweite Theil der Sammlung, welcher aus Privat-Quellen stammt, theilweis auch von der Königin ergänzt worden ist, enthält etwa 100 Gegenstände, namentlich Oelgemälde der berühmtesten englischen Dockyards zu Woolwich, Sheerness, Portsmouth, Blackwall etc., der schönsten englischen Schiffe, sowie einiger See-Gefechte, sodann Modelle von Schiffen der verschiedensten Art, z. B. eines Eisbootes, wie sie im Golf von Finnland, den Canadischen Seen etc. gebraucht werden, eines Panzerschiffes etc.

III. Theil.

Rückschau auf England und Umschau in Deutschland.

I. Abschnitt.

Der allgemeine Charakter und die leichte Uebertragbarkeit des englischen Systems und seiner Mittel.

Es ist oben nachgewiesen worden, wie die Engländer nach 14jährigen Erfahrungen zu der Ueberzeugung kamen, dass es bei Förderung der Kunstindustrie auf dreierlei ankomme: die Elemente der Zeichenkunst zu einem Bestandtheile der nationalen Erziehung zu machen; tüchtige Lehrer für die Kunstindustrie auszubilden und Kunstschulen zu errichten, wo dieselben wirken können; endlich den Schönheitssinn im grossen Publicum durch öffentliche Museen für die industrielle Kunst zu bilden. Es lässt sich ausser den genannten kein Punkt denken, auf den bei der Förderung der Kunstindustrie noch hinzuarbeiten wäre. Das englische System bietet Alles, deshalb für Jeden Etwas, und in diesem allgemeinen Charakter beruht seine Bedeutung.

Ist es auch für uns von geringerem Werth in Betreff der Aufgabe, die Elemente der Zeichen-Kunst zu einem Bestandtheile der nationalen Erziehung zu machen, so gewinnt es auf der andern Seite um so mehr an Bedeutung für die Frage der Geschmacksbildung durch ein Centralinstitut für die industrielle Kunst.

Beinahe jeder, selbst der kleinste deutsche Staat besitzt Museen und Gallerien, Academien und Schulen für bildende Kunst und Malerei. Für die Bildung industrieller Künstler dagegen ist beinahe gar nicht oder nur in sehr geringem Maasse gesorgt. Die industrielle Kunst bedarf aber ungleich mehr der Leitung und Unterstützung, als die höhere Kunst, weil ihr die Verhältnisse nicht jene ruhige Entwickelung gestatten, welche andere Künste genommen haben.

Man werfe einen Blick auf die Malerei. Man vergegenwärtige sich jene Würde, jene steife Feierlichkeit in Stellungen und Geberden, jene übertrieben langen Verhältnisse der Figuren auf byzantinischem Goldgrund, durch welche die Denkmale aus den ältesten Zeiten der Ausübung christlicher Malerei sich charakterisiren. Wie lange dauerte es, ehe der Florentiner Giotto di Bondone durch glückliche Beobachtung der Geberden als Ausdruck geistiger Regungen, seinen Bildern eine bisher nicht gekannte Lebendigkeit aufprägte; bis van Eyck die Luft- und Linienperspective zur Geltung brachte; ehe den kirchlichen Gegenständen weltliche, namentlich aus dem Kreise der Allegorie, der Mythologie und der Geschichte zur Seite traten; ehe Rafael Sanzio das Vorwalten der alten steifen symmetrischen Anordnung durch eine freie geistreiche Composition überwand; ehe die Landschafts- und Genre-Malerei ausgebildet wurde u. s. w.

Man vergleiche mit der Stetigkeit dieser Entwickelung das Gebaren der industriellen Kunst. Die Triebfedern des Gewinns stehen immer hinter ihr und treiben sie in Sprüngen vorwärts. Die Masse der neuen Erfindungen drängt sie von einem Extrem in das andere. Heute macht die Photographie einen Fortschritt, welcher eine billige Uebertragung von Bildern ermöglicht, so wird Alles mit Photographien übersäet, sogar die Oblaten; morgen wird eine neue Maschine erfunden, welche billige Stahlknöpfe liefert, so werden überall Stahlknöpfe angebracht: an den Bilderrahmen, an dem Tafelwerk der Zimmer, an den Damengürteln und Taschen u. s. w. Weiter wird an einer Maschine zur Kunststepperei eine wesentliche Verbesserung gemacht, so wird Alles mit Kunststeppereien, nicht versehen, nein überladen, von dem feinen Battisthemd bis herab zu den Lackstiefeln.

Man erschrickt förmlich, wenn man das Wesen der industriellen Kunst genauer betrachtet. Wo findet man bei ihr ein Ideal? Nur vom Bedürfniss und der Willkür scheint sie ihre Vorschriften zu empfangen; der beurtheilende Geschmack ist bei ihr der Gesetzgeber des hervorbringenden Geschmacks.

Alle diese Dinge, die in der Natur der Verhältnisse liegen,

welche eben die industrielle Kunst mit der Realität des Lebens und ihren unlautern Triebfedern in enge Beziehung bringen, drängen ernstlich darauf hin, ihr gleichsam einen Tempel zu errichten, dessen Vorhof mit den Grundsätzen der Aesthetik getäfelt ist. Ein solcher würde läuternd wirken und die industrielle Kunst von vielen Schlacken reinigen, die ihr jetzt noch in so hohem Maasse anhängen. Es ist bekannt, dass in jedem Staate die Beschaffenheit des Geschmacks in der Industrie wesentlich von einem an die Spitze gestellten Institute abhängt, welches demselben immer eine gewisse Richtung geben, ihn bilden und veredeln wird. Dass dieses in hohem Grade nöthig ist, beweist die Thatsache, dass gerade augenblicklich der Geschmack auf sehr schlechtem Wege ist. Beinahe in allen Richtungen, in denen er auf dem Gebiete der Industrie zur Erscheinung kommt, charakterisirt er sich durch ein Vorherrschen greller Farben, das von einer Geschmacksbarbarei Zeugniss ablegt, wie man sie kaum einem wilden Indianerstamme verzeihen würde. Auch haben die Weltausstellungen bewiesen, dass gewisse orientalische Völker, namentlich die Inder, Perser und Türken, durch ihre gewebten Stoffe den Schönheitssinn mehr befriedigen, als die europäischen Fabrikanten — und es treten dem aufmerksamen Beschauer auf dem grossen Gebiete der Industrie tagtäglich Geschmacksverirrungen entgegen, auf die wir noch zurückkommen werden.

Eine Autorität, welche gewiss überall als solche anerkannt wird, W. Lübke, sagt darüber:

„Es ist nachgerade zur stehenden Redensart geworden, die grossartige Industriethätigkeit unserer Zeit hervorzuheben. In der That ist diese Seite des menschlichen Schaffens eben diejenige, in welcher die Gegenwart am ersten den Vergleich mit vergangenen Epochen aushalten kann. Mit der rapiden Entwickelung der Naturwissenschaften, mit der täglich wachsenden Erkenntniss der Stoffwelt und der Mittel zu ihrer Bewältigung, hat die industrielle Production ihre Basis in's Unglaubliche erweitert, und Hilfsmittel gewonnen, die den frühern Zeiten verschlossen waren.

Während jedoch die heutige Industrie durch ihre Verschwisterung mit der Wissenschaft sich nach einer Seite hin zu einem seltenen Höhepunkte heraufgearbeitet hat, ist sie in anderer Hinsicht durch Vernachlässigung der Kunst, weit hinter den Leistungen früherer classischer Epochen zurückgeblieben. Man hat nicht erst nöthig, diese Thatsache zu beweisen, sie liegt klar vor Aller Augen da. Jede Industrie-Ausstellung hat überreichliche Belege dazu geboten. Jeder Gang durch die Strassen zu den Schaufenstern der Industrie wiederholt im Kleinen und Einzelnen, was die Ausstellungen im Grossen und Gesammten zeigen: eine Zerfahrenheit des Kunstsinnes, ein Fehlgreifen in Formen, Details nnd Ornamenten, ein Ungeschick in der Combination, eine Mischung widerstrebender Stylgattungen, mit einem Worte, ein Gesammtgepräge, das man nur als barbarisch bezeichnen kann. Wo dagegen dennoch Gutes und Schönes erzeugt worden ist, da wird man finden, dass dies auf Grundlage tüchtiger Vorbilder vergangener classischer Epochen erreicht wurde. Ein Fingerzeig, der auf den einzig richtigen Weg hinweist, auf das Aufstellen guter Vorbilder aus den schönsten Erzeugnissen früherer Epochen, auf Errichtung von Kunstinstituten, die den geistigen Forderungen von heute entsprechen."

Das Kensington-Museum ist in jeder Beziehung das Muster eines solchen Centralbildungsinstituts für die Kunstindustrie, würdig, dass man ihm nachstrebe in jeder Richtung: von der Organisation der Kunstsammlungen bis zur Einrichtung practischer Cataloge.

Unter der reichen Auswahl von Mitteln, welche die Engländer zur Förderung der Kunstindustrie in Anwendung gebracht haben, sind sehr viele, ganz unabhängig von einer bestimmten Behörde, überall in's Werk zu setzen. Namentlich verdienen folgende einer besondern Beachtung:

1. die Vorlesungen über practische Aesthetik und Kunstgeschichte. Es ist unbedingt nothwendig, dass die Industriellen in Vorträgen, mit Zugrundelegung von Musterwerken der Kunstindustrie, die Grundsätze der practischen Aesthetik und die wichtigsten Resultate der Kunstgeschichte lernen. Zwar existiren darüber vortreffliche Werke, aber den Industriellen, namentlich den Arbeitern gestatten meist die Verhältnisse nicht, sich auf dem Wege

des Selbststudiums auszubilden. Gerade die Grundsätze der Aesthetik sind es, die der Industrie fehlen; eben ein Zeichen von Geschmacklosigkeit ist es, zu wähnen, dass nur bei den sogenannten schönen Künsten Geschmack und ästhetische Bildung nothwendig sei. Portici und Pompeji beweisen, dass die Alten Geschmack in Allem übten; im kleinsten Hausgeräth ist er sichtbar. Staunen wir nicht noch heute an, was die gewöhnlichen pompejanischen Stubenmaler geleistet?

Jemehr aber gerade den Deutschen nationale Anlagen auf dem Gebiete des Geschmacks fehlen, jemehr uns jenes Feuer gebricht, welches die Strahlen der südlichen Sonne der Phantasie einzuhauchen pflegen: desto mehr muss man durch Kunst und Aesthetik das Fehlende ersetzen. Leider sind aber die einfachsten und wichtigsten Lehren der practischen Aesthetik der Industrie noch fremd; so die über das Verhältniss von Stoff und Form, von Stoff und Farbe, von Zweck und Verzierung, von Grundform und Ornament u. s. w.

Man nehme, um für das Verhältniss von Stoff und Form ein Beispiel anzuführen, das Glas. Der Jurybericht über Glaswaaren auf der 1. Londoner Ausstellung (irre ich nicht, erstattet von Lord de Mauley) stellte den Grundsatz an die Spitze: die beiden hervorstechendsten Eigenschaften des Glases sind Durchsichtigkeit und Zerbrechlichkeit. Es werden demnach alle diejenigen Glaswaaren gegen die Gesetze der Aesthetik verstossen, welche diesen beiden Eigenschaften des Stoffes keine Rechnung tragen. Der Satz ist richtig. Aber man überzeuge sich einmal durch einen Blick auf ein Glaswaarenlager, wie sehr die Industrie gegen dieses Gesetz verstösst. Sehr modern sind jetzt Weingläser, bei denen der Stiel nicht stärker ist, als die Quecksilbersäule in einem Barometer; sehr verbreitet sind mattgeschliffene Gefässe aller Art, in denen goldiger Rheinwein und Mandelmilch ganz dieselbe Farbe haben.

Bei dem Verhältniss von Zweck und Verzierung denke man an die Luxusarbeiten für das Bodenbildende, also Parketfussböden, Teppiche, Wachstuche etc. All' diese Dinge sind im Grunde nichts Anderes, als mehr oder weniger luxuriöser Fussboden. Dieser muss aber vor Allem eben sein. Daraus folgt, dass alle Ornamente desselben flach gehalten, Reliefdarstellungen ganz ausgeschlossen werden müssen. Nun betrachte man, gegenüber diesem Grundsatz, die Familien von Hunden und Katzen, von Löwen und Tigern, von Rehen und Hirschen etc., die unsere Teppiche bevölkern, man betrachte die stereometrischen Figuren auf den Wachstuchen und sehe zu, ob nicht 75 Procent dieser Arbeiten, so vortrefflich sie an sich sein mögen, als unästhetisch zu verwerfen sind. Ich will hier abbrechen, um nicht ins Unendliche zu gerathen, denn hier heisst es in der That: Difficile est satyram non scribere.

2. Veranstaltung von Ausstellungen geliehener Kunstgegenstände. Ich habe oben S. 82 ff. nachgewiesen, welche Resultate in England durch derartige Ausstellungen erzielt worden sind. Ueberall, namentlich in jeder grösseren Stadt ist dafür reiches Material vorhanden, es kömmt nur darauf an, dasselbe zusammen zu bringen, und in einem geeigneten Locale auszustellen. Namentlich sollte man da mit Veranstaltung solcher Ausstellungen vorgehen, wo Museen für industrielle Kunst entweder gar nicht existiren oder erst gebildet werden. Sie erregen die Aufmerksamkeit und das Interesse für ältere Werke der Kunstindustrie und bringen Dinge zu Tage, die bisher, oft unbeachtet, im Verborgenen lagen.

3. Bereits oben bei der Geschichte des Kensington-Museums (S. 93) ist auf die Wichtigkeit des Umstandes aufmerksam gemacht worden, dass industrielle Museen auch den Abend geöffnet werden. Ebenso stellte sich bei der Statistik der Resultate des Wandermuseums heraus, wie ungleich stärker dasselbe überall des Abends im Vergleich zu der längern Ausstellungszeit am Tage besucht wurde (cf. S. 75). Die durch so lange Erfahrungen in England bewährte Massregel sollte mehr Verbreitung finden, weil sie erst die ausgedehnteste Benutzung industrieller Museen von Seiten der Arbeiter ermöglicht.

4. Sehr fruchtbringend endlich kann das von den Engländern eingeleitete Verfahren des internationalen Austausches von Copien seltener Kunstwerke wirken. Wenn man bedenkt, welche Kunstschätze in den einzelnen deutschen Städten, namentlich Berlin,

Köln, Dresden, München, Nürnberg, Wien, Prag, Weimar etc. vorhanden sind, so würde diese Maassregel in ungemein weitgreifender Bedeutung nutzbar gemacht werden, wenn innerhalb der wichtigsten Städte ein solches Austauschverfahren organisirt würde.

5. Inwieweit die wissenschaftlichen Sammlungen, welche die Engländer in ihr Centralinstitut mit aufgenommen haben, auch der Kunst dienen und an sich von grossem Nutzen sind, ist oben S. 126 angedeutet worden, und so bedarf es denn, glaube ich, keiner Worte mehr, um einzelne Bausteine des englischen Systems, mit ihrem gleichsam kosmopolitischen Charakter, als vortrefflich und wirksam hervorzuheben. Der aufmerksame Leser wird bald die bedeutenden Eigenschaften herausfinden, welche dem System eigenthümlich sind: jene ursprüngliche nationale Kraft und Nachhaltigkeit, ein bedeutendes Organisationstalent, jene kurze und bündige Art der Engländer, mit der sie auf den Kern der Sache ohne Umschweife losgehen, ein Formuliren des Zieles mit solcher Klarheit, dass es dem Verständniss aller Schichten des Volks zugänglich ist, jene originelle Art, alle Betheiligten, indem man sie an dem Stimulus der Interessen fasst, dem Ziele zuzutreiben, endlich das Streben, die Sache zu einer nationalen zu machen, mittelst jener mächtigen, Alles erwärmenden Agitation, mit der die Engländer Alles erreichen, was auf dem Gebiete des politischen, socialen oder industriellen Lebens ihnen bedeutsam erscheint.

II. Abschnitt.

Die Resultate des englischen Systems nach dem Urtheil von Michel Chevalier, Mérimée, Tresca, de Beaumont und Andern.

Ausnahmslos ist von allen Autoritäten anerkannt worden, dass die Engländer auf der Ausstellung von 1862 gegenüber der von 1851 sehr bedeutsame Fortschritte gemacht hatten, die nur ihrer Förderung der Kunst-Industrie zuzuschreiben sind. Michel Chevalier sagt in seiner Einleitung zu den amtlichen Berichten über die letzte Londoner Ausstellung:

„Der Fortschritt ist vor Allem bei den Engländern bemerklich. Alle Welt erstaunt über die von den Letzteren seit 1851 gemachten Fortschritte in der Zeichnung und in der Farben-Vertheilung bei den Stoffen, wie in der getriebenen Arbeit und Schnitzerei bei den Möbeln. Bisher waren sie, ehrlich gesagt, mehr wegen ihres schlechten Geschmacks berühmt, sie haben aber begriffen, dass es sich um eine Sache der Erziehung handelt. Sie haben deshalb mit grosser Einsicht und mit der ihnen eigenen Ausdauer den Unterricht in den schönen Künsten, behufs Förderung ihrer Industrie, eingeführt. Von allen Seiten ist man dabei thätig gewesen: der Staat durch die Behörde, welche den Namen *Department of Science and Art* führt, die unmittelbar betheiligten Oertlichkeiten durch jährliche Bewilligung von Geldmitteln, Vereine und Privat-Personen durch Unterzeichnungen. Das Haupt-Resultat dieser vereinten Anstrengungen ist das Süd-Kensington-Museum, eine Anstalt, wo eine grosse Anzahl junger Leute beiderlei Geschlechts mittels guter Modelle in der Kunst der

Zeichnung ausgebildet werden, gleichzeitig gute Lehrvorträge und in glücklicher Auswahl vorhandene Sammlungen sie, falls sie es wollen, mit den angewandten Wissenschaften vertraut machen. Dies Institut zählt zahlreiche Zweig-Anstalten in den Provinzen. Ohne auf das Detail dieser Organisation einzugehen, beschränke ich mich auf die Bemerkung, dass sie trefflich entworfen ist, und unter der einsichtsvollen Leitung Henry Cole's in bewunderungswürdiger Weise wirkt."

Das nämliche Urtheil*) wird wiederholt ausgesprochen und mit nähern Ausführungen belegt in den Special-Berichten über die einzelnen Classen der Ausstellung, von Charles Robert und Tresca bei zwei Sectionen der das Schulwesen betreffenden Classe, von Mérimée und du Somerard bei den Möbeln und Decorations-Gegenständen, von Badin bei den Teppichen, von Lan bei den Metallwaaren. Sehr scharf sind die Gebrechen der *Ecole des beaux-arts* in Paris von Mérimée im Vergleich zu der Kensington-Schule beleuchtet.

Namentlich hat auch de Beaumont**) bei Gelegenheit der französischen Kunst- und Kunst-Gewerbe-Ausstellung vom Jahr 1863 diese Verhältnisse in folgender Weise besprochen: „Bis vor wenigen Jahren zweifelte Niemand an Frankreichs Superiorität in der industriellen Kunst. Das vergangene Jahr aber enthüllte eine merkwürdige Thatsache: das französische Kunst-Gewerbe hat auf der Londoner Ausstellung einen Rivalen, einen unerwarteten Wettkämpfer, beinahe seinen Meister gefunden, und zwar im Kunstgewerbe Englands. Wie erklärt sich dieser plötzliche Triumph unserer Nachbarn? Wer die enge Verbindung der Kunst mit der französischen Industrie zu beurtheilen weiss, stellt sich solche Fragen nicht ohne gegründete Beunruhigung. Wir leben in einer Zeit, wo die Rangstufen leicht wechseln, wo nicht nur der Einzelne, sondern auch ein Volk doppelten Kraftaufwand nöthig hat, um eine errungene Stellung zu

*) Cf. eine Zusammenstellung der verschiedenen Urtheile in „Industrie und Schule. Mittheilungen aus England von A. Tylor. Deutsch von Dr. B. v. Gugler."

**) Citirt bei Gugler.

behaupten. England, nachdem ihm die Ausstellung von 1851 seine Schwäche auf dem Gebiete der Kunst-Industrie zum Bewusstsein gebracht hatte, ist mit wenig Ostentation, aber mit um so mehr Logik vorgegangen; es hat den Unterricht in der Kunst und ihrer Anwendung auf die Industrie in breitester Ausdehnung entwickelt. Ein edler Geist, Prinz Albert, gab den Anstoss und nach 10 Jahren war die Lage der Dinge fast durchaus verändert."

Nach solchen Urtheilen, nach so laut redenden Thatsachen bedarf das englische System keiner besondern Empfehlung mehr, und es rechtfertigt sich damit von selbst der Versuch, dasselbe behufs Unterstützung der deutschen Bestrebungen zur Förderung der Kunst-Industrie in seinen Hauptzügen zu charakterisiren.

III. Abschnitt.

Die deutschen Bestrebungen auf dem Gebiete der Kunst-Industrie.

Wenn man von dem Gesichtspunkt ausgeht, hier blos derjenigen deutschen Bestrebungen zu gedenken, welche einen, das gewöhnliche Maass überschreitenden künstlerischen Unterricht auf Grund von Museen und Muster-Sammlungen im Auge haben, so kann man alle jene Schulen und Unterrichts-Anstalten ausser Betracht lassen, welche im Wesentlichen, hier mehr, dort weniger, den Zweck haben, die in der Volksschule gewonnenen Kenntnisse zu ergänzen und etwas fortzubilden. Ich meine hier namentlich die Handwerker-Fortbildungs-Schulen in Preussen, die Fortbildungs-Schulen in Sachsen, die Sonntags-Schulen der verschiedenen Staaten und Städte u. s. w. Im Allgemeinen kranken diese Anstalten gegenüber den Anforderungen der heutigen Industrie alle an denselben Missständen: beschränkter Umfang und dabei leider noch Unregelmässigkeit des Besuchs, Mangel an geeigneten Lehrkräften, an aufsteigenden Classen und gewöhnlich an Fonds. „Die sogen. Fortbildungs-Schulen", sagt Fröhlich in seiner „Volksschule der Zukunft", „erfüllen meist ihren Zweck nicht, sie schleppen sich hin wie die Wochenkirchen, können weder leben noch sterben."

Es kann keine Rede davon sein, dass bei uns die Pflege der Kunst-Industrie irgendwo so vollständig organisirt sei, wie in England. Doch ist man beinahe überall, besonders in neuester Zeit, in dieser Richtung sehr thätig gewesen. An erster Stelle ist Süd-Deutschland zu nennen, namentlich Bayern, Würtemberg und Baden, wo man theils schon früher, theils gleichzeitig mit England auf eine möglichste Verbreitung des artistischen Unterrichts hinwirkte, auch einzelne Theile des englischen Systems mit grossem Erfolg angewandt hat. In Nürnberg hat man:

1. die jährlichen Prüfungen mit Ertheilung von Zeugnissen und Prämien eingeführt, welche namentlich nach Wegfall der zünftigen Lehrlings-, Gesellen- und Meister-Prüfungen regsamen Gewerbetreibenden Gelegenheit geben, Beweise ihres Strebens zu erbringen, die ihnen dann zur Empfehlung dienen.

2. Man hat öffentliche Vorträge für das Publicum*), im Winter-Halbjahr wöchentlich, im Sommer-Halbjahr monatlich, eingeführt.

3. Man hat ein Kunst- und Gewerbe-Museum errichtet, bestehend aus einer Abtheilung für Kunst und einer Abtheilung für Gewerbe. In letzterer befindet sich unter Andern auch eine Sammlung von Nahrungsmitteln. Mit diesem Museum steht erstlich eine temporäre Ausstellung besonders gelungener Kunst- und Gewerbs-Erzeugnisse in Verbindung, sodann die Kunst-Gewerbeschule**), seit 1853 unter der trefflichen Leitung Krelings. Die neueren Leistungen derselben haben auf den Ausstellungen in München, sowie überhaupt, bereits weit über Bayerns Grenzen hinaus allgemeines Aufsehen erregt.

Die Kunst-Gewerbeschule hat den Zweck, eine Verbindung zwischen Kunst und Gewerbe zu vermitteln, wie sie im Mittelalter und in der Renaissance-Periode bestand. Sie zerfällt in 2 Abtheilungen: in der untern wird das Zeichnen und Modelliren nach der

---

*) cf. „Die Anstalten zur Förderung der Gewerbetreibenden und des Gewerbe-Betriebes in Deutschland von E. J. Noeggerath. Leipzig 1865."
Sodann Jahrgang 1865 und 1866 „der deutschen Gemeinde-Zeitung" welche dieser Frage vielfach sehr eingehende Artikel gewidmet und alle wichtigen Vorgänge auf diesem Gebiete mitgetheilt hat.

**) cf. Die Kunstgewerbe-Schule in Nürnberg. Eine Säcularschrift von Dr. J. Ph. Göschel, Lehrer der Anatomie an der Nürnberger Kunstgewerbe-Schule. Nürnberg 1862. 4°.

Antike und nach mittelalterlichen Modellen bis zur gründlichsten Durchführung geübt; in der obern ist das Zeichnen, Modelliren und Malen nach lebenden Modellen der Hauptgegenstand des Unterrichts.

Das Princip der Lehr-Methode besteht darin, „nach Modellen zu zeichnen und nach Zeichnungen zu modelliren." Copiren findet demnach gar nicht statt. Dies Princip hat sich in einer so auffallenden und allgemein anerkannten Weise bewährt, dass es seine Durchführung selbst in den Elementar-Classen gefunden hat.

Die Lehr-Gegenstände zerfallen in 2 Gruppen:

A. Haupt-Lehrgegenstände.

Abtheilung 1.

1. Zeichnen nach Modellen. Für das Elementar-Zeichnen und solche Zöglinge, die keine Fähigkeiten zu einer künstlerischen Ausbildung zeigen und sich den technischen oder gewerblichen Fächern widmen, besteht eine förmlich organisirte Schule für ornamentales Zeichnen und Modelliren nach Werk-Zeichnungen. Das eigentlich künstlerische Studium beginnt mit dem Zeichnen nach der Antike. Die Schule besitzt zu diesem Zwecke eine reiche Sammlung von figürlichen Gyps-Abgüssen, Statuen, Büsten, Reliefs u. s. w. Das Zeichnen nach der Antike ist neuerdings seit der Eröffnung des Antikensaals und dreier kleineren Nebensäle bedeutend nach der künstlerischen Richtung hin erweitert, und für die gewerbliche Richtung ist sowohl in der Ornamentik als in der Architectur ein Cursus für ornamentale und architectonische Werk-Zeichnungen eingeführt worden.

2. Modelliren nach Zeichnungen.

Abtheilung 2.

1. Unterricht im Malen, Zeichnen und Modelliren nach dem Leben, für Künstler.

2. Uebungen im Componiren, Erfinden und in der Ausführung figürlicher wie ornamentaler Gegenstände; Unterricht im Bossiren und in der Bildhauerkunst, sowie in der Holzschnitzerei. In der Bildhauerei ist in der künstlerischen Richtung das figürliche

Fach ebenfalls durch Anstellung eines eigenen Lehrers erweitert worden.

3. Verfertigung wirklicher Kunst- und Gewerbe-Gegenstände. Derselben geht ein Cursus für Werk-Zeichnungen voraus, der, ebenfalls mit einem besondern Lehrer, neuerdings erweitert worden ist. Bei diesem Unterricht wird besonders alle Aufmerksamkeit auf die Bestimmung des Materials eines auszuführenden Gegenstandes, ob dieser in Holz, Eisen oder Guss projectirt ist, gerichtet, und muss sich dies im Modelle charakterisiren.

Zur vollständigen Herstellung dieser Gegenstände für gewerbliche Zwecke ist eine eigne Modell-Schreinerei mit einem angestellten Vorarbeiter eingerichtet. Sodann erhielt die Schule mit der Anstellung eines Lehrers eine vollständige Erz-Giesserei mit Flammen-Ofen und den nöthigen Vorrichtungen zum Tiegelguss, in der zugleich Unterricht im Formen für Bronceguss und Ciselirer ertheilt wird.

Schliesslich ist zur Herstellung und Vervielfältigung der in der Schule angefertigten Modelle eine Gyps-Giesserei eingerichtet und mit amtlicher Anstellung eines Gypsgiessers die Erweiterung der Modell-Sammlung durch gute, aus der Schule hervorgegangene Arbeiten in ausgedehntester Weise angebahnt worden.

Die errichteten Werkstätten für künstlerische sowohl wie für gewerbliche Zwecke geben den in ihrer Ausbildung vorgeschrittenen Zöglingen Gelegenheit, sich an der Ausführung von Gegenständen, womit die Anstalt beauftragt wurde, zu betheiligen oder nach eigenen Entwürfen künstlerische Werke auszuführen. So ist fortwährend eine Anzahl Schüler in der Malclasse und im Zeichensaal beschäftigt, um z. B. Cartons zu Glas-Malereien, Altar-Gemälden etc. auszuführen, während in der gewerblichen Abtheilung Viele mit Herstellung der Holzschnitz-Arbeiten für Altäre, Kanzeln, Möbels u. s. w. beschäftigt sind.

In der Erzgiesserei werden alle in der Schule gefertigten Modelle, die für Bronceguss berechnet sind, wie Brunnen, Statuetten, Büsten etc. gegossen und ciselirt. Der dazu erbaute Flammen-Ofen macht einen Guss von 12—14 Ctr. möglich.

B. Hilfs-Lehrfächer.

1. Perspective mit Schatten-Construction, wöchentlich 2 Stunden.
2. Anatomie, wöchentlich 2 Stunden.

Daneben ist die Anstellung eines Professors zur Haltung von Vorträgen über Kunst-Geschichte und gewerbliche Gegenstände, und endlich die Errichtung künstlerischer Meisterschulen in Aussicht genommen.

Bei allen Lehr-Gegenständen werden die königliche Sammlung, die städtischen Sammlungen und die für die Schule besonders angeschafften Gegenstände je nach den individuellen Bedürfnissen benutzt. —

In Karlsruhe hat man die sogen. Landes-Gewerbehalle seit Mai 1865 eröffnet, mit Bibliothek, Museum und Ausstellung gewerblicher Erzeugnisse inländischer Industrie. Auf Verlangen und unter bestimmten Bedingungen bringt dieselbe ihre Sammlungen auch an andern Orten zur Ausstellung.

In Würtemberg hat die Centralstelle für Gewerbe und Handel unter der anerkannt tüchtigen Leitung des Directors v. Steinbeis die gewerbliche Thätigkeit des Landes nach allen Richtungen und in jeder Beziehung zu fördern; für die Zwecke der Kunst-Industrie finden sich im Gebäude der Centralstelle

1. eine Zeichen- und Modellir-Schule mit Central-Depôt von Zeichnungs-Werken und Gyps-Modellen; aus ersteren ist eine Wander-Bibliothek gebildet worden, die in allen Schulen des Landes circulirt.

2. eine Weber-Lehrerschule, welche den Zweck hat, Lehrer für die zahlreichen Webeschulen des Landes heranzubilden; besonders Befähigte erhalten Unterricht im Englischen und Französischen und später Reise-Stipendien, um die Methoden des Auslandes kennen zu lernen.

3. eine Bibliothek mit Lesezimmer.

4. ein Saal zu öffentlichen Vorlesungen.

5. ein technisches Musterlager für alle wichtigen Zweige der Industrie, namentlich auch der Kunst-Industrie. Damit ist die

Einrichtung verbunden, geeignete Gegenstände des Musterlagers nach den entferntesten Theilen des Landes an die Gewerbe-Vereine zu versenden, um dort in den Vereins-Sitzungen ausgestellt und besprochen zu werden.

6. Um von Zeit zu Zeit einen Ueberblick über die gewerblichen Fortschritte des Landes zu erhalten und zu gewähren, hat die Centralstelle periodisch sich wiederholende Fortschritts-Ausstellungen ins Leben gerufen.

Die genannten 3 Anstalten: das Gewerbe-Museum in Nürnberg, die Landes-Gewerbehalle in Karlsruhe und das Musterlager in Stuttgart haben, um dem Bekanntwerden der industriellen Fortschritte des In- und Auslandes Vorschub zu leisten und die Vortheile industrieller Museen und Muster-Sammlungen durch Vereinigung der Kräfte zu steigern, ein Uebereinkommen nach folgenden Richtungen abgeschlossen:

a. Ausstellung der Museen und Sammlungen der 3 Anstalten zusammen, in jeder einzelnen Anstalt nach einem vorgeschriebenen Turnus.

b. Wechselseitige Benutzung und Ausstellung der Muster-Sammlungen unbeschadet der heimischen Verpflichtungen.

c. Gegenseitige Unterstützung und Förderung der Anstalten unter einander durch Mittheilung guter Bezugsquellen, Austausch von Doubletten und Copien u. s. w.

Nächstdem sind die Bestrebungen in Oesterreich zu erwähnen. Daselbst ist am 21. Mai 1864 das „k. k. österreichische Museum für Kunst und Industrie“ in Wien eröffnet worden. Nach Inhalt des Rundschreibens der Handels- und Gewerbekammer besteht der Zweck dieser Anstalt darin, den vaterländischen Industriellen die Benutzung jener Hilfsmittel zu erleichtern, welche Kunst und Wissenschaft für Förderung der gewerblichen Thätigkeit in so reichem Maasse bieten, und viele Fabricanten und Arbeiter dadurch auch bezüglich der Formgebung zur Concurrenz mit Frankreich und England zu befähigen. Für den Industriellen liegt der Werth des Museums in dem Reichthume geschmackvoll gearbeiteter Erzeugnisse der Kunst und der Kunst-Industrie, an welchen sich sein Schönheitsgefühl stärken und kräftigen und von denen er Motive und Anregungen für seine eigne schöpferische Kraft gewinnen kann. Fast alle Zweige der Kunst-Industrie sind in dem Museum (mehr oder minder zahlreich) vertreten: das Geflecht, die Gewebe aus Wolle, Seide und Leinen, Stickereien, Spitzen, Tapisserien (Gobelins), Lackirarbeiten; mittelalterliches, orientalisches und neueres Email; die Malerei (insbesondere durch meisterhafte Miniaturen), Schrift-, Druck- und graphische Kunst (Handzeichnungen), äussere Bücher-Ausstattung; Lederarbeit. Durch glänzende Exemplare ist namentlich die Abtheilung der Glasgefässe und Geräthe hervortretend. Der Zahl nach am stärksten und ebenfalls durch ausgezeichnete Arbeiten hervorragend ist die Abtheilung für Thongefässe; daran reihen sich Arbeiten aus Holz, Horn, Bein, Elfenbein, Marmor, Alabaster etc., aus Kupfer, Messing, Eisenarbeiten, Glocken und Uhren, Broncearbeiten. Auch die Goldschmiedekunst ist besonders reichlich und durch glänzende Arbeiten vertreten; dasselbe gilt von den Bijouterien, welche im Museum ausgestellt sind.

Die Sculptur im Grossen ist durch Gypsabgüsse berühmter Meisterwerke repräsentirt. Die Bedürfnisse der Zeichner und Arbeiter sind namentlich auch in der Richtung besonders berücksichtigt worden, dass für dieselben — um ihnen das ungestörte Studium zu erleichtern — ausser den Besuchsstunden besondere Arbeitsstunden (und zwar für den Sommer die Morgenstunden von 7—11 Uhr täglich) festgesetzt wurden, in welchen der Eintritt stets frei ist. Auch für die Besuchsstunden (11—2 Uhr an Wochentagen und 10—2 Uhr an Sonntagen) ist der Eintritt mit blosser Ausnahme von zweien Tagen in der Woche unentgeltlich.

Zur Bequemlichkeit der Zeichner und Arbeiter ist bei jedem Schaukasten ein Zeichenbrett angebracht, welches nur herausgezogen zu werden braucht, um sofort jeden Gegenstand abzeichnen zu können. Ausserdem besteht ein eigner Zeichensaal mit Tischen, wo unter besonderer Aufsicht das Copiren nach den Originalien stattfinden kann. Um einen Gegenstand in diesem Raume aus freier Hand abzeichnen zu dürfen, ist die Bewilligung eines Beamten der Anstalt einzuholen. Nebst den im Museum befindlichen

Originalen besitzt die Anstalt auch illustrirte Werke in ihrer Fachbibliothek, namentlich eine Ornamentensammlung von 5000 Blättern Kupferstich. Die Kunstgegenstände des Museums werden in dem photographischen Atelier der Anstalt nachgebildet, und diese Photographien an Schulen, Fabriken etc. zu sehr niedrigen Preisen verkauft. In dieser Weise können von einzelnen Genossenschaften oder industriellen Etablissements allmählig mit geringen Kosten sehr reichhaltige Sammlungen von Vorlege-Blättern für verschiedene Zweige der Kunstindustrie, z. B. für Thongefässe und Eisenarbeiten angelegt werden, wie dies in England, Frankreich, Belgien etc. zum grössten Nutzen der Industrie-Bevölkerung seit einem Jahrzehnt bereits der Fall ist.

Jeder östreichische Industrielle ist auch berechtigt, seine eignen Erzeugnisse, welche durch Schönheit der Form und der Verzierung, sowie durch vollendete Ausführung hervorragen, im Museum öffentlich auszustellen. —

Wenden wir gegenüber diesen intensiven Bestrebungen in Süddeuschland den Blick auf Norddeutschland, so ist hier unverhältnissmässig wenig zu berichten. Was zur Förderung der Kunstindustrie in dem gedachten Sinne geschehen ist, kömmt auf das Conto von Vereinen. Die Regierungen haben dieser wichtigen Frage, die mit dem Wohl und Weh, weil mit der Concurrenzfähigkeit, der Industrie so eng zusammenhängt, kaum ihre Aufmerksamkeit, geschweige denn irgend welche Mittel zugewendet.

In Hannover ist von einem Gewerbeverein eine umfangreiche Mustersammlung in's Leben gerufen worden, welche in 8 Abtheilungen die wichtigsten Zweige der Kunstindustrie repräsentirt.

In Hamburg hat „die Gesellschaft zur Beförderung der Künste und nützlichen Gewerbe" es sich neuerdings angelegen sein lassen, durch Einrichtung zweckmässiger Unterrichtsanstalten die Gewerbetreibenden und die Industrie zu fördern. Eine Commission dieser Gesellschaft hat im Sommer 1863 Deutschland bereist, um die betr. Anstalten kennen zu lernen. Dieselbe hat einen Plan zu einer Schule vorgelegt, in deren Organisation man noch begriffen ist.

An letzter Stelle ist Preussen zu nennen, von dem man freilich gerade umgekehrt erwarten sollte, dass es seiner ganzen Stellung nach, mit seiner Metropole der Intelligenz, für Norddeutschland in der fraglichen Richtung tonangebend sein müsse.

Man kann, gemäss des an die Spitze dieses Abschnitts gestellten Gesichtspunktes, die Handwerkerschulen in Preussen umsomehr übergehen, als bereits anerkannt worden ist, dass dieselben gegenüber den Ansprüchen der Gegenwart unzureichend sind. In Preussen ist mit jeder Provinzial-Gewerbeschule eine Handwerkerschule verbunden (cf. Noeggerath, l. c. S. 23), in welcher Lehrlinge im Zeichnen, in den Naturwissenschaften, der Geometrie, dem Rechnen und im Deutschen während einiger Tagesstunden des Sonntags und an einigen Abendstunden in der Woche unterrichtet werden. Ausserdem haben fast alle grössern Städte Fortbildungsschulen, von denen nur einige bessere Resultate erzielt haben, als die mit den Gewerbeschulen verbundenen Handwerkerschulen. Die Mehrzahl ist im Erfolge noch hinter jenen zurückgeblieben.

Man ist überzeugt, von der Unzulänglichkeit, im Begriff, in Bezug auf die Handwerkerschulen in Preussen eine durchgreifende Aenderung anzubahnen, und es würde in der That sich ohne grosse Schwierigkeiten ermöglichen lassen, diese Handwerkerschulen, in Verbindung mit einem Central-Kunstinstitut, in Kunstschulen umzuwandeln, welche der Industrie das bieten würden, was die englischen Kunstschulen bieten.

Jemehr in Preussen die Volks-, Mittel- und Realschulen schon längst die Elemente des Zeichnens zu einem Bestandtheil der nationalen Erziehung gemacht haben, desto mehr ist zu bedauern, dass im Anschluss an diese Grundlagen für die Kunstindustrie bisher soviel wie gar nichts geschehen ist. Die wichtigste und älteste Leistung localer Natur in dieser Richtung, die Minutolische Vorbildersammlung zur Beförderung der Gewerbe und Künste zu Liegnitz, sowie dasjenige, was in Berlin durch die verschiedenen Unterrichtsanstalten prästirt wird, besprechen wir im nächsten Abschnitt. Es lässt sich deshalb hier nur anführen, dass die Stadt Brieg auf Veranlassung eines Fabrikanten R. Schaerf damit umgeht, ein „Gewerbehaus" zu errichten, welches Hebung der Gewerbetreibenden mittelst Unterricht und Musterlager bezweckt. Endlich hat man in Cöln und Görlitz permanente Industrie-Ausstellungen eingerichtet, die aber mehr dem Handel als der Kunstindustrie dienen.

Wenn hiernach in Preussen durch Privatthätigkeit und Vereinswesen sehr wenig und vom Staate auffallender Weise noch gar nichts für die Förderung der Kunstgewerbe geschehen ist, so lässt sich andrerseits nicht in Abrede stellen, dass die Verhältnisse einem Vorgehen in dieser Richtung verhältnissmässig sehr geringe Schwierigkeiten in den Weg stellen würden. Die Nachweise für diese Behauptung sollen in dem nächsten Capitel erbracht werden.

IV. Abschnitt.

Die Nothwendigkeit der Kunstindustrie-Förderung in Preussen.

I. Allgemeines.

Wenn die Umschau in Deuschland das Resultat ergab, dass Preussen unter allen deutschen Staaten in Bezug auf die Bestrebungen für die Förderung der Kunst-Industrie an letzter Stelle zu nennen war, so wird man sich ohne Gefahr der Aufgabe nicht länger entziehen können, wie alle andern Staaten Hand ans Werk zu legen. Denn Preussen vermehrt in dem Maasse sein Proletariat, als es durch die erforderlichen Maassregeln und Einrichtungen seine Industrie resp. seinen Arbeiterstand nicht befähigt, mit andern Ländern, namentlich mit England und Frankreich concurriren zu können — mit Ländern, von denen das erstere bemüht ist, sein System der staatlichen Beihilfe mit jedem Jahre mehr auszubauen, das andere bei seiner Ueberlegenheit durch angebornen Geschmackssinn, bekanntlich seit Jahren sehr emsig England in der Förderung der Kunst-Industrie nachzueifern sucht.

Es ist nicht die Absicht dieser Schrift, die Mittel und Wege anzugeben, wie diese Frage in Preussen zu lösen ist; sie will nichts Anderes, als vorläufig die Aufmerksamkeit aller Betheiligten und Interessirten der Frage zuwenden, und in der Darlegung des englischen Beihilfe-Systems zur Förderung der Kunst-Industrie Beiträge zur Lösung derselben liefern.

Da aber unzweifelhaft in einem grossen Staate der Unterricht und die Ausbildung für die Kunst-Industrie nur von einem an die

Spitze gestellten, d. h. in der Hauptstadt errichteten Centralinstitute geleitet werden kann, welches organisch mit der nöthigen Anzahl von Local-Instituten in Verbindung stehen muss; da ferner erfahrungsmässig in allen Staaten, welche die Förderung der Kunst-Industrie sich angelegen sein liessen, nach diesem Grundsatz verfahren worden ist: so würde für jedes Vorgehen nach dieser Richtung in Preussen, Berlin den Ausgangspunkt für die Lösung der Frage bilden müssen.

Es liegt deshalb nahe, bei der Umschau in Deutschland in Berlin länger zu verweilen und die Verhältnisse daselbst einer genauern Betrachtung zu unterwerfen.

II. Die Lage der Dinge in Berlin, als Ausgangspunkt der Lösung.

1. Welche Institute gewähren in Berlin den Industriellen künstlerische Ausbildung?

a. Die Sonntagsfreischulen*) für Handwerkerlehrlinge. Sie gewähren eine über die nothwendigen elementaren Kenntnisse hinausgehende, nur insofern künstlerische Bildung, als sie in beschränkter Ausdehnung Zeichnen lehren. Es existiren im Ganzen 5 solcher Schulen mit zusammen 20 Classen und durchschnittlich 16—1700 Schülern.

b. Die speciell von der Tischler- uno Weber-Innung für ihre Mitglieder seit 1862 errichteten Schulen sind im Wesentlichen Sonntagsfreischulen, nur dass sie die Unterrichtsgegenstände durch Zeichnen, wie es speciell für die betr. Innung gebraucht wird, erweitert haben und durch die Innungsvorstände den Schulbesuch schärfer controliren. Beide Schulen haben zusammen 500 Schüler.

c. Die städtischen Fortbildungsanstalten. Ihr Zweck ist, den bereits in das Gewerks- und Geschäftsleben eingetretenen jungen Leuten Gelegenheit zu geben, theils die Lücken auszufüllen,

*) Nicht zu verwechseln mit den Sonntags- und Fabrikschulen. Diese sind blose Aushilfsschulen der gewöhnlichen Volksschule und gehören deshalb nicht hierher.

welche der Schul-Unterricht gelassen hat, theils die gewonnenen Kenntnisse zu erweitern und einen höhern Grad wissenschaftlicher Bildung zu erwerben.

Die Gegenstände des Unterrichts sind die der Elementarschule, aber auch in dem Maasse als sich ein Verlangen darnach zu erkennen gibt, höhere und Fachwissenschaften, als Buchführung, Mechanik, Technologie, Maschinen-, Situations- und architectonisches Zeichnen etc.

d. Der grosse Berliner Handwerker-Verein. Die Hauptaufgabe des Vereins auf dem Gebiete des Unterrichts ist, die allgemeine Bildung zu heben und zu befördern. Fassen wir blos die künstlerische Ausbildung ins Auge, welche der Verein gewährt, so ist zu erwähnen, dass unter den 279 Vorträgen, welche in den beiden letzten Rechnungs-Jahren des Vereins gehalten worden sind, 60 Literatur und Kunst und 9 das Baufach betrafen. Für den Zeichen-Unterricht ist durch Vermehrung der Vorlegeblätter, Beschaffung von Gypssachen und Haltung geeigneter Zeitschriften soviel geschehen, als den Vereinskräften möglich war. Der Unterricht erstreckt sich auf das geometrische Projections-Zeichnen, auf architectonische und freie Handzeichnungen, namentlich von Ornamenten, und auf das Entwerfen baulicher Gegenstände, besonders bürgerlicher Wohnungen.

Von specieller Bedeutung ist die seit 1864 existirende Baugewerken-Schule des Handwerker-Vereins, welche in der Bau-Constructionslehre, im Projections-Zeichnen, im Freihand-Zeichnen, im Ornament- und Bau-Zeichnen, sowie im Modelliren Unterricht ertheilt und bisher sehr erfreuliche Resultate erzielt hat.

e. Die städtischen Gewerbeschulen haben die Bestimmung, denjenigen jungen Leuten, die sich dem Gewerbewesen, sei es zum eigenen ausgedehnteren Betriebe oder zur höhern Leitung desselben, widmen wollen, die dazu erforderliche wissenschaftliche Vorbildung zu gewähren. Ausser den Gegenständen der Volksschule, die hier vollkommen abgehandelt werden, wird noch gelehrt: Physik, Chemie, Technologie, neue Sprachen, Mathematik und Zeichnen.

f. Das Königl. Gewerbe-Institut zerfällt in eine allgemeine technische Abtheilung und eine Abtheilung für die einzelnen technischen Fächer. Der Lehrgang in der allgemeinen technischen

Abtheilung umfasst Freihand-Zeichnen und Modelliren; der für Schiffbauer umfasst Zeichnen von Schiffen und Schiffstheilen.

g. Die Königl. Academie der Künste. Sie gewährt eine eigentliche künstlerische Ausbildung für Handwerker aller Gattungen:

a. in einer allgemeinen Zeichenschule für Freihand-Zeichnen;

b. in einer Kunst- und Gewerbeschule,

welche in wöchentlich 22 Stunden folgende Gegenstände lehrt: Freihand-Zeichnen, Modelliren, Maschinen-Zeichnen und architectonisches Zeichnen. Das Schulgeld beträgt 1 Thlr. pro Semester und die Frequenz im Durchschnitt 4—500 Personen.

2. Entsprechen diese Institute den Anforderungen, welche die Industrie gegenwärtig stellt?

Bei Beantwortung dieser Frage müssen wir aus der Zahl der genannten Institute zunächst die städtischen Gewerbeschulen und das Königl. Gewerbe-Institut ausscheiden. Sie mussten mit aufgeführt werden, weil sie darauf berechnet sind, denjenigen, welche sich der Industrie widmen, nach jeder, also auch der künstlerischen Richtung hin, die nöthige allgemeine und fachwissenschaftliche Bildung zu geben. Da sie jedoch blos denen nützen, die sie als Bildungsstätte benutzen, nicht der vorherrschenden, grossen Masse derjenigen, welche aus der Volksschule hervorgegangen sind und aus ihr direct zur Industrie übergehen, so schliessen sie selbstverständlich Kunst-Industrieschulen nicht aus. Dazu sieht ja das Kgl. Gewerbe-Institut von den Handwerkern geradezu ab, indem es als Aufnahme-Bedingung das Maturitäts-Zeugniss einer zu Entlassungs-Prüfungen berechtigten Schule resp. eines Gymnasiums fordert.

Von den Sonntags-Freischulen wird Niemand behaupten wollen, dass sie den Ansprüchen der Industrie in künstlerischer Ausbildung genügen. Die beiden Innungs-Schulen können deshalb nicht recht gedeihen, weil sie keine Mittel haben. Die Innungen geben bereits entsprechende Summen an den Magistrat für die städtischen Fortbildungs-Schulen, es fällt den beiden genannten deshalb schwer, noch ausserdem den erforderlichen Apparat zu einer Zeichenschule auf ihre Kosten herbeizuschaffen.

Ueber die Verhältnisse der städtischen Fortbildungs-Anstalten mag die Statistik aburtheilen:

Jahre.	Zahl der Schüler.	Gesammtkosten.	Einnahme.	Zuschuss.
1860	1280	4300 Thlr.	1015 Thlr.	3988 Thlr.
1861	1234	3900 „	814 „	3086 „
1862	1190	3651 „	548 „	3103 „
1863	1223	3803 „	735 „	3068 „
1864	1160	3920 „	846 „	3074 „
1865	1254	3684 „	659 „	3025 „

Man sieht, die Schülerzahl hat beinahe ständig abgenommen. Die Colonne „Einnahme“ enthält ausser den Schulgelder-Beiträgen auch anderweite erhebliche Zuwendungen von Stiftungen, Innungen etc. Ihre bedeutende Abnahme ist eine sehr schlechte Censur für die Lebensfähigkeit der Anstalten; die Kaufmannschaft hat 100 Thlr. Beiträge seit 1864 in Wegfall kommen lassen, wahrscheinlich, weil nach ihrer Meinung die Anstalten nicht das leisten, was sie sollen. Der Magistrat selbst scheint mit dem Stand der Dinge nicht zufrieden und beabsichtigt eine Umgestaltung.

Der grosse Berliner Handwerker-Verein zählte in den letzten 1¾ Jahren nach seiner Bericht-Erstattung über 14,000 Mitglieder, darunter 2105 Tischler, 1446 Weber, 680 Schlosser, 764 Maler und Decorateure u. s. w. Die Liste der Zeichner ergab 91 Schüler, darunter 49 Tischler. Wirkt auch der Handwerker-Verein vortrefflich in weitgreifender Verbreitung allgemeiner Fachbildung, so wird doch Niemand behaupten wollen, er sei eine Industrie-Academie etwa im Sinne des Kensington-Museums. Er hat auf dieses Ziel losgesteuert und hätte es vielleicht erreicht, wenn die Regierung ihn unterstützt hätte, statt ihn mit schelen Augen anzusehen und seine Entwickelung zu hemmen.

Die von dem Handwerker-Verein errichtete Baugewerken-Schule mit ihrem raschen Aufschwung beweist, dass die Errichtung einer Kunstindustrie-Schule einem tiefgefühlten Bedürfniss abhelfen würde. Denn jene Schule ist ja für die Baugewerken Das, was letztere für die gesammte Industrie sein will.

Nun sollte man denken, dass die Königl. Academie der

Künste, indem sie bei grosser Billigkeit des Honorars für Handwerker aller Gattungen eine eigentlich künstlerische Ausbildung gewährt, den Anforderungen der Industrie vollkommen entspräche. Dem ist aber factisch nicht so: die Academie ist zu ideal, sie denkt gar nicht daran, dass sie es mit Lehrlingen, und zwar mit Berliner Lehrlingen zu thun hat; sie controllirt den Schulbesuch nicht genug, überlässt Jedem den Weg seiner Ausbildung und auf diese Weise wird verhältnissmässig wenig erreicht. Ein Kunst-Tischler drückte das, was die meisten Industriellen an der Academie vermissen, kurz mit den Worten aus, sie sei blos für Genies. Und das trifft zu.

Ein Lehrling in einer Gypsfiguren-Fabrik, der die Academie ein Jahr besucht hatte, erzählte mir, er habe nichts dort gelernt. Wer hineinkomme, könne sich von der Wand nehmen, was er modelliren wolle. Der Professor bekümmere sich darum nicht. Er — der Lehrling — habe sich eine schöne Rosette ausgesucht. Nachdem er mehrere Stunden mit der Anlegung hingebracht und an die Ausführung gehen wollte, habe der Professer ihm, weil zu viele Fehler darin gewesen, die Anlage zerstört und ihm gesagt, er müsse noch einmal anfangen. Er habe das gethan, aber nach mehreren Stunden habe er — nicht der Professor — endlich eingesehen, dass die Rosette viel zu schwer für ihn war. Er habe deshalb sein Wachs selbst wieder zusammengeknetet, und sich nächste Stunde etwas Leichteres ausgesucht. Freilich habe er Angst gehabt, als der Professor gekommen sei — aber derselbe habe gar nicht bemerkt, dass er etwas Neues angefangen, ohne das Alte fertig gemacht zu haben! — *Sapienti sat.*

Uebrigens ganz abgesehen von diesen Einwürfen und bei aller Vollkommenheit der Academie, leistet sie jedenfalls nicht das, was den Industriellen am meisten Noth thut. Es genügt nicht, dass man ihnen Zeichnen und Modelliren lehrt, sie wollen das selbstschaffende, schöpferische Zeichnen und Modelliren lernen. Bei den sämmtlichen hier bestehenden Anstalten, mit Ausnahme der Baugewerken-Schule des Handwerker-Vereins, überwiegt die Theorie. Diese mag ausreichen, wo es sich um Heranbildung von besonders Begabten handelt, aber nicht für die Menge; sie muss durch eigne Compositionen und

Entwürfe lernen, wie die Gesetze der Kunst auf den speciellen Fall übertragen werden. Die Kensington-Schule lehrt das in sehr vollkommener Weise, wie wir bei der Darstellung des Cursus derselben (S. 16) nachgewiesen haben. Ebenso die Nürnberger Kunstgewerbeschule.

Die grosse Masse unserer Fabricanten ist nicht im Stande, Modelle zu feinern Arbeiten selbst zu entwerfen. Dies geht einfach aus folgender Thatsache hervor: Unsere Gesetzgebung bietet noch keinen Musterschutz, d. h. es kann jedes, von dem Einen theuer bezahlte oder gefertigte Modell, von dem Andern nachgemacht werden. Nun können sich factisch nur ganz grosse Fabriken Künstler halten zum Entwerfen von Mustern. Diese verlangen denn nachdrücklich Musterschutz. Warum aber hört man nie die kleinen Fabricanten nach Musterschutz rufen? Weil sie vom Raube leben. Warum leben sie vom Raube? Weil sie auf Grund ihrer Ausbildung nicht selbst im Stande sind, geschmackvolle Muster zu entwerfen. Sie werden in dem Maasse anfangen, Musterschutz zu fordern, als sie anfangen, selbstständig Modelle zu entwerfen.

Endlich spricht der ausgedehnte Privatunterricht in beredter Weise dafür, dass die hier bestehenden Anstalten den Anforderungen der Industriellen nicht genügen. Der Umstand, dass die Privatlehrer grosse Räume brauchen, um die Schüler zu setzen, die Modelle zu stellen etc., zwingt sie bei der Höhe der Miethen zu hohen Honorarforderungen, welche den Armen vom Privat-Unterricht ausschliessen. Ein Kunsttischler z. B. gibt Unterricht im Zeichnen, namentlich im selbstständigen Entwerfen von Mustern aller Art. Er lässt sich die Stunde mit 2 Thlr. bezahlen und gestattet nicht mehr als zwei Schüler für eine Stunde, so dass im günstigsten Falle jedem Schüler die Stunde 1 Thlr. kostet, also gerade soviel, wie man in der Academie für das ganze Semester zahlt. Trotzdem hat der Mann immerwährend gegen 15 Schüler. Würde wohl Jemand die Stunde solchen Unterrichts im Fachzeichnen und Entwerfen mit 1—2 Thlr. bezahlen, wenn er so anderswo zu haben wäre?

So wären denn alle Berliner Institute der fraglichen Richtung geprüft und zu leicht befunden worden.

3. Statistische Grundlagen.

In der Tabelle A. (cf. Anhang) ist der Versuch gemacht worden, für Berlin die Zahl derjenigen Handwerker mit ihren Gesellen, Gehilfen und Lehrlingen zu ermitteln, deren Gewerbebetrieb eine künstlerische Ausbildung voraussetzt. Ebenso ist in Tabelle B. das Directions- und Arbeitspersonal in Fabriken und vorherrschend für den Grosshandel beschäftigten Anstalten, deren Arbeit eine künstlerische Ausbildung voraussetzt, zusammengestellt worden.

Lässt man die Zahl der Meister sowie der Unternehmer ausser Betracht, so ergeben sich für Berlin

17,659 Gesellen, Gehilfen und Lehrlinge aus dem Handwerkerstande,
13,245 Arbeiter in Fabriken und
682 Directionspersonal in Fabriken, also
31,586 Personen in Summa, von denen man annehmen kann, dass sie eine künstlerische Ausbildung für ihren Beruf nöthig haben. Natürlich wird davon ein grosser Theil auszuscheiden sein, nämlich die rein mechanischen Arbeiter, welche hier mitgezählt sind, ohne dass sie Contingent für eine Industrie-Kunstschule stellen würden. Dennoch erhellt aus den Zahlen zur Genüge, welche grosse Masse von Industriellen in Berlin allein hierbei betheiligt ist.

Uebrigens sind diese Zahlen eher zu niedrig als zu hoch. In Tabelle C. sind aus dem neusten Wohnungsanzeiger von Berlin pro 1866 (also 4 Jahre später als die andern Tabellen) die Berufszweige der Industrie und des Handwerks zusammengestellt, welche einer künstlerischen Vorbildung bedürfen. Darnach stellt sich die Anzahl der Meister und Unternehmer auf 9500; berechnet man nach Analogie der Zahlen pro 1861 die Anzahl der Gesellen, Lehrlinge und Arbeiter, so kommen 36,000, also noch 4500 mehr heraus als oben.

Es unterliegt keinem Zweifel, dass bei den Arbeitern und Industriellen, namentlich in Berlin, ein anerkennenswerther Drang und ein lebhaftes Jnteresse im Betreff der Künste und Grundlehren der Aesthetik vorhanden sind. Dies beweist die starke Frequenz, die überall da vorhanden ist, wo Vorträge über derartige Gegenstände n den betr. Kreisen gehalten werden. Im grossen Handwerker-verein sind bei derartigen Gelegenheiten regelmässig 900—1000 Handwerker zugegen. Die gespannte Aufmerksamkeit und die Masse der Fragen, mit denen der Fragekasten gefüllt ist, beweisen das Verständniss und die Theilnahme. Auch in andern grossen Städten hat man das grosse Interesse des Arbeiterstandes für die genannten Gebiete beobachtet, und gewiss wird es ewig ein schönes Zeugniss bleiben, dass inmitten der Revolutionstage von 1848 in Paris, als die entfesselten Leidenschaften des Pöbels in den Gemächern des Palais royal zerstörend und vernichtend wütheten, ein Arbeiter an die Wand mit Kohle die mahnenden Worte geschrieben hatte: Respectez les tableaux!

4. Das Urtheil der Berliner Industriellen.

Die Erfahrung hat vielfach gelehrt, dass man bei Bedürfnissfragen wohlthut, die Meinung des Common sense, namentlich der dabei Betheiligten, mit in Rechnung zu ziehen. Das Urtheil des gewöhnlichen Menschenverstandes ist nicht durch einen Denkprocess gewonnen, es ist, unabhängig von dem Willen, durch zahlreiche Erfahrungen, Beobachtungen, Kenntnisse und Einflüsse entstanden, es ist ein instinctives. Der Common sense empfindet das Richtige oder Unrichtige früher, als er im Stande ist, sich der Ursachen oder Gründe dafür oder dagegen bewusst zu werden, weil die Empfindung, das Gefühl, überhaupt keine Gründe kennt. „Le sentiment seul est en état de juger le sentiment" sagt Helvetius.

Aber wie Tell den Apfel traf, ohne die Gesetze der Anziehungskraft der Erde, den Lauf der Parabel u. s. w. zu kennen; wie die Divination der Frau oft die schwerfällige Logik des Mannes weit überholt, und wie der gesammte Eindruck der Schöpfung den einfachen Naturmenschen immer zur Anerkennung der Gottheit führt, die der gelehrte Metaphysiker in dem Maasse verliert, als er anfängt zu trennen, zu analysiren und ins Unendliche zu gehen — so pflegt sehr oft der gewöhnliche Menschenverstand in schwierigen Fragen das Richtige zu treffen und es ist deshalb die Appellation an das Urtheil einzelner richtig ausgewählter Individuen nicht zu verwerfen.

Ich habe aus der grossen Masse der industriellen Künstler und Arbeiter, namentlich in meinem Verkehr mit denselben als Mitglied der Lehrerschaft des Handwerkervereins, die wichtigsten Vertreter ausgewählt: Kunsttischler, Kunstdrechsler, Goldschmiede, Uhrmacher, Decorateure, Gypsfigurenverfertiger, Bildhauer, Lampenfabrikanten, Verfertiger von feinen Holz-, Elfenbein- und Meerschaumschneidereien, Instrumentenmacher etc., und habe sowohl mit den Meistern und Unternehmern, wie mit Gesellen, Gehilfen und Lehrlingen die Frage durchgesprochen, ob eine Kunst-Industrieschule für Berlin nothwendig sei. Und wahrlich, wohl mag selten eine Frage von so heterogenen Elementen so ausnahmslos mit demselben überzeugenden „Ja" beantwortet worden sein, wie diese.

III. Die in Preussen vorhandenen Bausteine zu einem Central-Institut für die industrielle Kunst.

Wie in London so würde auch in Berlin der wichtigste und nächste Schritt zur Förderung einer künstlerischen Bildung der gewerblichen Classen die Errichtung eines Museums für die industrielle Kunst sein. Ich habe oben (S. 89) kurz zu schildern versucht, wie die reichen Sammlungen des Kensington-Museums entstanden sind. Eine dürftige Zusammenstellung einzelner Kunstgegenstände für die Zwecke der alten englischen Musterzeichenschulen war Alles, was man i. J. 1852 vorfand. Wir haben gesehen, wie der zeitgemässe, auf der Basis nationalen Interesses erwachsene Gedanke, eine Bildungsstätte für die Kunst-Industrie zu gründen, in ganz England zündend einschlug; wie Staatsbehörden, Gemeinden, Corporationen, Vereine und Privatpersonen sich die Hand reichten und wie es dem mächtigen, vereinten Drange der Geister gelang, aus dem unbedeutenden Keime jenes grossartige, nationale Institut in der Hauptstadt erstehen zu lassen, welches bald seine Macht weit über London ausdehnte, bereits nach 3 Jahren mittelst des Wandermuseums seine reichen Schätze beweglich machte, und so Millionen den Segensquell der Kunst erschloss. Nicht länger war die Freude an der Kunst in England auf bestimmte, auserwählte Classen der menschlichen Gesellschaft beschränkt. Sie fing an, ungleich mehr als früher, Gemeingut zu werden. Sie sandte ihre erwärmenden und veredelnden Strahlen hinab in diejenigen Classen der Gesellschaft, in denen häufig jene Engherzigkeit, jene geistige Stumpfheit und Theilnahmlosigkeit Zeugniss ablegen, dass die Menschen, ausschliesslich auf des Lebens Nothdurft gestellt, im harten Kampfe mit dem Leben, leider sich selbst zu sehr vernachlässigten.

Von dem unbedeutenden Ausgangspunkt bis zu dem grossen Resultat kamen die Engländer nur mit den grössten Schwierigkeiten und unter bedeutenden Anstrengungen, namentlich in Bezug auf das Museum für ornamentale Kunst, was wir hier vorherrschend im Auge haben. Mit Eifer war man bemüht, die immer seltener werdenden Kunstschätze classischer Industrie aus allen Ländern der Welt an sich zu ziehen. In Frankreich wurden verschiedene Sammlungen wie einzelne Gegenstände gekauft. Die ehedem an Werken der besten Kunstepochen des Mittelalters und der Renaissance reichen Gegenden Deutschlands und namentlich Frankens wurden durch Schaaren jüdischer Händler rasch und auffallend ausgebeutet; in Aachen wurde eine aus 135 Gegenständen der Textil-Industrie bestehende Sammlung eines Geistlichen Dr. Bock für 3000 Thlr. gekauft. In verschiedenen Jahren befanden sich Beamte des Museums in Italien und suchten überall nach Gegenständen der Renaissance-Periode. In der Einleitung zu dem Museum für ornamentale Kunst (S. 97 f.) haben wir darauf hingewiesen, wie der Curator des Museums Mr. Robinson namentlich den Erzeugnissen dieser glänzenden Epoche seine ganze Aufmerksamkeit zuwendete, in der die neuen weltbewegenden Ideen einen erhöhten Pulsschlag in dem geistigen Leben hervorbrachten und aus dem mit Begeisterung und Jugendfrische aufgenommenen Studium der antiken Kunst jene unerschöpfliche Fülle reicher und anmuthiger Werke hervorzauberten. Seine eifrigen Bestrebungen fanden nicht eher einen Ruhepunkt, bis ein sehr beträchtlicher Theil der Kunstwerke jener Epoche aus den Händen von Privat-Eigenthümern, Sammlern und Händlern in den Besitz des Kensington-Museums gekommen war.

Jeder Mann wird diese eifrigen Bestrebungen der Engländer, diesen Aufwand von Zeit, Kraft und enormen Geldsummen bewundern, mit dem sie im Verlauf von etwa 10 Jahren ihrer Industrie einen weiten Kreis von classischen Vorbildern schufen, ein Museum, dem Jeder eine grosse Mannigfaltigkeit von Formgedanken, Symmetrie-Studien und Farben-Harmonien entnehmen konnte — jeder Mann wird anerkennen müssen, in welch' ehrenwerther Weise Mr. Sheepshanks diesen nationalen Bestrebungen sich anschloss durch die Schenkung seiner Gallerie von 233 Bildern englischer Maler, welche die Grundlage zu einer National-Gallerie bilden sollten.

Je grossartiger aber diese Leistungen der Engländer sich darstellen, desto mehr muss es dem preussischen Volke zur Ehre gereichen, dass es Institute aufweisen kann, die bereits Alles das in reichem Maasse enthalten, was die Engländer mit grosser Mühe jahrelang in aller Herren Länder sammeln mussten, Institute, die den eben erwähnten englischen ebenbürtig an die Seite gestellt werden können: die Minutolische Sammlung, die Schätze der königl. Museen für das Gebiet der Kunst-Industrie und die Wagner'sche Bildergallerie. Die letztere, 262 werthvolle Oelgemälde enthaltend, wurde ebenfalls als Grundlage zu einem National-Museum von dem Consul Wagner dem König von Preussen vermacht; die erstere wurde von einem Privatmann in einem Zeitraum von 27 Jahren mit unermüdlicher Thätigkeit und seltener Opferwilligkeit für die Interessen der Kunst zusammengebracht, um den Geschmack der Industriellen der Provinz Schlesien zu veredeln und durch Hebung des Kunstfleisses ihren Wohlstand zu verbessern.

Die genannten Institute stehen mit jedem Schritt, der in Preussen für die Förderung der Kunst-Industrie gethan werden wird, in so enger Beziehung, dass ich nicht unterlassen kann, dieselben hier speciell zu erwähnen und ihrem Inhalt nach kurz zu charakterisiren. Die Nothwendigkeit, eine National-Gallerie mit einem Institut für industrielle Kunst zu verbinden, habe ich oben S. 117 nachgewiesen, und will nur hier bemerken, dass der verewigte Prinz-Gemahl in England längst dahin gestrebt hat, die englische National-Gallerie *(Trafalgar-Square)* mit dem Kensington-Museum zu verbinden. Dieselbe besteht aus 2 Abtheilungen: die fremden Schulen (niederländische, italienische, deutsche, holländische, französische, spanische etc.) umfassen etwa 300 Bilder, die englische Schule etwa 400. Letztere war schon länger in Kensington ausgestellt, mit Ausnahme der Bilder von Turner.

Neuerdings haben sich die unverkennbaren Einflüsse guter Bilder auf die Kunstschule insoweit geltend gemacht, dass man beschlossen hat, die gesammte National-Gallerie in Kensington aufzustellen, und es hat so die Erfahrung mit Nothwendigkeit gefordert, was der Prinz-Gemahl in klarem Vorausschauen gleich Anfangs als das richtige Ziel hingestellt hatte.

1. Die Wagner'sche Bildergallerie.*)

Das Vermächtniss des verstorbenen Consuls Wagner, sagt Waagen, ist in verschiedenen Beziehungen für Berlin, ja für ganz Preussen, ein Ereigniss von hoher Bedeutung. Einmal als Bethätigung einer patriotischen Gesinnung, wie, auf dem Gebiete der Kunst, Berlin noch kein Beispiel aufzuweisen hat, sodann als eine höchst stattliche Grundlage zu einem National-Museum, worin von dem Besten, was die Kunst unserer Zeit geleistet hat, ein bleibendes Zeugniss enthalten sein soll.

Die Art und Weise, wie Wagner sammelte, zeugt von ebenso unermüdlichem Eifer, als richtigem und vielseitigem Geschmack, und es ist ihm gelungen, eine Sammlung zu vereinigen, worin die verschiedenen Schulen, und viele einzelnstehende Maler der neudeutschen Malerei, in allen Fächern, in alleiniger Ausnahme der monumentalen, nur für grosse Wandflächen geeigneten Malerei, in einer Vollständigkeit besetzt sind, wie dieses von keiner andern Sammlung zu rühmen ist. Durch die grosse Liberalität, womit der Besitzer den Genuss seiner Sammlung allen Kunstfreunden angedeihen liess, hat er endlich in seltener Weise bethätigt, dass er die Wahrheit des Ausspruchs, wie ächte Kunstwerke allen gehören, welche nach ihnen ein Bedürfniss empfinden, vollständig anerkannte.

---

*) Verzeichniss der Gemälde-Sammlung des Königl. Consuls H. W. Wagner von Dr. G. F. Waagen, Prof. und Director der Gemäldegallerie des Königl. Museums. Berlin 1861.

Um wenigstens annähernd ein Bild von dem zu geben, was die Sammlung enthält, sind in der nachstehenden Tabelle die Künstler nach Schulen und Ländern geordnet, denen sie vorzugsweise angehören:

Schulen und Länder, denen die Künstler vorzugsweise angehören.			Zahl der Künstler, die vertreten sind.
I. Deutschland: . . , ...			118
A. Preussen		76	
1. Berlin	42		
2. Düsseldorf	34		
B. Ober-Sachsen		7	
C. Nieder-Sachsen		4	
D. Bayern		26	
E. Oesterreich		5	
II. Belgien			12
III. Holland			4
IV. Frankreich			6
V. Italien			5
VI. Schweiz			1
VII. England			1
			147

Von diesen 147 Künstlern sind zusammen 262 Bilder da.

2. Das Minutolische Institut der Vorbilder-Sammlung zur Beförderung der Gewerbe und Künste.*)

Von dem Gedanken ausgehend, durch eine Zusammenstellung der edelsten Erzeugnisse des Gewerbe- und Kunstfleisses der gebildetsten Völker die Gewerbtreibenden von dem Werthe einer höhern

*) cf. Das Minutolische Institut der Vorbilder-Sammlung zur Beförderung der Gewerbe und Kunst. Von Dr. Samter. Liegnitz 1851.

II. Theil, enthaltend Geschichtliches über dieses Institut seit dem Jahr 1851—1866 und die verwandten Bestrebungen in andern Ländern. Liegn. 1866.

Beide Werkchen, denen ich meine Notizen entnommen, stellen mit warmem Interesse und grosser Uebersichtlichkeit das gesammte Material über die Minutolischen Sammlungen und ihre interessante Geschichte zusammen.

Vollendung der Form der Waaren zu überzeugen, war der Regierungs-Rath v. Minutoli bereits i. J. 1839 daran gegangen, eine solche Vorbilder-Sammlung anzulegen, welche in einer kurzen Reihe von Jahren zu einem Museum, wohl einzig in seiner Art, erwuchs. Im Jahre 1851 erhielt die Sammlung durch die Welt-Ausstellung in London einen neuen Anstoss und wurde immer mehr vervollständigt.

Dabei suchte der Besitzer schon seit dem Jahre 1842 durch Versendung treuer Abbildungen daguerrotypischer Aufnahmen der Vorbilder an technische Lehr-Anstalten, Gewerbe-Vereine etc. den Nutzen der Sammlung zu vermehren. Später bediente er sich des geeigneteren Mittels der Photographie.

Auf diese Weise entstand i. J. 1854 das grosse photographische Prachtwerk mit Abbildungen von gegen 1000 Gegenständen aus allen Zweigen der Industrie auf 150 Tafeln in Folio, welches nach mehreren Jahren zum Abschluss gelangte und alle gehegten Erwartungen rechtfertigte.

Zur Zeit der grossen schlesischen Ausstellung in Breslau (1857) wurde die Sammlung in ihrem ganzen Umfange ausgestellt. Damit wurde sie im In- und Auslande mehr bekannt. Alle Vertreter fremder Regierungen berichteten über die Bedeutung und den Reichthum derselben, und bei dem Rufe der Sammlung konnte es nicht fehlen, dass dieselbe mehrfach Gegenstand des Begehrs wurde.

Während das Institut in seiner Wirkung und Vergrösserung fortschritt, wurde seine Existenz i. J. 1859 plötzlich hart bedroht. In Folge des italienischen Krieges nämlich und dessen Eventualitäten sollten die Locale der Sammlung, im Königl. Schloss zu Liegnitz, zu Lazarethzwecken eingerichtet werden. Der Besitzer sah sich in Folge dessen zu dem Entschlusse der Auflösung der Sammlung genöthigt. Ein grosser Theil derselben wurde von der Königl. Kunstverwaltung erworben, so dass die ausgeschiedenen Theile wenigstens dem Vaterlande erhalten blieben.

Der inzwischen geschlossene Friede von Villafranca verhinderte glücklicherweise eine weitere Zersplitterung. Mit grösster Energie wurde nun an der Ausfüllung der Lücken gearbeitet und i. J. 1860 näherte sich die Sammlung ihrer alten Bedeutung wieder. Nach

Ablauf von 5 Jahren stand sie sogar umfassender und werthvoller da, als vor dem Ausbruch des italienischen Krieges, und füllt jetzt 19 Räume.

Gleichen Schritt nahm die Fortführung des photographischen Werkes. Im Jahre 1862 konnte bereits ein Probeexemplar der zweiten Auflage auf der Londoner Ausstellung ausgelegt werden. Dieses umfassende Vorbilderwerk wurde von dem Commissar der Hannöverschen Regierung Dr. Heeren als ein „Riesenwerk, welches ein recht anschauliches Bild von des Verfassers Rührigkeit und Opferfreudigkeit, wo es sich um Beförderung der Gewerbethätigkeit im edleren Sinne des Wortes handelt," bezeichnet und umfasst in 7 Foliobänden Abbildungen von 4000 älteren Industriewerken.

Die Sammlung ist von Autoritäten wie W. Lübke, Professor Lohde etc. als höchst vollendet und einzig in ihrer Art bezeichnet worden; Redgrave, Inspector general for Art im Kensington-Museum nennt sie im Journal of the society of Arts: „a memorable instance of the devotion of private energy and of private generosity in the discharge of the public duties of his (Minutolis) office."

Ein Artikel im Stuttgarter Kunstblatt, Juli 1858*) sagt sehr richtig: „Die Geschichte der Minutolischen Vorbildersammlung ist eine überaus deutsche Geschichte." Unscheinbare Anfänge, unverdrossenes Aufbauen, einsame Thätigkeit, beschränkte und beschränkende Umgebung, Zähigkeit bis zur Vollendung — und ein freundlicher, anerkennender Händedruck der Lohn: das sind in der That die Elemente, aus denen sich bei uns neue Entwickelungen und Fortschritte zu gestalten pflegen. Und wollen wir uns auch aller einseitigen Ungerechtigkeit enthalten, so erwehren wir uns doch eines seltsamen Gefühls nicht, das uns bei der Betrachtung von Minutolis Lebensarbeit überkommt. Nirgends anders hin führt ihn sein gebotener Beruf, als in die kunstloseste preussische Provinz, nach Schlesien.

In grossen, stattlichen Räumen als wohlgegliedertes Gesammtbild ausgebreitet, jeglichem Verständniss durch lebendig versinn-

---

*) cit. bei Sammter.

lichende Decoration eröffnet, lockt es immer zahlreichere, immer empfänglichere Beschauer an, und erweitert nach allen Seiten die Grenzen seiner Wirksamkeit. Aber immer noch bleibt es ein provinzielles Institut. Was es als solches bisher geleistet hat, verkennen wir nicht; noch weniger, wie viel fruchtbringender es sich auf diesem Wege noch zeigen könnte. Aber ein so grosses Unternehmen verdient eine grössere Wirksamkeit. Sollte man nicht Mittel und Wege finden, es für die preussische Hauptstadt unmittelbar zu erwerben, sollte es nicht zum Eigenthum des Staats gemacht werden und so die aufopfernde Thätigkeit des Privatmannes diese letzte und würdigste Anerkennung finden?"

Ich will hier nicht wiederholen, was noch Alles in dieser Richtung gesagt worden ist; aber das Eine sei noch hinzugefügt: Wenn bei dem jetzigen Stand der Dinge, bei der nothwendig herantretenden Frage der Förderung der Kunst-Industrie, der preussische Staat diese Sammlung nicht erwirbt und etwa zulässt, dass sie zersplittert werde oder gar ins Ausland wandere – so schlage man in Zukunft jeden preussischen Mann als einen Schwärmer ans Kreuz, oder stecke ihn in eine Strafcompagnie, der je wieder auf den Gedanken kommen sollte, wie Minutoli, sein Leben, seine Kraft und seine Mittel einem vaterländischen Zwecke zu widmen! — Alle bisherigen Ankaufsverhandlungen von Seiten des Staats haben sich zerschlagen. Ich will nicht fragen, warum — überzeugt, dass hier das Wort der G. Sand nicht gilt: Alles verstehen, heisst Alles verzeihen!

Um die umfassende Bedeutung und Reichhaltigkeit der Sammlung hier kurz zu charakterisiren, theile ich folgendes mit:

Nach dem Urtheil Lübke's ist die Sammlung mit feinem Geiste und sicherm Kennerblick zusammengebracht, sehr reich an Vorbildern aus der Renaissance-Periode, mit ebenso grosser Einsicht und Sachkenntniss geordnet und dem Studium angepasst, ist einzig in ihrer Art und ein Muster für die Einrichtung ähnlicher Institute, deren Vortheile für die künstlerische Hebung des Geschmacks man nicht hoch genug anschlagen kann.

Da die ernstern Bestrebungen in Kunst und Gewerbe sich berühren, so konnte es nicht fehlen, dass auch Gegenstände Aufnahme fanden, welche fast ausschliesslich dem Kunstgebiete angehören. Dies war nicht blos mit Werken solcher Meister der Fall, die gleichzeitig als Gewerbtreibende und Künstler gross waren, wie Benvenuto Cellini, Luca della Robbia und seine Söhne, Johann von Bologna, Fischer, Laudin, Oudry etc., sondern auch bei den Arbeiten anderer noch grösserer Meister, die durch ihr Streben auf die Richtung des Geschmacks von weit entschiednerem Einflusse waren, wie Raphael, Giulio Romano, Michael Angelo, Bernini, Luca Giordano, und im Norden die Kunstgenossen in Nürnberg, am Rhein und in den Niederlanden, Männer, die es nicht verschmähten, wenngleich Künstler ersten Ranges, der Veredelung der Technik das lebhafteste Interesse und ebenso lebendige Thätigkeit zuzuwenden. (cf. d. skizzirten Catalog für die Besucher.)

Die sämmtlichen Gegenstände, etwa 19,000 an Zahl, sind in 19 Zimmern aufgestellt und zerfallen in folgende Classen:

I. Abth.: Sammlung von Erzeugnissen der Töpferei und Thonbildnerei bei den alten Völkern, im Mittelalter und in der neuern Zeit bis zum Ende des vor. Jahrhunderts.

Antike Werke in gebranntem Thon und Terracotten; mittelalterliche und moderne Terracotten; deutsche Ofenindustrie; Gefässe-Töpferei des classischen Alterthums, vorchristliche Gefässe des Nordens; Gefässe-Töpferei des christlichen Mittelalters und der Renaissance, Majoliken, Fayencen; die Porzellan-Industrie; orientalisches Porzellan, europäische Porzellan-Industrie (Böttcher Porzellan, Meissner Porzellan, Figuren und Prachtgefässe, Biskuite, Berliner Porzellan etc.); Arbeiten von Wedgwood & Turner.

II. Abth.: Sammlung von Erzeugnissen der Industrie in Stein, Stuck etc.

Antike Werke der Skulptur und Architectur, sowie Mosaik-Arbeiten in Stein (Gemmen, Cameen, Muschelschnitt etc.); mittelalterliche und moderne Arbeiten in Stein; die Bearbeitung der Steine durch den Meisel, durch Schleifen, Schneiden, Bohren und auf der Drehbank.

III. Abth.: Sammlung von Erzeugnissen der Metall-Industrie bei den alten Völkern,. im Mittelalter und der Renaissance bis zum 18. Jahrhundert.

Arbeiten in Eisen; Arbeiten in Kupfer, und dessen Legirungen und zwar: der Giesser, Ciseleure, Graveure, Stecher, Vergolder, in Bronce, Glockengut, Messing und andern Legirungen. (Werke des classischen Alterthums in Bronce, mittelalterliche und moderne Bronce-Sculptur; florentiner Bronce, arabische, orientalische und Renaissance-Arbeiten); Arbeiten in Zinn, Blei und Legirungen; Arbeiten in Gold; Arbeiten in Silber; Arbeiten von Metall mit Emaillirung und Malerei (byzantinische Emaillen auf Kupfer, Limousinen etc.)

IV. Abth.: Sammlung von Erzeugnissen der Glas-Industrie der alten Völker von der Erfindung des Glases her, aus dem Mittelalter bis in die neueste Zeit.

Aelteste Arbeiten der asiatischen Völker, der Egypter, der Griechen und der Römer; bearbeitete Gläser, Tafeln, Bekleidungen von Kunst- und Architectur-Werken; Purpurin und Hämatinon, Millefior-Schmucksteine; Glasmosaiken; künstliche Glasarbeiten (Korallen, Gemmen, Cameen etc.); Kunstwerke in Glas; Glasarbeiten aus dem Mittelalter und der Renaissance-Periode bis in die neuere Zeit; die Kunstglasschneiderei auf ihrem Höhepunkt: Augsburger, Nürnberger u. a. Kunstgläser, Venetianen etc., Glasblumen.

V. Abtheil.: Die Erzeugnisse aus vegetabilischen und animalischen Stoffen.

Die Arbeiten der Weber, Kunstwirker etc. von den frühesten Zeiten bis zum 19. Jahrhundert; antike Weberei (Byssus); Tapisserie-Stickerei, Wappen-Stickerei des 16. Jahrhunderts in Seide, Gold- und Silbermalerei; Weberei in Leinen, Seide; Stoffe aus Wolle und Arbeiten mit Gold- und Silberdraht; orientalische Seidenweberei; die Arbeiten der Illuministen und Miniatur-Maler auf Pergament, Papier und Elfenbein; Sculpturen in Elfenbein, Knochen, Perlmutter, Bernstein etc.; Lack- und Lederarbeiten u. s. w.

VI. Abth.: Die Erzeugnisse der Kunsttischlerei, Marquetterie und Ebenisterei, der Holzornamentik und Bildnerei, des Stempelschnitts etc.

VII. Abth.: Werke der Kunst.

Werke der Oelmalerei; Originalgemälde aus allen Schulen; Werke der Miniatur-Malerei; Werke der Sculptur in Stein, Metall, Holz, Elfenbein, Wachs u. s. w. --

Was andere Staaten mit den grössten Opfern und nach jahrelanger Arbeit erstrebt, das wird in dieser Sammlung dem preussischen Staate fertig und in vollendeter Form geboten.

Dazu kommen noch

3. Die reichen Schätze der Königl. Museen und der Bibliothek für das Gebiet der Kunstindustrie.

Zu nennen sind hier namentlich:

a. Die reichhaltige Vasensammlung, bestehend aus etwa 2000 Stück antiker Thongefässe, als korinthische, etruskische, archäische, campanische, grossgriechische, etrurische u. s. w. Man hat aus der ganzen Vasensammlung die Musterformen ausgewählt und in einem Zimmer zusammengestellt, welches in der That die Augen jedes Beschauers gefangen nimmt.

b. Die Gemmensammlung, eine der reichsten und vorzüglichsten, etwa 5000 Gegenstände enthaltend.

c. Die Münzsammlung (90,000 Stück in Gold, Silber und Erz und 20,000 Münzpasten). Von den 40,000 Stück antiken Münzen sind etwa 1100 Musterstücke in Schautischen aufgestellt, welche eine sehr vollkommene Illustration zur Geschichte der Münz- und Prägekunst und der Kunst im Allgemeinen geben. Fast sämmtliche Münzländer sind repräsentirt.

d. Die Sammlung antiker und mittelalterlicher Metall-Arbeiten in Gold, Silber, Bronce, Blei und Eisen. Die Sammlung enthält 300 Gegenstände in Gold und Silber und 3000 in Bronce und geringeren Metallen, beinahe ausschliesslich von den classischen Völkern des Alterthums herstammend.

e. Die architectonischen Modelle.

f. Die Möbel und geschnitzten Kunstsachen.

g. Die antiken und mittelalterlichen Terracotten und sonstigen plastischen Gegenstände, welche namentlich viele italienische Arbeiten aus dem 15. und 17. Jahrhundert von della Robbia, Michel Angelo, Benvenuto Cellini u. s. w. enthalten.

h. Die Majolica-Sachen, etwa 600 Gegenstände, darunter die vorzüglichsten, die überaupt auf diesem Gebiete erzeugt worden sind.

i. Die Gläser (etwa 300 Stück) enthaltend Geräthe und Gefässe von buntem Glas (Rubingläser, Venetianische Milchgläser und Millefiori) und weissem Glas, mit Repräsentanten aller wichtigen Momente der Glasfabrication.

k. Die Emaillen namentlich aus Limoges.

l. Die reichen und kunstvollen Elfenbeinschnitzereien. —

Die bisherige kurze Charakteristik der in Preussen bereits vorhandenen Bausteine zu einem Centralinstitut für die industrielle Kunst möge genügen.

Wenn wir im II. Theil dieser Schrift das Kensington-Museum schilderten, anerkannt bis jetzt das vollendetste und bewährteste Institut für das Gebiet der Kunstindustrie; wenn wir die grossartigen und energischen Anstrengungen der Engländer zu charakterisiren versuchten, durch welche sie dieses Institut innerhalb eines Decenniums erstehen liessen — so wird man nicht ohne nationales Selbstgefühl aus den vorhergehenden Notizen die Thatsache ersehen, dass in Preussen der Kunstsinn Könige und Bürger schon längst dazu getrieben hat, für die Nation Institute zu schaffen, welche nur der ordnenden und organisirenden Hand eines Mannes bedürfen, der mit den Bestrebungen der Industrie hinlänglich vertraut und von dem Ideal der Kunst genugsam durchwärmt ist, um für die drängenden Forderungen der neuern Zeit eine Anstalt aufzubauen, welche die Industrie mit der Kunst vermählen soll.

IV. Die sittliche Seite der Frage.

Zum Schluss sei noch eine segensreiche Wirkung von Industrie-Kunstschulen und Museen erwähnt, welche in socialer Beziehung von Wichtigkeit ist, darin bestehend, dass sie die schädlichen Wirkungen der Arbeitstheilung auf dem Gebiete der Industrie vielfach paralysiren.

Schiller berührt diesen Punkt in seinen Briefen über die ästhetische Erziehung des Menschen. Er sagt dort, dass der Contrast uns in Verwunderung setzen müsse, der zwischen der heutigen Form der Menschheit und zwischen der ehemaligen, besonders der griechischen angetroffen werde. Dem Griechen habe die Alles vereinende Natur seine Formen ertheilt; bei uns präge der Alles trennende Verstand dem Individuum seinen Typus auf. Unsere gesellschaftlichen Zustände verlangen, dass jedes Individuum eine Seite ausbilde, sich auf einen Punkt concentrire, wenn auch dabei viele andere Anlagen verkümmern. Daher kommt unsere Einseitigkeit im Empfinden, Denken, Handeln. Keiner ist mehr ein ganzer Mensch, wie der alte Grieche, jeder ist nur der Ansatz zu einem Menschen.

Dies hängt mit der Arbeitstheilung zusammen, welche verhindert, dass der Einzelne etwas Ganzes fertige; sie zerlegt das Ganze in lauter einzelne Theile, weist Jedem solch' einen Theil zu, ihn verurtheilend, immer nur dies Einzelne zu fertigen. Ewig nur an ein kleines Bruchstück des Ganzen gefesselt, wird der Mensch selbst eine Art Bruchstück; ewig nur das Geräusch des Rades, das er umtreibt, im Ohr, entwickelt er nie die Harmonie seines Wesens, und anstatt die verschiedenen Anlagen und Seiten seiner Natur auszuprägen, wird er blos zu einem Abdruck seines Geschäfts. Daher spricht man von Aktenmenschen, von Haudegen, von Maschinen, von Zahlenmenschen u. s. w.

Es ist zweifellos, dass die Theilung der Arbeit, so nachtheilig sie auf den Einzelnen wirkt, doch die Menschheit im Ganzen mächtig vorwärts bringt. Da aber kein Mensch bestimmt sein kann, über irgend einen Zweck sich selbst zu versäumen, so muss es bei uns stehen, die Harmonie in unserem Wesen wiederherzustellen.

Als Mittel zu diesem Zweck empfiehlt Schiller die Kunst. An ihren unsterblichen Mustern, an ihren Wirkungen, an ihren Lehren könne sich der Mensch wieder erheben. Und in der That, wie die Schönheit der Natur und ihre Grösse sich vor des Menschen erquickten Sinnen nicht entfalten kann, ohne seinen Geist zu erweitern und zu erhöhen, so scheint auch den Wirkungen der Kunst etwas Göttliches beigemischt zu sein, das für den menschlichen Geist gleichsam zum geweihten Amulet wird und ihn vor allen schädlichen Wirkungen der körperlichen Welt beschützt. Es ist von tiefer Bedeutung, dass die griechische Sprache „schön und gut", wie zusammengehörige Zwillingsgeschwister, immer verbunden anführt. Seit Plato über das καλον κ'αγαθον philosophirte, haben sich beide Begriffe immer fester verbunden, und immer noch könnte Sokrates Gebet, am Ende des Phädrus, auch unser Gebet sein: „Guter Pan! und ihr andern Götter dieses heiligen Ortes! Gewährt mir, dass mein Inneres schön, und mein Aeusseres dem Innern harmonisch sei. Reich ist nur der Weise. Geldes sei mir nur soviel beschert, als dem Mässigen genügt. Sollen wir noch um etwas Anderes bitten, ihr Freunde? Mir ist dieses Gebet hinreichend."

Schiller hat diese Wirkung der Kunst in seiner Abhandlung „über den moralischen Nutzen ästhetischer Sitten" zur Genüge nachgewiesen. Er schreibt der Kunst das Verdienst zu, zur Beförderung der Sittlichkeit beizutragen; sie fördert Mässigung und Anstand, sie verabscheut Alles, was eckig, was hart, was gewaltsam ist und neigt sich zu Allem, was sich leicht und harmonisch zusammenfügt. Er meint, die Kunst sei ein ähnlicher Anker für das Schiff des Lebens, wie die Religion; man unterlasse daher nicht, das Wohl des Menschengeschlechts zur grössern Sicherheit an diesen starken Anker zu befestigen.

A. Handwerker,
deren Gewerbebetrieb eine künstlerische Ausbildung voraussetzt.*)

Berufsarten.	Meister	Gesellen	Gehilfen und Lehrlinge	Gesellen, Gehilfen u. Lehrlinge zusammen
Töpfer, Ofenmacher, Verfertiger von irdenen Waaren	125	397	84	481
Glaser, Glasschleifer etc.	277	210	69	279
Zimmer-, Schilder-, Rouleaux-Maler, Vergolder, Staffirer, Stuckateure, Goldrahmen- und Goldleistenmacher	706	956	210	1166
Wagenbauer	13	—	—	65
Schiffbauer und Schiffszimmerleute	9	—	—	64
Schlosser, worunter auch Zirkel-, Zeug-, Messer- und Büchsenschmiede, Sporer etc.	771	2910	583	3493
Waffenschmiede- und Schwertfeger	11	21	4	25
Gürtler, Bronzeure, Neugold- und Neusilberarbeiter etc.	244	434	160	594
Klempner in Blech und Zink	438	686	274	960
Zinn- und Bleigiesser	31	44	14	58
Gold- u. Silberarbeiter u. Bijoutiere	292	378	96	474
Steinschneider, Petschaftsstecher, Graveure	127	—	—	141
Mechaniker für mathemat., optische, physikalische u. a. Gegenstände	147	—	—	372
Chirurgische Instrumentenmacher und Bandagisten	42	—	—	62
Verfertiger musikalischer Instrumente aller Art	163	—	—	474
Latus	3396	6036	1494	8708

*) Nach den Resultaten der „Handwerkertabelle" für Berlin, Aufnahme v. 1861, da 1864 eine Aufnahme der Handwerkertabelle nicht stattgefunden hat.

Berufsarten.	Meister	Gesellen	Gehilfen und Lehrlinge	Gesellen, Gehilfen u. Lehrlinge zusammen
Transp.	3396	6036	1494	8708
Klein- und Grossuhrmacher, Uhrgehäuse- und Zifferblattmacher . . .	217	187	90	277
Gold-, Silber- u. Seidensticker, Blumen- und Paramentenmacher etc.	153	—	—	676
Tischler, Stuhlmacher, Möbelmacher	1948	4507	1219	5726
Verfertiger grober Holzwaaren, Leisten, Mulden etc.	27	—	—	14
Korbwaarenmacher	179	235	102	337
Tapeziere, Decorateure und Polsterwaaren-Arbeiter	361	334	126	—
Drechsler aller Art	388	641	225	866
Verfertiger von Spiel- und feinen Holzwaaren	4	—	—	6
Maler aller Art, Photographen etc. .	382	—	—	353
Kupferstecher, Hornstecher, Hornschneider	50	—	—	58
Verfertiger von Steinpapp-, Pappwaaren und Gypsfiguren u. dgl. .	48	—	—	124
Architecten, Bildhauer, Erzgiesser, Ciseleure, Galvanoplastiker und andere der bildenden Kunst Angehörige	717	—	—	514
Summa	7870	11940	3256	17659

B. **Arbeitspersonal in Fabriken und vorherrschend für den Grosshandel beschäftigten Gewerbsanstalten,**

deren Arbeit eine künstlerische Ausbildung voraussetzt.*)

Fabriken.	Zahl der Anstalten	Directionspersonal	Arbeiter männliche	Arbeiter weibliche
Fabriken für Seidenwaaren, Sammt- und Seidenband	25	40	808	305
Fabriken für Shawls	50	103	1892	774
" " Teppiche	3	6	158	52
" " Wachstuch u. Wachstaffet	9	15	122	18
" " Maschinen	67	180	5132	1
" " Eisenbahn- u. a. Wagen	21	42	1377	–
" " Stahl- u. Schneidewaaren	7	8	51	—
Eisengiessereien und Fabriken für Heizapparate	9	14	133	–
Gold- und Silberwaaren-Manufacturen, desgl. imitirte Gold- u. Silberwaaren	23	43	515	196
Fabriken von Neugold und Neusilber, desgl. von plattirten Waaren	4	18	310	39
Glasschleifereien und Polirwerke	5	8	27	4
Porzellan-Fabriken	4	8	703	64
Steingut-Fabriken etc.	9	14	499	—
Fabriken für Möbel, Holzleisten und Holzschnitzarbeiten	16	28	305	75
Fabriken für Waaren aus Bein, Elfenbein, Horn, Schildpatt etc.	7	21	110	18
Gummi- u. Guttaperchawaarenfabriken, Fabrik f. Lederwaaren, Portefeuilles, Albums etc.	56	67	485	177
Steinpapp- u. Papiermaché-Fabriken	13	14	89	13
Fabriken für lackirte Waaren von Metall, Holz u. Holzmasse, sowie f. Lampen	22	49	471	22
Fabriken für Steinwaaren (Marmor etc.)	2	4	58	—
Summa	352	682	13245	1758

*) Nach den Ergebnissen der „Fabrikentabelle" für Berlin, Aufnahme v. 1861, da dieselbe 1864 nicht aufgenommen ist.

C. **Zahl derjenigen Meister und Fabrikanten,**
deren Gewerbsbetrieb eine künstlerische Ausbildung voraussetzt.*)

Alabasterwaarenfabrikanten		2
Atrappenfabrikanten		2
Baumeister		100
Bernsteinwaarenfabrikanten		3
Bildhauer		250
Blumen- und Putzfedernfabrikanten		130
Broncefabrikanten		40
Buchbinder, Galanterie- und Lederwaarenfabrikanten		700
Schablonenfabrikanten		20
Ciseleure		60
Drechsler	in Holz und Horn 350,	
	Kunstdrechsler . . 35,	
	Metalldrechsler . 55	440
Eisengiessereien		25
Feine Eisengusswaarenfabriken		10
Eisenwaarenfabriken		1
Emailleurs		20
Former in Gyps		30
Teppichfabrikanten		30
Formenstecher		25
Fabriken galvanoplastischer Waaren		25
Fabriken für Gasbeleuchtungsobjecte		80
Gelb- und Rothgiesser		60
Glas- und Steinschneider		40
Glockengiesser		10
Goldleisten und Bilderrahmenfabrikanten		90
Goldschmiede, Juweliere etc.		550
Gold- und Silberwaarenfabriken		10
Gold- und Silbersticker		30
Grabdenkmalfabrikanten		25
Graveure, Wappenstecher, Steinschneider		250
Gürtler und Bronceure		300
Gummi- und Gutta-Percha-Waaren-Fabrikanten		60
	Latus	3418

*) Nach dem Wohnungsanzeiger von Berlin pro 1866 zusammengestellt.

		Transp. 3418
Holzschneidekünstler		—
Klempner und Blechwaarenfabrikanten		600
Knopffabrikanten		140
Fabrik für plastische Kohle		1
Korbwaarenfabrikanten		20
Korkschneidekünstler		5
Kunstgiesser		30
Kupferwaarenfabrikanten		80
Kupfer- und Schriftstecher		80
Lampenfabriken		100
Lithographische Anstalten		200
Maler Rouleaux-Maler	40	
Schilder- u. Blech-Maler	260	
Stubenmaler	500	800
Maschinenbauer		150
Mechaniker und Optiker		300
Metallwaarenfabrikanten		40
Modelleurs		60
Möbelfabriken		250
Neusilberfabriken		30
Orgelbauer		20
Pappwaarenfabrikanten		30
Perlmutter- und Elfenbeinwaarenfabrikanten		10
Photographen		225
Porzellanmanufacturen		5
Rouleaux-Fabriken		30
Spiegel-Fabriken		60
Stahlwaarenfabriken		40
Stuccatur-Arbeiter		68
Tapetenfabriken		50
Thonwaarenfabriken		3
Tischler		2500
Ofenfabrikanten		160
Uhrgehäusemacher		12
Wachstuchfabriken		20
	Summa	9537

Verlag von I. Guttentag in Berlin.
Guttentag & Vahlen.
Druck von J Dræger's Buchdruckerei (C. Feicht) in Berlin.

Kolibri 360 GmbH
Ferdinand-Jühlke-Straße 7
99095 Erfurt, Deutschland
produktsicherheit@kolibri360.de